Judith End

»Sterben kommt nicht in Frage, Mama!«

Judith End

»Sterben kommt nicht in Frage, Mama!«

Droemer

Die Folie des Schutzumschlags sowie die Einschweißfolie
sind PE-Folien und biologisch abbaubar.
Dieses Buch wurde auf chlor- und säurefreiem Papier gedruckt.

Besuchen Sie uns im Internet:
www.droemer.de

Satz: Daniela Schulz, Stockdorf
Druck und Bindung: CPI – Ebner & Spiegel, Ulm
Printed in Germany
ISBN 978-3-426-27539-9

2 4 5 3 1

Für dich, kleine Apachin

9. November

In einem großen weißen Krankenzimmer, dessen zugezogene Vorhänge die taktlose Helligkeit der Frühlingssonne mildern, tritt der Professor festen Schrittes an das metallene Bett der Patientin, die ein wenig blass in den strahlend weißen Kissen ruht. Ihr graues Haar ist ganz apart in Form gebracht. Auf ihrer Hand liegt, Altersfleck an Altersfleck, die schützende Hand ihres Ehegatten. Die erwachsenen Kinder bringen noch einmal die Enkelchen mit selbstgemalten Bildern und Wiesenblümchen vorbei.

So in etwa hatte ich sie mir vorgestellt, die Sache mit dem Krebs. Jetzt weiß ich es besser. Denn erst kam Kylie. Und dann kam ich.

Dr. M. hat heute keine Omi vor sich.

Vor Dr. M. sitzt heute ein junges Mädchen. Ein ansehnliches Ding mit langem blondem Pferdeschwanz. Ohne beruhigenden Gatten, ohne erwachsene Kinder und ohne siebzig glücklich gelebte Jahre. Ohne Job, mitten im Examen, mit einem Kleinkind, für das sie allein verantwortlich ist. Mit nichts als einem großen Bündel Träume und Pläne.

Vor Dr. M. sitze heute ich.

»Wie bitte?«

»Frau End, Sie haben Brustkrebs.«

Stopp. Cut. Zurückspulen. Rewind.

»Frau End?«

Bitte aufwachen. Zurückspulen. Bitte!

»Frau End, wir werden alles tun, was wir können.«

Und plötzlich ist sie da, die Katastrophe. Ganz ohne Vorwarnung. An einem unschuldigen Mittwochmorgen. Sie bricht über mich herein, ohne den leisesten Schatten vorausgeworfen zu haben. Ohne Andeutung. Zumindest keiner, die ich wahrgenommen hätte.

Mein Studienfreund Philip hat einmal ein Erdbeben miterlebt. Er sagte, das am meisten Beängstigende sei nicht gewesen, dass die Häuser und Wände einstürzten. Nicht, dass er drohte erschlagen zu werden und alles zu verlieren. Im ersten Moment sei das einzig wirklich Schlimme gewesen, dass der Boden bebte. Dass die Erde, auf der er stand, keinen festen Halt mehr gab. Eine Urkraft, der man selbst nicht das Geringste entgegenzusetzen hat. Erschütterung bis in die tiefste Seele. Jetzt muss ich an Philip denken, wie sich der Boden unter seinen Füßen plötzlich geteilt hat.

Meine Katastrophe ist auch ein Erdbeben. Vielleicht bin ich in wenigen Monaten tot. Die Natur hatte nur fünfundzwanzig Jahre für mich vorgesehen. Nicht mehr. Nur fünfundzwanzig.

»Habe ich jetzt Krebs? Ich? Wirklich?«, frage ich tonlos meine kleine Schwester, die mich begleitet und jetzt sichtlich mit den Tränen kämpft. Ein leises: »Ich weiß nicht. Ich denke schon.« Und dann nimmt sie mich weg. Nimmt mich diese furchtbare Diagnose ganz und gar fort.

Plumps – und ich bin aus der Welt gefallen.

Keine Tränen. Ein Gefühl, als löse sich mein Körper auf, als verdampfe er einfach, würde zu einem kleinen blassen Wölkchen und flöge davon. Auf Nimmerwiedersehen in Richtung Universum. Meine Schwere, das Gewicht meiner Glieder – weg. Ich bin in meinem Körper und auch wieder nicht. Sehe die Situation von außen. Bin erste und dritte Person zugleich, ich und sie. Meine Seele hat kein stabiles Haus mehr. Vielleicht fühlt sich so der Tod an. Der Körper verschwindet, die Seele flattert ziellos durch die Gegend. Zumindest fühlt sich so die Todesangst an.

Aus Dr. M.s Mund hageln Termine, regnen Überweisungen, fluten beängstigende Informationen und Fachbegriffe. Im Mittelpunkt des Geschehens und doch ganz weit weg sitze ich im Behandlungszimmer und klammere mich mit den Füßen an die verchromten Stuhlbeine.

»Aber ich sterbe doch nicht?«

»Frau End, das weiß ich nicht.«

»Aber ich kann nicht in den nächsten zwölf Monaten sterben, oder? Das kann nicht sein?«

»Es tut mir leid, versprechen kann ich im Moment noch gar nichts.«

Computertomographie, Knochenszintigramm, Oberbauchsonographie, mögliche Metastasen, Amputation. Invasives duktales Karzinom. Ich höre zu, nicke ab und an und verstehe gar nichts. Die Worte rauschen an mir vorbei, alles geht so schnell. Ich bin fünfundzwanzig Jahre alt, und mein eigener Körper will mir mein Leben nehmen. Ich sehe ins Gesicht meiner kleinen Schwester, in ihren Pupillen spiegelt sich mein eigenes Gesicht: Ein farbloses, winziges Gesicht, das von einem schwarzen Loch verschluckt wird.

»Mama, willst du mal sehen, wie gut ich Liegestütze kann?«, hat mich Paula heute Morgen gefragt, bevor sie an meiner Hand in den Kindergarten gewatschelt ist. Meine süße Paula. Sie ist noch so klein, viel zu klein.

Dr. M. wischt sich sichtlich mitgenommen eine kleine Schweißperle von der Stirn. »Haben Sie noch Fragen?«

Und obwohl ich nur einen Bruchteil dessen verstanden habe, was er mir gerade schonend versuchte verständlich zu machen, sage ich: »Nein, keine. Ich mache alles, was Sie gesagt haben. Aber sterben, das kommt nicht in Frage!«

Der Parkplatz vor dem Krankenhaus sieht plötzlich ganz anders aus. Die Welt hat sich verwandelt. In diesen dreißig

Minuten hat sich die Welt verwandelt, und ich erkenne sie nicht wieder. Der Himmel ist so blau, ein tiefes, unendliches Herbstblau. Wenn wenigstens Frühling wäre. Unfähig, ins Auto zu steigen, treten wir von einem Fuß auf den anderen. Mein Herz rast, mein Kopf schmerzt. Ich spüre, wie sich eine unbestimmte Furcht in mein Herz und mein Hirn setzt, eine abstrakte Angst, ich weiß nicht, wovor, und ich weiß nicht um ihr Ausmaß. Denn was ich hier und jetzt spüre, auf diesem Parkplatz, unter diesem blauen Himmel, mit Blick auf Dorothea, ist Betrug. Etwas will mich um mein Leben betrügen. Ein Leben, an dem ich so sehr hänge, mit dem ich anderes Leben geschenkt habe und das mir verdammt noch mal zusteht! Ich bin zu jung zum Sterben, ich bin zu klug zum Sterben, ich bin zu hübsch zum Sterben, ich bin zu lustig zum Sterben. Ich bin doch wertvoll für diese Welt, ich hab doch noch längst nicht alles erledigt auf dieser Erde! Eine schreiende, bodenlose Ungerechtigkeit, die Verurteilung eines vollkommen Unschuldigen zu Folter, zu lebenslanger Haft, wenn nicht sogar zum Tode. Ich vergrabe meine Fäuste in den Taschen meines Kapuzenpullovers, plötzlich wird mir kalt. Wir starren uns an, ungläubig, haben keine Worte.

Ich habe mich doch so angestrengt, damit jetzt alles gut wird, damit mein Leben endlich leichter wird! »Doro«, ich versuche mein Gesicht wiederzufinden in ihren Augen, aber da ist nichts mehr, »das ist doch die reinste Verarschung, oder?«

»Absolut. Die größte Verarschung, die man sich vorstellen kann.«

10. November

Dieser kleine schwarze Käfer, der gerade versucht, über Barbies Bein zu krabbeln, und jetzt doch den Weg unter der beweglichen Kniekehle nimmt, der wäre ich jetzt gerne. Wenn ich ihn mit einem Finger zerdrücken würde, dann gäbe es ihn nicht mehr. Aber er würde es gar nicht merken. Es würde ihm bestimmt überhaupt nichts ausmachen, weil er eben nur ein klitzekleines dumpfes Käferchen ist ohne Verstand und mit seinem Käferherzen, das physiologisch gesehen wahrscheinlich überhaupt nicht existiert, nicht sehr am Leben hängt.

Wenn ich dieses Käferchen wäre, dann könnte ich jetzt mopszufrieden Rapunzel-Barbie besteigen, und wenn ich dabei draufginge, dann wäre das eben so und würde niemanden weiter stören. Aber ich bin nun mal kein dumpfes kleines Käferchen. Ich bin ein Mensch, liege im Bett meiner kleinen Tochter, sehe abwesend an ihr vorbei, während sie spielt, und habe so furchtbare Angst. Seit gestern weiß ich von meinem Krebs, und seit gestern fühle ich mich plötzlich krank. Ich spüre eine bleierne Müdigkeit und habe das Gefühl, ich hätte eine Grippe. Seit gestern liege ich eigentlich nur rum, fühle mich elend, habe Angst und denke nach. Denke nach, obwohl ich nichts lieber täte, als mein Gehirn zumindest für einen erholsamen Moment ausschalten zu können.

Das Eigentliche des Menschseins ist, dass man sich seiner Lage bewusst ist. Dass man einen Verstand hat. Einen scharfen, gleißenden Verstand, den man nicht ausknipsen kann, wenn er Furchtbares denkt. Wenn ich dieser dumme Käfer wäre, dann müsste ich jetzt keine Angst vor dem Tod haben.

Dann würde nur mein Körper kämpfen, ohne zu wissen, wofür und aus welchem Grund. Aber Intelligenz hat eben auch ihren Preis, und in diesem Moment wäre ich allzu gerne käferdumm.

In meiner Wohnung hat sich nach meinem Hilferuf ein familiärer Krisenstab versammelt. Wie müssen sich meine Eltern gefühlt haben, als ich gestern, an einem gewöhnlichen Mittwochnachmittag, anrief und unter Tränen meinem Vater sagte, dass das harmlose Ding, das mir entfernt wurde, ein bösartiger Tumor war? »Scheiße!«, war das Erste, was mein Vater hervorbrachte, und dann sagte er, er habe schon gestern ein seltsames Gefühl gehabt. Er hat »Gefühl« gesagt. Ein Wort, das ich bislang nicht gerade oft aus seinem Mund gehört habe. Und dann brach blitzschnell der Pragmatismus durch. Mein Vater, der Stadtrat, der Anwalt, der ehrenamtliche Vorstandsvorsitzende so circa jeder zweiten Organisation Unterfrankens, weiß, was zu tun ist, auch wenn's brenzlig wird. Mach erst mal dies und das, oder besser, mach gar nichts, wir sind heute Abend bei dir. Als ich meine Eltern das letzte Mal verzweifelt weinend anrief, habe ich meine Schwangerschaft gebeichtet. Hilf mir, Papa, ein neues Leben will aus mir raus, hilf mir, Papa, der Tod hat sich in mir eingenistet!

Lächelnd standen die beiden dann wenige Stunden später in der Tür. Ohne Träne, ohne Verzweiflung in den Gesichtern, auch wenn ich den erfolgreich zurückgedrängten Kloß im Hals meines Vaters erahnen konnte. Es muss sie zerrissen haben, diese schlimmste aller elterlichen Ängste, die plötzlich Wirklichkeit war, aber mir zeigten sie ihre Furcht nicht. Ihre Stärke, ihr Lächeln als Zeichen unausgesprochener Liebe und Sorge und natürlich auch ein paar Gläser selbstgemachtes Quittengelee und die obligatorische Lesetasche im Gepäck, nahmen sie souverän die Hochburg des Schreckens in der Soundsostraße ein, und schon zwei Stunden später lief die erste

Waschmaschine, gab es ein warmes Abendessen, und die ersten Ärztelisten waren geschrieben. Und bestimmt ist er nicht einmal zu schnell gefahren, mein Papa.

Seitdem gibt sich meine Mutter alle Mühe, hier den Betrieb aufrechtzuerhalten. Kauft ein, räumt auf, sortiert Vitaminpillen, versorgt Paula, nimmt Anrufe an und so weiter. Mein Vater recherchiert, telefoniert mit seinen Arztfreunden, legt Krankenordner für die Ablage an und versucht mir das Gefühl zu geben, dass ich alle Hilfe bekomme, die ich brauche. Gewohnt patent treten sie in Aktion, wollen um keinen Preis zulassen, dass irgendetwas Schreckliches passiert. Aber im Grunde sind sie völlig hilflos. Und das will was heißen. Die Eltern End stehen dem Schicksal ihrer Tochter machtlos gegenüber. Ich fühle mich auf eine seltsame Art verlassen. Ein ganz neues, einsames Gefühl ist das.

Und ich liege hier, während Paula ihren geliebten Dumbo an- und auszieht, und habe nur einen einzigen Gedanken, der wie ein kreischendes Neonschild in meinem Kopf blinkt: DU WIRST STERBEN.

Meine Angst ist übermächtig, ich würde alles dafür geben, um jetzt nicht so eine furchtbare, erdrückende Angst zu haben. Vielleicht gibt es mich bald nicht mehr. Vielleicht ist mein ganzer Körper schon voller Metastasen, und ich bin in ein paar Monaten tot. Einfach nicht mehr existent. Kann nicht mehr schmecken, riechen, keine Berührung fühlen, nicht mehr denken. Bin vergangen. Wie soll man diesen Gedanken denn aushalten, ohne sich zu übergeben oder verrückt zu werden?

Aber es ist nun mal so. Es können nicht alle Geschichten gut ausgehen, also warum sollte nicht auch ich jung sterben? Ich war mir nur so sicher! Ich war mir so sicher, dass mir das niemals passieren würde. Dass ich ein Glückskind bin. Wie naiv. Klar, auch ich weiß um Kriege, Hunger, Leid und

Krankheit. Der Tod schreit auch mich täglich von Zeitungen und Bildschirmen an. Auch ich weiß, wie sterbende Kinder aussehen, aber für mein eigenes Ich ist der Tod dadurch nicht weniger absurd. Die Härte des Lebens gibt es doch immer nur in den Schicksalen anderer. Dumm nur, dass auch ich für die meisten Menschen, genau genommen allen außer mir selbst, einer dieser anderen bin. Es könnte also auch ich sein, deren Geschichte kein Happy End hat. Kein Happy Judith End.

Ich habe mich unbesiegbar und unkaputtbar gefühlt, mein Schicksal nie in Frage gestellt. Habe in derselben schützenden Arroganz und Naivität gelebt wie all die anderen wahrscheinlich auch. Wir verdrängen und vergessen unsere Zerbrechlichkeit, aber wir sind es dadurch nicht weniger.

Und jetzt ist sie plötzlich da, die Todesangst, hat nichts mehr Abstraktes, sondern ist unmittelbar und brutal. Wenn ich nur wüsste, wie ich sie bändigen soll. Ich bin pure Hilflosigkeit, Ohnmacht, der personifizierte Angstzustand.

Bisher war Krebs einfach nur ein Wort. Jetzt erst wird mir klar, was dieses Wort bedeutet.

Dieses scheußliche Wort, in dem der Tod mitklingt. Dieses Wort, das meine Träume zersetzt. Das nichts als Auflösung heißt. Das mir mein Leben vorführt als Nichts. Dieses Wort lässt nichts mehr an mir. Ich bin ein Zellhaufen, eine Laune der Natur, so zufällig entstanden und so leicht zu zerstören. Woran soll ich noch glauben? Woran kann ich jemals wieder glauben?

Wenn ich nicht im 21. Jahrhundert lebte, wäre ich in kurzer Zeit tot. Ließe man der Natur ihren Lauf, dann rechnete sie noch in diesem Jahr mit mir ab. Ich glaube an die Wissenschaft, an die Technik, an den Fortschritt. Aber glauben wir nicht alle in erster Linie an die Natur der Dinge? Ihr vertraut man doch am meisten. Natürlich ist es ein unermessliches

Glück, dass ich heute lebe, in einer Zeit, die es erlaubt, sich der Natur zu widersetzen, wenn sie zu grausam erscheint. Zumindest kann man versuchen, sich zu widersetzen.

Das ist es also. Das ist, was da in mir war, was ich nicht gespürt habe. Und doch habe ich irgendetwas erwartet. Nichts Böses, ich hatte kein schlechtes Gefühl, aber ein Gefühl hatte ich. Der Sommer verging in eigenartiger Erwartung. Ich lernte von einer Examensprüfung zur nächsten. Die Magisterarbeit war endlich abgegeben, nur noch ein paar Prüfungen zwischen mir und meinem Studienabschluss, Abschluss einer Ära, Beginn eines neuen Lebens, eine noch namenlose, unbestimmte Verheißung, Glück, das ich förmlich schon riechen konnte. Ich saß vormittags in der Bibliothek, nachmittags auf dem Spielplatz, abends am Schreibtisch. Zwischendrin noch ein Praktikum in einem Verlag. Und die kleine Maus, die ich jede Nacht in mein Bett holen musste, weil sie Angst im Dunkeln hat. Aber ich fühlte mich gut in meiner Rolle als Superwomen. Ich wusste, ich würde meine Prüfungen am Ende meistern. Ich hatte es geschafft, zeitgleich mit meinen Kommilitonen fertig zu werden, trotz Kind, schlafloser Nächte, Normaldepressionen einer Alleinerziehenden. Vor ein paar Monaten ist meine kleine Schwester nach Hamburg gekommen und erst mal bei Paula und mir eingezogen, endlich konnte ich ein bisschen Verantwortung teilen, mal wieder tanzen gehen, ab und zu einkaufen ohne grabbelnde Kinderhände im Süßigkeitenregal. Was für ein Gewinn, was für eine Erleichterung. Und es sollte noch viel besser werden. Ich wusste, dass die anstrengende Zeit bald vorbei sein, ich in ein paar Wochen mein Examen in der Tasche haben würde, und war fest davon überzeugt, dass als Belohnung für all die Anstrengung das Glück doppelt und dreifach um die Ecke komme.

Ich war auch ein bisschen stolz. Mein Studium, mein Kind,

all das hatte ich alleine gut im Griff. Und dann war da auch noch Finn, der plötzlich in meinem Leben war. Ich konnte mich zwar nicht entscheiden, ob das gut oder gefährlich war, aber ich genoss die Spannung, das Ungewisse unserer Begegnung. Ganz mutig, geradezu übermütig hatte ich ihn vor zwei Monaten abends auf einem Straßenfest angesprochen. Sommer, der Tag meiner Literaturklausur, und die Welt lag ausgebreitet vor meinen Füßen und wollte umarmt und gefeiert werden. In seinem Garten gab es am nächsten Tag frischen Fisch und Weißwein, und ich war überzeugt, diesmal stünden die Sterne günstig.

Über den Knoten in meiner Brust habe ich mir nicht die geringsten Sorgen gemacht. Der war schließlich schon lange da. Länger als zwölf Monate. Vor einem Jahr wurde er von der Radiologin auf gut einen Zentimeter gemessen und als ungefährliches Fibroadenom eingestuft. Ich müsse mir keine Sorgen machen, hieß es. In ihrem Alter und nach einer Schwangerschaft ist es ganz normal, dass die Brust gelegentlich ein bisschen knotig ist.

Okay, dann mache ich mal unbesorgt weiter mit meinem Hochfrequenzleben.

Ich weiß nicht richtig, warum ich es dann, ein Jahr später, plötzlich so eilig hatte, das Ding doch loszuwerden. Es war irgendwie so groß geworden und tat weh, also vereinbarte ich einen OP-Termin. Ich konnte zwar kaum mehr auf dem Bauch schlafen, weil mir mit Druck auf den Knoten ein stechender Schmerz durch die Brust fuhr, aber beunruhigt war ich immer noch nicht. Warum auch. Meine Gynäkologin und auch die Radiologin hatten mir erneut bestätigt, dass es nur ein gutartiges Gewebegeschwulst sein konnte.

Eigentlich hatte ich keine Zeit, um mich für eine Nacht ins Krankenhaus einweisen zu lassen, wie es mir für den kleinen Eingriff empfohlen wurde. Auf meinem Schreibtisch stapelten sich die noch ungelesenen Bücher zur Medientheorie, und ich hatte einen strengen Zeitplan, um den Stoff in meinen Kopf zu bekommen. Ich wollte es trotzdem. Vielleicht auch, um einfach einmal gezwungen zu sein, einen Tag lang nichts zu tun. Eine Nacht in einem anderen, ruhigen Bett, das versprach Genuss. Kein Kind, das mich mitten in der Nacht weckt, weil es Durst hat oder Pipi muss. Ein ruhiges Bett nur für mich. Frühstück auf einem Tablett serviert. »Gala« lesen, Boulevardsendungen vom Bett aus glotzen. Und nebenbei diesen schmerzhaften Knoten loswerden. Danach könnte ich mit neuer Kraft durchstarten. So weit der Plan, der bis gestern noch wunderbar aufgegangen war. Das Fibroadenom war weg, ich hatte so gut wie keine Schmerzen, von Finn gab's eine Blume, und die mündliche Soziologieprüfung war auch geschafft. Und dann der Anruf: Es habe bei der routinemäßigen pathologischen Untersuchung Auffälligkeiten gegeben, Dr. Soundso sei der Spezialist, ich könne gleich kommen. Auffälligkeiten? Was soll das denn heißen? Ich kann jetzt nicht weg, ich habe doch Paula, und warum überhaupt so eilig? Also gut, wie heißt dieser Arzt? »Paula, hast du Lust, dich mit Joschua zu verabreden? Mama holt dich in einer Stunde wieder ab.«

Der Tag, an dem der Tod zu meinem Leben gestoßen ist. Und jetzt bleibt er für immer. Er gehört jetzt dazu, der Sensenmann. Auch die größte Willensanstrengung kann mir mein altes Leben nicht zurückgeben, auch nicht der größte Trost, das spüre ich ganz deutlich. Es wird ab jetzt immer ein Vorher und ein Nachher geben. Und schon jetzt ist das Vorher so unendlich weit weg, unerreichbar. Hoffentlich wird es irgendwann erträglich. Hoffentlich kann ich ihn immer wieder vergessen, den Tod. Aber wie soll das gehen? Kann man der Endlichkeit eine Daseinsberechtigung im eigenen Leben zugestehen, ohne ständig übermächtige Angst zu haben? Ohne in jedem Jucken zu glauben, den Prankenhieb des Todes zu spüren?

Ich hatte so eine glitzernde Erwartung in mir, mein neues Leben war nur noch ein paar Schritte entfernt, und jetzt werde ich nie wieder unsterblich sein.

Herzlich willkommen in der Hölle.

11. November

Der dritte Tag im Krebsleben von Judith End, und es gibt nichts zu tun, als zu warten. Die Untersuchungstermine sind vereinbart, meine Familie wuselt unermüdlich im Dienst des Krebses um mich herum, und ich staune, dass nichts mehr seine Bedeutung hat. Heißt eine Tasse weiterhin Tasse, jetzt wo ich Krebs habe? Schmeckt eine Zitrone immmer noch sauer? Alles ist möglich, und nichts ist mehr wirklich.

Das Telefon steht keine Sekunde still, die Buschtrommeln funktionieren also noch, und meine Mutter hat den Auftrag, möglichst alle abzuwimmeln. Hallo? Hier Vorzimmer einer Todgeweihten. Bedaure, sie kann heute nicht shoppen gehen, sie hat überraschend Krebs bekommen, und es wird wohl noch ein Weilchen dauern.

Ich muss irgendetwas tun, aber ich weiß nicht, was. Ich bin ein auf die notwendigsten Körperfunktionen geschrumpftes Etwas. Mit meinem Mantel und meiner Unbesiegbarkeit habe ich auch meine Souveränität an Dr. M.s Garderobe hängen lassen. Lebe ich überhaupt noch? Plötzlich glaube ich nicht mehr an mich, nicht daran, dass ich Entscheidungen treffen kann, eine erwachsene Frau und Mutter bin, meine Fingernägel wachsen und meine Lunge atmet, nicht daran, dass mein Herz noch schlägt. Eine ausgewachsene Regression. Die Welt hat mich abgesondert, die Natur mich aussortiert wie das kleine Löwenbaby, das mich vor ein paar Tagen während einer Tiersendung zum Schluchzen gebracht hat, weil es sich die Hüfte gebrochen hatte und mit herzzerreißender Verbissenheit dem Rudel kilometerweit gefolgt ist und dabei diese unendlich traurige Schleifspur im Sand hinterlassen hat, die irgendwann einfach aufhörte, weil der kleine Löwe nicht mehr wusste, wohin. Vielleicht ist das das Schlimmste, dass einem mit der Sicherheit auch die Orientierung flöten geht und man plötzlich gar nicht mehr weiß, wer man eigentlich ist.

Doro hat sich, nachdem sie aus der Uni kam, sofort in ihr Zimmer verkrochen und ist nicht mehr rausgekommen. Vielleicht weint sie. Bestimmt weint sie sogar. Ich könnte jetzt zu ihr gehen und sie trösten. Eigentlich müsste ich jetzt zu meiner kleinen Schwester gehen und sie in den Arm nehmen. Aber ich kann nicht. Genauso wenig wie ich Paula in den Arm nehmen kann. Ihr in die Augen zu sehen, schaffe ich kaum. Die amerikanischen Seriengroßfamilien würden das hier wahrscheinlich anders lösen. Ich liebe dich, Mum. Ich liebe dich, Dad. Ich liebe dich, Doro. Ich liebe dich, Paula. Gott macht alles wieder heil. Aber ich bin stumm. Ich bin taub. Alle Sinne abgeschalten. Bestimmt hat Doro genauso große Angst wie ich, nur dass ihr keiner frisch gepressten Saft bringt und sie in Watte wickelt. Und Paula? Sie spürt genau, dass etwas Schlimmes passiert ist, und ich kann ihre Nähe nicht ertragen. Ich, ihre Mutter, die jetzt mir ihr sprechen müsste, sie durchkuscheln und knutschen müsste, um die dunkle Wolke in ihrem kleinen Kopf zu vertreiben, kann sie nicht ansehen, habe nichts zu geben.

Ich höre Paulas Geplapper durch die geschlossene Tür und liebe, liebe, liebe sie, das spüre ich ganz sicher. Gleichzeitig aber treibe ich immer weiter in ein endloses, leeres Universum, Tausende Meilen weg, und bete, dass sie jetzt die Tür nicht aufreißt und auf mein Bett hopst, ich könnte es nicht ertragen. Dabei ist sie doch mein Kind, meine Mitte, meine Sonne, mein Glück. Das einzige Wesen, dem ich verzeihe, dass es mich jahrelang nachts nicht schlafen ließ, und das ich unter unmenschlichen Schmerzen aus mir herausgepresst habe. Das mir so viel abverlangt und gleichzeitig so viel gibt. Durch vier Jahre haben wir uns jetzt durchgekämpft, vier Jahre, in denen es nur uns beide gab, in denen ich versucht habe, eine gute Mutter zu sein, und gleichzeitig meinem alten Leben hinterhergerannt bin, weil ich es nicht aufgeben konnte. Schon nach wenigen Wochen habe ich meine entzündeten Brüste in Kohlblätter gepackt und bin mit dem dauerschreienden Würmchen wieder in die Uni gerannt, um bloß nicht den Anschluss zu verpassen. Und niemals konnte ich sie abgeben. Kein Vater, keine Großeltern in der Nähe, die diese Verantwortung ab und zu mit mir getragen hätten, die mindestens genauso schwer wog wie Einkaufstaschen und Babytrage, für die ich immer mindestens zweimal gehen musste, um sie in den fünften Stock zu befördern.

Alle paar Wochen habe ich meine letzte Energie und mein letztes Geld zusammengekratzt, um mir einen Babysitter zu leisten und mich wie von Sinnen ins Hamburger Nachtleben zu stürzen, was ich noch Tage später mit Übermüdung abbezahlen musste. Wie eingesperrt ich mich oft gefühlt habe, wie groß meine Sehnsucht war nach Freiheit, Spaß, Unbeschwertheit, wie schmerzlich ich habe lernen müssen, dass ich alleine war, dass es eben nur meine Sorgen sind, nur meine Anstrengung, nur meine unerfüllten Wünsche, nur meine Einsamkeit, nur meine Schlaflosigkeit. Und obwohl mein Leben mit Paula so ungleich komplizierter und schwerer geworden ist, ist es auch so viel wichtiger und wertvoller geworden. Für dieses Würmchen war und bin ich die Welt. Sie ist angewiesen auf meine Liebe, auf meine Fürsorge, meine Geduld. Ob ihr Leben gut oder schlecht wird, lag vom Zeitpunkt, in dem sie ihr kleines Nest in meinem Bauch gebaut hat, in meiner Hand, und ich habe es so gut gemacht, wie ich konnte. Vielleicht nicht immer gut genug. Es war bestimmt nicht das Beste für mein Kind, sie schon mit ein paar Monaten zu dieser proletenhaften Tagesmutter zu bringen, auch wenn es nur ein paar Stunden in der Woche waren, so dass ich Seminare besuchen konnte. Vielleicht hätte ein bisschen weniger laute Musik bei Open-Air-Konzerten und WG-Partys dem Säugling auch nicht geschadet. Vielleicht hätte ich den Haschkuchen, den meine Freundin Lisa gebacken hat, nicht essen und mein Baby danach bekifft durch die Straßen schieben sollen (hier allerdings verzeihe ich mir heute, denn es war der unglaublich leckere Joghurtkuchen nach einem Rezept ihrer Oma, dem ich nicht widerstehen konnte). Aber ich habe bei allem immer mein Bestes gegeben, besser ging nicht, und Paula, das hysterischste Baby der Welt, hat es mir auch nicht gerade leicht gemacht. Mein Kinderarzt sagte einmal zu mir, man bekomme das zurück, was man seinen eigenen Eltern beschert hat. Und da ich auch so ein Brüllbaby war, geschah es mir wohl recht, dass ich aus dem Rückbildungskurs rausgeflogen bin, weil sich die anderen Mütter bei Paulas ewigem Geschrei nicht entspannen konnten. Und auch, dass die Nachbarn gerne mal bei mir klingelten, um sicherzugehen, dass das junge Ding ihr Kind nicht misshandelte. Und trotz allem hätte ich mir natürlich kein anderes Baby ausgesucht. Denn meins war nicht nur das hübscheste und wohligst riechende im ganzen Land, sondern selbstverständlich auch das begabteste und schlauste. Welches Baby hat schon wie ein kleines Monchichi schwarze Härchen auf der Nase, einen Po wie ein frisch gebackenes Hefebrötchen, einen Bauchnabel in Form eines

Gänseblümchens und Augen wie ein bodenloser Honigtopf. Und unübertroffen der süße morgendliche Duft nach Erdnussbutter. Was für ein Geschenk, so ein kleiner nackter Mensch!

Und jetzt macht der Krebs vielleicht alles kaputt, zerstört nicht nur ein Leben, sondern zwei, und ich kann noch nicht einmal bei ihr sein in diesem Moment, weil ich unfähig bin, ihre Nähe zu ertragen. In zwei Wochen wird sie ihren vierten Geburtstag feiern. Soll es das etwa schon gewesen sein? Nur vier Jahre Paula und Judith? Hat das kleine Seelchen nicht schon genug zu schleppen an ihrem abwesenden Vater? Ich würde alles geben, um sie vor alldem, was kommt, zu bewahren. Alles. Wenn ich doch nur nicht so machtlos wäre. Verzeih mir, Paula, und hab ein bisschen Geduld mit mir. Ich kämpfe für uns, sobald ich wieder Kraft habe.

Wie schon gestern bitte ich auch heute meine Mutter, Paula ins Bett zu bringen, bestelle mir ein Käsebrötchen ins Zimmer, damit ich dem gemeinsamen Abendbrot entgehen kann, und stelle mich auf die Ewigkeit in diesem Bett ein. Hier liegen sie, die drei Affen, die nicht hören, nicht sehen, nicht fühlen. Und ich, King Cancer Luie, der taubste von allen, darf in der Mitte liegen, weil er am ärmsten ist, während das Affenbaby nebenan alleine einschlafen muss. Ich sollte mir mal ein Beispiel nehmen an dem kleinen Löwenbaby, an dem kleinen Junior. Arbeite wenigstens an deiner Schleifspur, Judith, wenn du schon keine tänzelnden Fußspuren mehr hinterlassen kannst, und halt dich an deinem Rudel fest, dazu ist es doch da. Morgen. Morgen fange ich vielleicht an mit meiner Schleifspur.

13. November

Der Schrecken über meine Diagnose steht allen, die mit mir sprechen, ins Gesicht geschrieben. Vor allem den Ärzten, denn sie wissen um die Tödlichkeit ihres Befunds. Die Ärztin, die gleich anhand eines Szintigramms meine Knochen auf mögliche Metastasen untersuchen wird, gibt sich alle Mühe, gelassen und optimistisch zu wirken, und trotzdem meine ich in ihrem Gesicht zu lesen, dass sie mich bereits im Grab sieht. Phantasie, Judith, das ist nur deine Phantasie.

»Ich injiziere Ihnen jetzt erst mal einen radioaktiven Stoff, der mögliche Anomalien in den Knochen gleich auf dem Bild sichtbar macht. Und dann müssen Sie mindestens eineinhalb Liter trinken, bis wir in einer Stunde das Bild machen können.«

Ich hasse Spritzen. Dieses Gefühl, wie die Nadel in die Vene eingeführt wird, dieses Ziehen und leichte Drücken. Wie eine kleine Vergewaltigung ist das. Und in diesem Moment wird mir klar, dass das erst der Anfang einer langen Reise in das Land der Kranken ist. Ich bin jetzt nicht mehr nur Judith End, ich bin jetzt die Patientin Judith End, mit einer Krankenakte als zweitem Personalausweis.

Eine Flasche Volvic und eine hoch nervöse Stunde im Wartezimmer später liege ich tränenblind in einer kalten grauen Röhre. Ich schließe die Augen, und der traurige See hinter meinen Lidern entleert sich in kleine Bäche, die meine Schläfen hinunterfließen. Und dann, plötzlich, bin ich vollkommen ruhig. Ich atme ganz flach und automatisch, fühle gar nichts mehr. Auch keine Angst. Vielleicht ist das ja so, dass sich das Gefühl irgendwann selbst ausschaltet, wenn es unerträglich wird.

Wenn sie in meinen Knochen etwas finden, dann bin ich unheilbar krank. Dann sterbe ich.

Ich warte.

Die Röhre öffnet sich langsam und ruckelnd, ich werde auf einem Tischchen herausgefahren und schlage die Augen auf. Das Raster der quadratischen Deckenfliesen rast auf mich zu und weicht im nächsten Moment zurück. Ich habe keine Angst. Nur den Gedanken an mein Baby, meine kleine Paula. Und dann breitet sich etwas in meinem Bauch aus. Ein riesengroßes NEIN. Ein simples, entschlossenes NEIN. Nein zu diesem hinterhältigen Krebsmonster. Nein, mein Schatz, ich lasse dich nicht allein. Nein, Mama, du musst mich nicht begraben.

»Die Ergebnisse bekommen Sie nach der Auswertung von Dr. B. Die nimmt auch den Ultraschall der linken Brust bei Ihnen vor.«

Dr. B.? Moment mal. *Die* Dr. B., die mir letztes Jahr versichert hat, ich hätte nur ein unbedeutendes Fibroadenom in der Brust? *Die* Dr. B., die mich mit den Worten wegschickte, ich sei zu jung für eine Mammographie? Ich spüre, wie sich mein Herz zusammenkrampft, aber ich habe nicht den Mut und auch nicht die Kraft zu protestieren.

Eisaugen, Hängemundwinkel, Dreifachkinn. Es ist *die* Dr. B., wie sie leibt und lebt. Und sie leibt eindeutig mehr, als dass sie lebt, denn ihr Gesicht gleicht einer eisernen Maske, während sie kurze Zeit später das kalte Ultraschallgerät über meine Brust führt und stumm auf den von mir weggedrehten Bildschirm starrt. Kein offenes Zeichen des Erkennens. Kein Wort der Rechtfertigung oder des Bedauerns. Ihr konzentrierter, leerer Blick jedoch, mit dem sie konsequent den meinen mei-

det, verrät mir ihre Unsicherheit. Vielleicht sterbe ich, weil du nicht richtig hingeschaut hast. Ich weiß es. Du weißt es. Hast du Kinder, Dr. B.?
Als sie mir dann immer noch wortlos ein Papierhandtuch reicht, damit ich mir das Gel von der Brust wischen kann, treffen sich für einen Moment unsere Augen. Und für den Bruchteil einer Sekunde scheint ihr Panzer zu weichen. Es ist dieses kurze Zusammenpressen ihrer Lippen, das leise schnaubende Ausatmen durch die Nase, das einen Hauch von Empathie spüren lässt, vielleicht auch ein tief verborgenes Verantwortungsgefühl. Sie öffnet den Mund, als wolle sie etwas sagen. Doch das tröstende Wort – oder sollte es gar ein Bekennen sein? – kommt tot zur Welt.
Und noch immer hat sie mir die Ergebnisse der Szintigraphie nicht mitgeteilt. Ich spüre die harte Liege unter mir und befinde mich gleichzeitig im freien Fall. Warum muss ich hier alleine sein mit diesem Eiszapfen von einem Menschen? Warum foltert sie mich so?
Dann endlich, starren Blickes in ihre Unterlagen: »Knochen und linke Brust sind in Ordnung. Übermorgen kommen Sie, um Leber und Lunge untersuchen zu lassen.«
Kurz vor dem Aufprall öffnet sich der Fallschirm. Wenn ich jetzt gleich die Beine von der Liege gleiten lasse, finden sie womöglich einen Boden. Ich bete zu allen guten und auch zweifelhaften Kräften des Universums. Mein Glück, wenn du mich noch hörst, schick mir einen Engel, der mich nicht mehr verlässt.

»Mama, spielst du was mit mir?« Am Nachmittag gibt sich Paula alle Mühe, meine undurchdringliche, apathische Gemütslage irgendwie zu ignorieren. Wegspielen. Volle Konzentration auf Ken und Co.

»Schatz, ich kann nicht. Du musst Omi fragen oder Opa.«

Warum kann ich eigentlich nicht? Ich habe absolut nichts zu tun. Weil Playmobil und Zahlenzwerge sich mit meinem Krebs beißen?

»Okay, dann gehe ich zu Omi in die Küche.« Was? Kein enttäuschtes Gemotze?

»Paula, warte mal, ich will dir noch was sagen. Ich habe vor ein paar Tagen eine schlimme Nachricht gekriegt, das weißt du schon, oder?«

»Ja, ich weiß. Du hast einen Krebs.« Kein Grund sich jetzt mit Gequatsche aufzuhalten, und schon hüpft sie im Seitgalopp Richtung Küche. »Jetzt warte doch mal. Soll ich dir das nicht erklären?«

»Nö, keine Zeit. Ich hab schon das Arche-Noah-Spiel aufgebaut.«

Oh, Paula. Vielleicht hast du es von allen sogar am schwersten. Du begreifst nicht, was geschieht. Was müssen dir unsere Tränen für eine Angst machen? Die nicht greif- und begreifbare Leere in dieser überfüllten Wohnung. Und du spielst und spielst, ohne den Kopf zu heben. Spielst mit aller Kraft um dein kleines behütetes Leben.

14. November

Gewissensfrage: Darf man dem Mann, in den man sich gerade verlieben will, mit einer bitteren Nachricht den Urlaub vermasseln?

a. Insofern es sich um eine bedeutsame Nachricht für den Reisenden handelt und sie ferner eine Handlung seinerseits während des Reisezeitraums erfordert, ist es sogar Pflicht, die Nachricht nicht zu verschweigen.

b. Sofern die Nachricht nur zur Folge hat, dass dem Reisenden der Urlaub verdorben wird und es ihm zudem von der Reisedestination aus nicht möglich ist, auf die Situation einzuwirken, ist es moralisch unverantwortlich, den Reisenden während seines wohlverdienten Urlaubs in Sorge oder schlechte Stimmung zu versetzen.
c. Benötigt eine nahestehende Person Hilfe, selbst wenn »nahestehend« nicht näher definiert ist, sollte sie zur Abwechslung mal an sich denken und die Nachricht ohne Skrupel weitergeben. Dem Reisenden, sofern es sich um einen mündigen Erwachsenen handelt, ist zuzutrauen, die Entscheidung über den Umgang mit der Nachricht selbst zu treffen.

Lösung: c

Lieber Finn,
ich denke viel an Dich und hoffe, es geht Dir gut! Würde Selbiges gerne auch von mir behaupten, was leider nicht der Fall ist. Erinnerst Du Dich an den harmlosen Knoten in meiner Brust? Wie es aussieht, wird mich das fiese Ding nun die Brust und die Frisur kosten, wenn ich Pech habe, sogar das Leben, denn, upps!, zu aller Überraschung war es doch ein aggressives Krebsgeschwür. Ergebnisse über Metastasen (gleichbedeutend mit dem sicheren Tod) kommen bis Ende der Woche. Tut mir leid, dass ich nicht warten konnte, bis Du wieder hier bist, wo Du Dich doch entspannen und Spaß haben sollst, aber wenn Du zwischendrin mal an mich denken würdest, vielleicht hilft das ja.
Ich vermisse Dich sehr! (Angesichts einer tödlichen Krankheit kann man das ja mal sagen.)
Wäre das ein echter Brief auf echtem Papier, würde die

Tinte jetzt herzzerreißend in großen welligen Tränenkleck-sen verschwimmen.
Einen traurigen Kuss von der angstschlotternden Judith, die natürlich nur so tut, als hätte sie sich selbst in irgendeiner Form im Griff.
J

15. November

Heute ist Mittwoch, eine Woche nach der Diagnose. Eine Woche, nachdem ein Anruf meine Welt gefrieren ließ. Ich liege schon sehr lange wach, weil heute der Tag der Computertomographie ist. Es wird sich rausstellen, ob sich der Krebs schon in meine Leber oder meine Lunge eingenistet hat. Meine Mutter wird mich begleiten, und ich weiß gar nicht, ob ich das will. Ich will nicht alleine sein, aber meine eigene Angst ist mir schon zu viel. Auch noch die meiner Mutter zu ertragen überfordert mich endgültig. Sie gibt sich alle Mühe, gelassen zu wirken, stark zu sein, ihr eindeutig angestrengtes Lächeln soll wohl heißen: Ich weiß, alles wird gut. Aber sie weiß gar nichts. Sie kann es nicht wissen. Keiner weiß es. Wenn sie es wenigstens sagen würde. Wenn sie sagen würde, Judith, mein Kind, ich habe entsetzliche Angst, dass ich dich verliere. Vielleicht wäre das einfacher. Vielleicht aber auch noch schlimmer. Wie auch immer, sie weckt mich wie damals am Tag einer Mathearbeit, sanft, ich bin wieder zehn. Zwingt mir einen frisch gepressten Orangensaft auf, als würde es jetzt noch auf die paar Vitamine ankommen. Zähneputzen mit Krebs fühlt sich ganz anders an, umso banaler, desto absurder kommen mir meine Handlungen vor. Mein Vater sagt: »Tschüs, bis gleich«, als gingen wir nur mal eben einkaufen, und dann sind wir auch schon da.

Röntgenzentrum. Hoher Empfangstisch, Ficus benjamina links und rechts, die junge Sprechstundenhilfe führt noch kurz ihr Privatgespräch zu Ende, und meine Mutter tut, was die kleine Judith schon damals furchtbar fand. »Meine Tochter hat einen Termin zur Computertomographie, wir hatten angerufen.« Ich stehe hilflos in zweiter Reihe, kaue an den Fingernägeln, schaue auf meine Schuhe. Fehlt noch die signalfarbene Abc-Schützen-Kappe. Gut, ich mag zu jung zum Sterben sein, darüber sind wir uns einig. Abweichende Vorstellungen scheinen hingegen bezüglich der Frage zu bestehen, ob ich alt genug bin, meine Termine selbst zu machen und meine eigenen Notizzettel vollzuschreiben.

Im Wartezimmer dann wieder Fragebogen ausfüllen und den Blick anschließend starr auf das Poster von Mama- und Babyelefant gerichtet lassen, um die Broschüren über PET-CT und andere, von der Kasse nicht bezahlte Supermaßnahmen zur Bestimmung der Lebenszeit von Menschen wie mir bestmöglich zu ignorieren.

Und als ich dann endlich (ohne Mama!) aufgerufen und abgeführt werde, höre ich das Blut in meinen Ohren rauschen und spüre meine Fingerkuppen pulsieren, so verzweifelt pumpt mein Herz.

»Was soll denn bei Ihnen eigentlich gemacht werden?« Verständnislos, ein bisschen genervt sieht mich die medizinische Assistentin an. »Thorax-CT? Warum das denn?«

Und wieder muss ich es sagen. Meine Stimme ist ganz leise, ich kann sie selbst kaum hören. Das ist gar nicht meine Stimme. »Ich habe Brustkrebs.«

In einer kleinen Kabine, die sich zu zwei Seiten öffnen lässt, muss ich mich ausziehen. Vor vielen Monaten stand ich schon einmal barbusig in einer solchen Kabine. Auch damals Unverständnis, als die Tür von der anderen Seite geöffnet wurde. »Wie alt sind Sie? 24? Dann ziehen Sie sich mal wieder an. Da machen wir keine Mammographie.« Warum nur habe ich nicht darauf bestanden? Warum habe ich nicht besser auf mich aufgepasst, warum hat keiner auf mich aufgepasst?

An der Tür ist ein großer Spiegel angebracht. Hallo, du. Mein Bauch ist weiß und flach. Zwei kleine Schwangerschaftsstreifen um den Nabel. Meine Arme und Schultern sehen stark aus und jung. Alles ein bisschen blasser und dünner als sonst. Meine Brüste sind auch nicht so übel. Rund und klein – eigentlich nicht zu klein. Die Spuren der Schwangerschaft kann man sehen. Und jetzt bin ich zum ersten Mal stolz darauf. An diesen Brüsten hat mein Baby getrunken. Ich habe mich oft geschämt, weil sie nicht mehr so fest und voll waren wie früher. Aber jetzt sehen sie so schön aus, so unschuldig, so überhaupt nicht nach Krebs. Ich wünschte, ich hätte das schon früher bemerkt. Sie gehören zu mir. Ich will nicht, dass man sie mir wegnimmt. Meine Haare fallen meinen Rücken hinab, ganz weich, ganz stark. Meine Hose rutscht seit ein paar Tagen über meine Hüftknochen. Nur mein Gesicht verrät die Angst. Meine Augen so groß. Meine Haut gerötet, mein geschlossener Mund schreit nach Hilfe.

»Wie kommen Sie denn hierher, wer hat Sie denn überwiesen?« Die Tür zum Behandlungsraum wird geöffnet. Wieder stoßen meine Erklärungen auf zweifelnde Gesichter. »Legen Sie sich schon mal hier hin, wir müssen erst mal mit Ihrem behandelnden Arzt Rücksprache halten.«

Ich habe Krebs! Diese Untersuchung bringt vielleicht mein Todesurteil. Warum ist das so schwer zu glauben? Wenn ich jemanden auf den Arm nehmen wollte, würde ich mir bei Gott etwas Amüsanteres ausdenken. Warum muss ich hier halbnackt alleine liegen? Meine Tränen fühlen sich ganz kühl an. Aber wahrscheinlich ist nur mein Gesicht heiß. Warum ist keiner bei mir? Einzig die Papierunterlage der Untersuchungsliege nimmt sich der zitternden Kopie meiner selbst an und saugt geduldig das salzige Wasser auf.

Nach der offiziellen Bestätigung meiner Diagnose sind dann alle plötzlich sehr freundlich. Ich kann mich nicht einmal darüber ärgern. Ich bin dankbar für jeden Funken Gefühl, für jedes bisschen Nähe.

Der Arzt kommt und legt mir einen Zugang in die Vene. Er duzt mich. Ganz selbstverständlich. Ich bin hier ein Kind. Ich bin nicht erwachsen, bin nicht Mutter. Ich bin ein kleines Kind. Weil ich viel zu jung bin für diese Diagnose. Im Brustkrebsland ist man wohl erst ab sechzig erwachsen. Ich bin ein Kleinkind im Brustkrebsland.

An die Nadel in meiner Hand wird ein Schlauch gestöpselt, Füße fest in der vorgesehenen Rille halten, Kopfhörer mit Radiogedudel auf und bloß nicht bewegen. Dann sind wieder alle weg. Der Tisch fährt mich langsam in die graue Röhre hinein. Die Kommandos kommen über Lautsprecher, von einem Mädchen, das nicht viel älter ist als ich. »Wir spritzen Ihnen jetzt das Kontrastmittel. Es fließt jetzt durch Ihre Venen. Ihr Körper wird ganz heiß.« Wie eine Todesspritze, denke ich. Das Gift fließt jetzt durch Ihren Körper. Beten Sie für Gottes Vergebung, und gedenken Sie reuig Ihrer Sünden. Zu spät für not guilty. Blitzartig schießt die Wärme durch meine Adern. In meine Brust, zwischen meine Beine, unter meine Arme. Ich kann nicht genau fühlen, wo. Dann: »Bitte einatmen … jetzt nicht mehr atmen.« Schon nach fünf Sekunden habe ich das Gefühl zu ersticken. Weitere fünf Sekunden später: »Weiteratmen.« Das Ganze noch ein paar Mal, dann fahre ich per Knopfdruck endlich wieder aus diesem ratternden, lärmenden Ungetüm heraus. Enrique Iglesias jault über Kopfhörer »… would you take away my pain?«

Hinter der Glasscheibe stehen Schwestern und Ärzte und sehen mich an. Ich war noch nie so allein.

Die schwere Tür zum Nebenraum geht endlich auf. »Sie können sich wieder anziehen.« Keiner sagt, Sie schaffen das schon oder irgend so etwas. Nur: »Die Ergebnisse können Sie morgen abholen.«

Ich hinterlasse ein abstraktes Gemälde auf der Papierunterlage, als meine tauben Beine wieder den Boden berühren. Ein Knittermuster in Form eines schmalen Körpers. Die Traurigkeit hat dunkle Flecken um den Kopf herum gemalt. Sternförmige Kleckse. Dunkelrote Blutspuren dort, wo der Katheter falsch gezogen wurde und die Schwester nach eigenen Angaben eine »kleine Schweinerei« angerichtet hat, vielleicht weil sie so beschäftigt war, von ihren eigenen Leiden zu erzählen. Schon über zwei Wochen erkältet. Gleich kommt der Nächste und zeichnet sein Bild. Meins liegt dann schon im Papierkorb.

Als ich nach Hause komme, sehe ich als Erstes dich, kleine Paula. Du kommst an Doros Hand gerade aus dem Kindergarten. Stehst vor dem Haus und wartest auf mich. Du bist wie immer, ein kleiner Fels in der Brandung fast, und es ist so seltsam, dich aus der Ferne zu sehen. Für dich geht alles weiter. Mit deiner gestreiften Mütze und deiner festen Stimme. Und du freust dich über mich.

Für dich muss ich leben. Ich muss, ich muss, ich muss!

16. November

Der Himmel ist fast aufdringlich blau, und es ist warm. Sechzehn Grad. Nur die kahlen Skelette der Bäume erinnern daran, dass es Mitte November ist. Ich schließe die

Augen und richte mein Gesicht zur Sonne, die mir ihre Strahlen wie streichelnde Hände entgegenstreckt. Eine Weile tanzen bunte Farbkleckse vor meinen Augen, bis meine Lider nur noch Rot nach innen schicken. Heißes Rot.

Wir sind auf dem Weg nach Göttingen zu einem weiteren Krebsspezialisten, um eine zweite Meinung einzuholen. Meine kleine Schwester und ich. Dr. M. hat mir zur Amputation meiner rechten Brust geraten. Danach zwölf Zyklen Chemotherapie und weitere fünf Jahre Antihormontherapie. Aber nur, wenn der Krebs noch nicht gestreut hat. Im Falle von Metastasen könnte ich mir die Tortur auch sparen und dürfte meine Brust behalten. Es wäre dann ohnehin zu spät.

Die Ergebnisse der Computertomographie liegen immer noch ungelesen auf meinem Schoß.

Wie tapfer Doro am Steuer sitzt. Sie muss jetzt so groß und so stark sein.

Okay, Judith. Atme tief ein, nimm die Sonne mit, öffne jetzt den Umschlag. Du schaffst das schon. Du schaffst das. Du wirst gesund.

Als ich klopfenden Herzens endlich das Schreiben aus dem Umschlag gefingert habe, steht da alles Mögliche. Über Zysten in der Leber und Knoten in der Schilddrüse. Aber wichtig ist nur: keine erkennbaren Fernmetastasen! Schlimm ist aber, dass auch das CT Auffälligkeiten der Lymphknoten festgestellt hat. Bevor der Krebs andere Organe befällt und damit nicht mehr zu heilen ist, befällt er das Lymphsystem. Damit ist also der erste Schritt in Richtung Grab gemacht. Gewissheit darüber werde ich allerdings auch erst nach der Operation und der Gewebeanalyse haben. Aber das ist jetzt noch nicht dran. Jetzt ist erst mal wichtig: Ich habe eine Chance! Ich kann gesund werden!

Als wir aussteigen und über den matschigen Parkplatz auf das große Klinikgebäude zugehen, fühle ich mich fast normal. Wenigstens sitzt die Jeans, die immer ein bisschen zu eng war, endlich mal bequem.

Wir treten in die große Eingangshalle. Es riecht nach Krakenhaus, aber ich bin nicht die Patientin, die sterben kann. Ich bin einfach eine Besucherin wie viele andere. Ein Mädchen, das hier verabredet ist. Nur die junge Frau, die mit ihrem Tuch auf dem Kopf und ihrem fahrbaren Tropf aus dem Aufzug steigt, lässt mich kurz zusammenzucken. Was für eine fremde Welt! Aber dann sind die Gedanken auch schon wieder weg. Das bin ja nicht ich. Bestimmt hat sie etwas ganz anderes. Im Wartezimmer stürzen Doro und ich uns pfeilschnell auf die »Gala«, die wie eine Fata Morgana inmitten von Krebsbroschüren und Perückenstudioprospekten aufleuchtet. Noch ist die Zielgruppenzugehörigkeit eindeutig.

»Frau End? Sie können jetzt zum Professor rein.« Und dann verlässt es mich doch, mein schützendes Besuchergefühl.

Das Gespräch mit Prof. P. ist ein Alptraum. Der freundliche Mann in den Sechzigern vor mir sieht mit seinen buschigen grauen Augenbrauen ein bisschen aus wie der kleine Bruder von Theo Weigel. Und dann macht er den Mund auf, und mit meinem letzten bisschen Sicherheit, mit meinem letzten bisschen Freude über die Sonne und meine sitzende Jeans ist es endgültig aus und vorbei.

»Amputieren? Nein, das würde ich nicht. Ich sage mal so: Wenn wir nun all das machen, was ihre Chancen potenziell erhöhen könnte, sprich Amputation, Chemotherapie, Bestrahlung, Antihormontherapie, dann sind Sie in ein paar Jahren ein Wrack. Und trotzdem könnte Ihnen keiner sagen, ob es geholfen hat. Ob Sie nun länger oder besser leben. Wenn wir nur das Nötigste tun, nämlich den Tumor entfernen und Sie dann gehen lassen, machen Sie mir vielleicht in fünf Jahren den berechtigten Vorwurf, warum man nicht mehr getan hat. Aber wissen Sie was? Dann würde ich Sie fragen: Wie waren denn die fünf Jahre?«

Ein schmerzhafter Kloß bleibt mir im Hals stecken. Ich schlucke ein paar Mal, will ihn zurückdrängen, aber es ist zwecklos. Schon wieder fange ich an zu heulen, dabei wollte ich doch so gerne eine mündige, gefasste Patientin abgeben. Aber das habe ich nicht erwartet. Warum sagt er so etwas? Sieht er mich schon in der Grube, oder will er mir Mut machen? Vielleicht hat er recht. Vielleicht bin ich in ein paar Jahren ein Wrack, und es hat alles nichts geholfen. Vielleicht geht es mir aber auch nach der Entfernung des Tumors für den Rest meines Lebens gut. Verdammt, ich habe doch Paula! Ich habe ein kleines Kind. Wie kann es da in Frage stehen, ob man alles versucht oder nicht? Ich habe mir so gewünscht, dass er mich aus diesem Alptraum aufweckt, dass er mir sagt, es sei alles gar nicht so schlimm. Ich fasse das einfach immer noch nicht.

Auf der Rückfahrt wird mir speiübel. Fast hätte ich es geschafft, die heiße Schokolade aus der Krankenhauscafeteria in meinem Magen bis nach Hause zu befördern. Aber nur fast. Fünfhundert Meter vor unserem Haus kotzt meine Angst den angeblichen Glückshormonspender samt Sahnehaube an den Straßenrand.

17. November

Das hier ist also mein neues vorübergehendes Zuhause. 407, uringelb gestrichen, asymmetrisches Schrankdesign aus den Achtzigern, Blick auf die begrünte Krankenhauseinfahrt, Fernseher über dem schmalen Metallbett, Bibel in der Nachttischschublade. Eine Einzelzelle, immerhin. Danke, Gott, wenigstens dafür, dass ich Privatpatientin sein darf! Dr. M. konnte sich doch nicht entschließen, mir gleich die ganze Brust abzunehmen, zu grausam erschien ihm das bei genauerer Überlegung angesichts meines zarten Alters. Wenn ich Glück habe, kann ich sie also doch behalten, aber nur, wenn er im Gesunden schneiden kann, wie es im Fachjargon heißt.

»Ich muss ein paar Tage ins Krankenhaus, damit ich wieder gesund werden kann«, habe ich Paula erklärt, »aber Omi ist ja noch da und Doro auch.«

»Du sollst aber nicht da hin!« Sie hat so unglücklich und verängstigt ausgesehen. Sie versteht das alles nicht, spürt nur meine Angst. Spürt meine Distanz, dass es mir immer noch weh tut, sie in die Arme zu nehmen. Ich kann ihr nur so wenig geben im Moment, habe kaum noch Kapazität, bin so überfordert. Und doch ist sie es, um deren Leben sich all meine Gedanken drehen. Jetzt reiß dich mal zusammen, Judith, das ist deine Tochter!

Und ich versuche ein Lächeln.

»Ich finde das auch nicht so toll, Paulinchen, aber dafür kannst du mich jeden Tag besuchen. Und wir können uns vorstellen, dass das Krankenhaus ein weißes Schloss ist, in dem der weiße Zauberer wohnt, der alle Zaubermittel kennt und mich gesund macht. Dort ist nämlich wirklich alles weiß, und mein Arzt hat auch immer weiße Sachen an, der kann dann der Zauberer sein.«

Ein zögerliches Lächeln, dann habe ich sie. »Na gut, aus Spiel bin ich dann die feine Dame, die zu Besuch kommt. Und ich bin immer ganz schick und bringe vielleicht auch ein Geschenk mit.«

»O ja, ein Geschenk! So machen wir das. Morgen ist noch nicht so gut, da werde ich operiert und muss schließlich alles noch ein bisschen vorbereiten, wenn die feine Dame kommt. Aber übermorgen auf jeden Fall. Und morgen rufe ich dich an, das ist dann aus Spiel die Einladung.« Sie hat ihre Arme fest um meine Oberschenkel geschlungen. Mein Herz hat gestochen, und gleichzeitig hat es gutgetan, sie wieder zu spüren. Ihren kleinen, warmen Körper zu spüren, der so lebendig ist und begierig meine Liebe aufsaugt. Ich darf sie jetzt nicht verlassen. Dann bauen wir uns eben ein Schloss aus diesem gelben Zimmer, Tee und Kekse werden die hier ja wohl haben, damit ich meine feine Dame empfangen kann.

Schloss ist zugegebenermaßen ein ziemlicher Euphemismus, aber so schlecht ist es hier tatsächlich gar nicht. Ich bin froh, dass ich mich gegen die Uniklinik entschieden habe und hier auf dieser kleinen, überschaubaren Station gelandet bin. Es gibt sogar eine kleine grüne Dachterrasse, und ich bin nur fünf Minuten von zu Hause entfernt. Jetzt richte ich mich häuslich ein, und morgen bin ich die Erste, die auf den OP-Tisch kommt. Hoffe, das ist wirklich von Vorteil, wie es hieß. Nicht, dass Dr. M. sich erst noch einschnippeln muss. Die Schlaftablette liegt schon bereit, und Nachtschwester Steffi hat ihren Dienst gerade angetreten. Noch ein paar Tränchen und sehnsüchtige Gedanken, dann knipse ich mich aus.

Lieber Finn,
keine Fernmetastasen! Vielleicht wird alles wieder gut. Bin heute ins Krankenhaus eingeliefert worden. Morgen werde ich operiert, erst mal doch nicht die ganze Brust ab, vielleicht gewinne ich ja noch. Darf auf dem Frühstückszettel ankreuzen, was ich essen will, und residiere in einem Einzelzimmer, das heimliche Glück der Privatversicherten … Meine Nummer hier ist: 040-XXXXXX. Ich würde so gerne Deine Stimme hören! Lebst du eigentlich noch, oder hat Dich eine Büffelherde erwischt? Habe immer noch große

Angst und hätte Dich gerne bei mir. Melde Dich endlich, Du untreue Tomate!
J

18. November

Das Beruhigungsmittel hat mich müde gemacht, aber ich bin wach und kann klar denken. Die Tränen sprudeln aus mir heraus, als ich aus dem Zimmer gefahren werde. Die Nacht in 407 war ein Alptraum. Trotz Schlaftablette habe ich kaum Ruhe in diesem viel zu schmalen Krankenbett gefunden.

Jetzt geht es also los. Am Fahrstuhl wartet ein junger Pfleger. Ich merke, dass ich weine, alles ist so irreal. Mein Gesicht ist nass. Ganz schwer sind meine Glieder, ich rühre mich kaum, während sich meine Gefühle Bahn brechen.

Und dann ist da plötzlich sein Gesicht, ganz liebevoll, ganz nah. Er legt mir seine Hand aufs Haar, sieht mich an mit kleinen wachen Augen. Ist ganz unmittelbar nur bei mir. Ohne Angst vor meiner Nähe. Er wischt mir sanft das salzige Wasser von den Wangen, und ich bin so dankbar. Dankbar für diese Zärtlichkeit. Ich will mich vergraben in ihm, in seinen streichelnden Händen. Will mich unter seinem Pflegerkittel verstecken, will, dass er mich beschützt, mich gesund macht. Ich höre, was er sagt, und kann mich im selben Moment schon nicht mehr daran erinnern. Aber das ist auch egal. Diese Berührung, seine Haut an meiner, vergesse ich nicht mehr.

Als sich die Fahrstuhltür öffnet, ist er irgendwie weg. Die Tränen in meinen Augen, die ich nicht kontrollieren kann, lassen die Szene verschwimmen, die sich jetzt vor mir abspielt. So viele Menschen sind plötzlich da. Mir zeigen sie nur ihre Augen. Die grüne Schutzuniform macht sie zu Robotern. Nur ich bin hier Wesen. Nur ich kann kaputtgehen. Panisch ringe ich dem Anästhesisten, der mich in den Schlaf schicken will, ein Versprechen ab. »Bitte, bitte, sagen Sie mir sofort, wenn ich wieder aufwache, ob meine Lymphknoten noch da sind.« Ich sage das bestimmt fünfmal. Dr. M. wird mir heute erst mal das Gewebe um den Tumor entfernen, obwohl ich gar nicht weiß, ob ich sie überhaupt noch will, meine Brust. Gleichzeitig werden mir Lymphknoten aus der Achselhöhle entnommen, um festzustellen, wie stark sich der Krebs schon ausgebreitet hat. Je mehr befallene Lymphknoten, desto geringer die Chance, gesund zu werden. Nach dem Aufwachen also zwei Narben und eine lebensentscheidende Prognose. »Ich kann Ihnen das sagen, aber Sie werden es gleich wieder vergessen!«, beteuert mir der Anästhesist. Aber am Ende verspricht er es doch.

Und trotz des Nebels im Aufwachraum vergesse ich es nicht. Sie sind weg. Achtzehn Lymphknoten. Ich weiß, dass entscheidend ist, wie sehr sie befallen sind. Vielleicht über mein Leben, meine Zeit, die Zukunft meiner kleinen Paula.

Mein Engel holt mich aus dem Aufwachraum. Wieder fühle ich sein Streicheln wie einen zärtlichen Kuss. Mein Gesicht ist längst wieder tränennass. Dann beugt er sich zu mir herunter, deutet auf eine lange Narbe, die sein kurzes Haar wie ein Scheitel teilt. »Schau mal. Auch ich könnte schon lange tot sein. Aber ich bin hier!«

Als ich nach ein paar Stunden wieder in meinem Zimmer aufwache, habe ich Hunger und Durst. Aus einem Tropf fließt irgendeine klare Flüssigkeit in meinen Arm, und auf der anderen Seite kommen dicke Schläuche aus meinem notdürftig mit einem Hemdchen zugedeckten Körper, durch die hellrote Wundflüssigkeit in zwei große Flaschen läuft. Ich kann mich kaum rühren. Es gelingt mir zwar, der Schwester, ich glaube, sie heißt Schwester Annika, geschmacklosen Tee aus der Schnabeltasse abzuringen, aber die Schokoladenkekse und Zimtsterne, die ich jetzt unbedingt haben will, verweigert sie mir. »Ihr Magen hält das nicht aus, Sie können ein bisschen Zwieback haben.«

Ich glaube, ich höre nicht richtig. Zwieback? Ich habe Durst und Hunger und möchte nichts weiter als Wasser und Zimtsterne. Ich habe schließlich Krebs und kann Zimtsterne essen, so viel ich will. Und zum ersten Mal in dieser ganzen beschissenen Krebsgeschichte steigt eine riesige Wut in mir auf. Ich spüre sie in den Beinen, dann im Bauch. Ich bin wütend auf meine Mutter, die an meinem Bett sitzt und sich in der Zimtsternaffäre nicht für mich einsetzt, und wütend auf Schwester Annika mit ihrem widerlichen trockenen Zwieback. Wenn mich diese Schläuche nicht an dieses Bett fesseln würden, würde ich jetzt aufspringen und zu McDonald's marschieren. Krebs habe ich doch sowieso, dann ist ein bisschen Kotzen nicht schlimm. Vor Wut muss ich gleich kotzen. Und dann bleibt dieses furchtbare Gefühl doch nur wieder im Hals stecken.

Als endlich alle aus meinem Zimmer verschwunden sind, esse ich meine Zimtsterne doch. Und liebe Annika, du hast es gut gemeint, aber mein Magen und mein Herz sind nichts anderes als dankbar.

Am Abend klingelt zum ersten Mal das Telefon neben meinem Bett.

»Hallo, Mama.« Ganz anders hört sich das kleine Stimmchen durch den Hörer an. Haben wir überhaupt schon einmal telefoniert?

»Hey, Schatz. Wie geht's?«

»Gut.« Gut ist beruhigend, auch wenn es nur ein ganz leises Gut war.

»Was machst du?«

»Spielen. Mit Omi.« Klar, was sonst. »Aber du sollst mich gleich ins Bett bringen.«

»Hase, das geht nicht. Ich bin doch im Krankenhaus und darf noch nicht nach Hause.« Meine Zunge ist schon ganz schwer, und jetzt zieht auch mein Herz nach. »Tut mir leid, Süße. Ich wäre jetzt auch lieber bei dir.«

Ein leises Schniefen am anderen Ende der Leitung.

»Weißt du was? Wir können uns ja im Traum treffen. Ich träume von dir, wenn ich gleich einschlafe, und du träumst von mir. Dann begegnen wir uns bestimmt.«

»Na gut. Ich versuch's mal.«

»Ich hab dich lieb, Paula.«

»Ich dich auch, Mama.«

»Also dann bis gleich.«

»Bis gleich.«

19. November

Mein Zimmer füllt sich mit Blumen, Schokolade, Kinderzeichnungen. Ich habe so viel Besuch, dass ein Türsteher praktisch wäre. Gerade sehe ich meine Freundin Naima an, die so unfassbar schön ist. Ihre gebräunte Haut, die weißen Zähne. Das Gesicht und der Körper so zart und so kräftig zugleich. Perfekt. Unversehrt. Makellos. Alle Bewegungen so weich und so zielstrebig und bestimmt. So gesund und lebendig. Ich denke an ihre Mutter, an ihre Schwester, an ihren Freund, während sie spricht. Ich wünschte, jemand würde mich noch einmal so sehen können, wie ich sie jetzt sehe.

Mühsam setze ich mich in meinem Engelshemdchen auf. Dafür muss ich erst mal die Drainageschläuche ordnen, damit ich sie mir nicht wieder unbedacht fast herausreiße, wie vorhin. Das ist so eklig, ich kann gar nicht hinschauen. Über meiner Brust klebt ein dicker Verband, der erst morgen gewechselt wird. So bleibt mir dieser Anblick zumindest fürs Erste erspart. Margret, Lisa, Nadine und Gitty sind auch da. Quarkbällchen haben sie mitgebracht und Musik. Sie erzählen irgendwelche Geschichten von irgendwelchen Bekannten von Bekannten. Wer mit wem, die Veranstaltung morgen und so weiter. Ich habe meine Freunde so gern und wäre so gerne unter ihnen, aber ich bin es nicht. Sie versuchen mir ein bisschen Normalität mitzubringen. Die Normalität gibt es aber nur für sie. Nicht für mich. Gleich gehen sie wieder und leben ihr Leben weiter. Nur ich sitze in einem beschissenen Gefängnis. Und obwohl immer jemand bei mir ist, fühle ich mich unendlich alleine. Nur ich habe Krebs. Nur ich kann sterben. Mag sein, dass in dieser Sekunde Tausende Menschen auf der Welt das Leben verlässt, Tausende dem Tod viel näher sind als ich, aber hier und jetzt kann nur ich sterben. Nur ich. Einzig und alleine ich. Und trotzdem bin ich in diesem Moment froh und stolz, so tolle Freundinnen zu haben.

Wir hören Musik, zu der wir getanzt haben, die mich schon angefüllt hat bis oben mit Glück und mit einer Euphorie, mit der ich manchmal gar nicht wusste, wohin. Ich kann jetzt ein bisschen davon fühlen.

»Wenn du wieder gesund bist, tanzen wir wieder«, sagt Naima mit ihrem charmanten spanischen Akzent, ihrer immer ein wenig heiseren Stimme. Und ich sehe sie tanzen. Ich weiß sehr genau, wie es aussieht, wenn sie sich bewegt. So schön, so leicht und kraftvoll. Und plötzlich kann ich gar nicht verstehen, warum die Welt damals nicht stehen geblieben ist, als wir getanzt haben. Wenn Naima, meine Freundin, die schönste Freundin der Welt, tanzt, kann doch nicht alles einfach weiterlaufen. Ich will das alles wieder fühlen. Diese Intensität im Bauch und überall. In jeder gesunden Zelle. Und meinetwegen soll auch der Krebs mittanzen. Er soll ruhig die Musik hören, die von Schweiß durchtränkten T-Shirts der Männer an meiner Brust, wenn's sein muss auch an der Prothese, fühlen. Spüren, was er da möglicherweise anrichtet. Sein Monster erkennen. Sich in Grund und Boden schämen.

Ich habe meine Freunde so gern, und trotzdem wird mir schon nach einigen Minuten wieder alles zu viel. Ich weiß, dass sie mich unterstützen wollen, mich ein bisschen aufheitern wollen. Wenn nur nicht alles so anstrengend wäre, so unsagbar anstrengend. Ich wäre jetzt gerne allein, um mich auszuruhen. Vielleicht ein bisschen weinen, vielleicht aber auch einfach schlafen. Nein sagen konnte ich noch nie gut, Besuch wegschicken schon gar nicht, Höflichkeit geht schließlich über alles, auch über so manchen Schmerz. Aber nun müsste es doch eigentlich leichter sein. Was soll mir denn jetzt noch passieren? Wovor habe ich denn Angst, wenn ich sagen würde: »Ihr Lieben, danke für den Besuch, aber jetzt möchte ich gerne alleine sein«? Jeder würde das verstehen, und dennoch bringe ich es nicht übers Herz. Als dann nach zwei Stunden die Letzte gegangen ist, sinke ich völlig erschöpft in mein Kissen und heule, heule, heule. Heule vor Müdigkeit und weil meine Brust brennt. Heule, weil Naima so ein hübsches Gesicht hat, Gitty so lustig ist und Margret sich so bemüht hat, mir ein paar schöne Gedanken einzupflanzen. Ich heule, weil ich endlich schlafen will und muss und weil es Gemüseterrine zum Abendessen geben wird, die mit Sicherheit wieder nach nichts schmeckt. Ich will doch einfach nur einen schönen Traum heute Nacht.

20. November

»Wenn Sie möchten, können Sie morgen früh nach Hause gehen. Heute Abend haben wir den pathologischen Bericht der Operation, und ich gehe davon aus, dass jetzt alles draußen ist.« Dr. M. kommt in mein Zimmer, während ich mit Paula in meinem Krankenbett liege und spiele. Sie ist gleich heute Morgen zu mir gekommen, wollte auf keinen Fall in den Kindergarten und verteilt seither zufrieden Buntstifte, Memory-Karten und Kekskrümel in meinem Zimmer. Mein vierter Tag in 407, und ich fühle mich gar nicht so übel. Endlich fällt mir das Aufstehen nicht mehr so schwer. Die Wundschmerzen sind erträglich, ich habe Unmengen von Pralinen und Schokoriegeln neben der Bibel in meinem Nachtschränkchen gebunkert, und gleich zieht mir Dr. M. auch noch die scheußlichen Drainagen, was einem bedeutenden Triumph der Freiheit gleichkommt. Unterhalb der Brust, wo sie aus mir heraustreten, sind sie wie an ein gefühlloses Stück Stoff an meine Haut genäht. Gleich sind sie weg, kein Tropf, keine Drainagen mehr, ein zufriedenes Kind im Bett. Was will man mehr?

»Dreh dich mal weg, Pauli, jetzt wird Mama von ihren Fesseln befreit.«

Erst durchtrennt Dr. M. vorsichtig die Fäden und rupft dann beherzt an den Plastikwürmern. Wenn Paula nicht da wäre, hätte ich mich wahrscheinlich übergeben. Eigentlich wäre es auch mal nett, auf die Schmerzen vorbereitet zu werden. Angeblich ist es immer nur ein kleiner Pikser oder Ruck, drückt oder zwickt ein bisschen. Warum sagt eigentlich keiner, Achtung, das tut jetzt beschissen weh, aber es muss irgendwie raus. Statt der ständigen Aufforderung zur Tapferkeit könnte doch auch mal jemand sagen: Heulen Sie mal richtig. Manchmal habe ich das Gefühl, die Ärzte beruhigen nicht mich, sondern vornehmlich sich selbst. Ist ja auch nicht unbedingt natürlich, Menschen, die man kaum kennt, aufzuschneiden, zu stechen und zusammenzunähen. Mit Verniedlichung geht eben alles besser. Ist mir jetzt auch egal, Hauptsache, ich bin sie los, diese parasitären Ungetüme, die sich jetzt blass in der silbernen Nierenschale winden.

»Kannst wieder gucken, Schatz, alles vorbei. Zur Belohnung bekommen wir gleich Mittagessen. Zum Nachtisch gibt's heute Eis!«

Jetzt, da ich weiß, dass ich nach Hause kann, weiß ich plötzlich nicht mehr, ob ich es auch will. Wenn ich an unsere Wohnung denke, die ich so gerne mag, an meine neuen Vorhänge, an meine Mutter, die auch dort sein wird und alles tun wird, um es uns schön zu machen, dann bekomme ich Angst, krampfen sich mein Magen und mein Herz zusammen. Wenn mein echtes Leben erst einmal weitergeht, dann geht es unweigerlich mit Krebs weiter. Hier, in diesem Raum, mit dem ich mich mittlerweile fast angefreundet habe und den Dr. M. »Studentenbude« nennt, steht es noch still. Ich befinde mich praktisch noch im Startblock. Meine nackten Knie schmerzen auf der Aschenbahn. Ich möchte ja aufstehen, hochkommen. Aber die Aufregung, mit der man auf das Startsignal warten muss, die Furcht vor dem Schuss ist so groß. Ich weiß, dass ich dann rennen muss. Um mein Leben, um meinen Alltag, um mein Glück. Ich habe Angst, dass mir die Luft wegbleibt. Dass ich andere oder dass andere mich auf der Strecke lassen. Dass ich trotz aller Anstrengung nicht vorwärtskomme. Dass das Ziel einfach zu weit weg ist. Oder noch schlimmer, vielleicht schon viel zu nah.

Erst am Abend, kurz vor meinem Gespräch, nachdem sie mir meine abgezählten Schwarzbrotscheiben weggefuttert hat und mit einem Kopfhörer, gemütlich an mich gekuschelt, ihr Sandmännchen schauen durfte, wird Paula von Doro abgeholt. Sie schlingt ihre kleinen Arme vorsichtig um mich und drückt mir einen feuchten Schmatz auf den Hals. Mein kleines Mädchen. Schon wieder muss sie ohne mich einschlafen. Auch gestern war sie den ganzen Tag bei mir, und als sie abends nach Hause gehen musste, war sie furchtbar traurig. Sie wollte so gerne hier übernachten, wollte mich nicht alleine lassen. Kaum war sie zu Hause, hat bei mir schon wieder das Telefon geklingelt, und eine hemmungslos schluchzende Paula war dran. Aber ihr Weinen und Schluchzen machen mich nicht nur traurig, sondern auch stark. Wenn Paula weint, muss ich nie weinen, auch wenn sie noch so verzweifelt ist und ich es im Grunde auch bin. Ihre Traurigkeit macht mich sanft, und ich spüre in diesen Momenten meine eigene Angst nicht mehr.

»Sei nicht traurig. Kuschele dich in dein Bett, und ich singe dir ein Lied, bis du schläfst.« Ich habe ihre Nähe gespürt, wie sehr sie mich braucht, wie klein sie ist und dass ich ihr ganzes Leben bin. »Ich liebe dich sehr, mein Schatz. Bald bin ich wieder zu Hause, und alles wird gut.«

Heute geht sie fröhlich. Dass ich morgen nach Hause komme, wird ihr die Nacht weniger bedrohlich erscheinen lassen. »Tschüs, Mama. Ich hab dich lieb.« Ich bin froh, dass sie nicht weint, und doch reißt unser Abschied ein kleines Loch in mein Herz. »Ich dich auch, Süße. Schlaf schön.« Ihre Abwesenheit beherrscht noch einige Minuten das Zimmer. Die blassblau gestreifte Bettdecke gibt den kleinen warmen Körper nur zögerlich wieder frei. Im kühlen Gang hallt das Getrampel ihrer plumpen Winterstiefel nach. Dann fliegt ihr süßer Gummibärchenduft davon, das Summen der Neonleuchten wird lauter, und der Raum ist wieder nicht mehr als das uringelbe Krankenzimmer.

Als ich kurz darauf, standesgemäß in Bademantel, in dessen Taschen endlich nicht mehr die Drainageflaschen klappern, und Birkenstocks, in das Besprechungszimmer schlurfe, zittern meine Knie. Dr. M. erklärt ohne Umschweife, dass von achtzehn entnommenen Lymphknoten zwei positiv waren. Ich habe das erwartet, ja schon gewusst, aber die Tränen kommen trotzdem wieder. Und das war noch die gute Nachricht. In dem aus der Brust entnommenen Gewebe sei doch noch ein etwa ein Zentimeter großes Tumorstück gewesen.

»Am besten, wir operieren gleich morgen wieder.«

»Morgen?« Meine Stimme ist tränenerstickt. Ich denke an die Schläuche, die Infusionen, die tausend Nadeln, die wieder in meine Haut gestochen werden sollen.

Und an Paula. Sie wartet doch auf mich.

Dann noch eine Hiobsbotschaft: In weniger als zwei Wochen soll bereits die Chemotherapie beginnen. Nur noch zwei Wochen mit meinen Haaren. Nur noch zwei Wochen, und ich bin ein richtiger Krebspatient. Ich denke an Finn. Ich kann ihm doch nicht schon mit Glatze begegnen, wenn wir uns das nächste Mal sehen? Was, wenn er nicht rechtzeitig zurückkommt? Ich denke daran, dass ich mit Naima und Irena noch einmal tanzen gehen wollte. Mit Haaren!

Wie war das mit dieser Wunderkappe? Es gibt doch angeblich so ein Ding, das den Haarausfall verhindert, durch Kühlung oder so, das hat mir doch Sophie erzählt.

»Kühlkappe ist Quatsch«, sagt Dr. M. »Davon bekommen Sie nur Kopfschmerzen.« Kopfschmerzen sind doch super, denke ich. Alles ist besser als keine Haare haben. »... und Ihre Haare verlieren Sie trotzdem.« Nicht die kleinste positive

Antwort. Jede noch so geringe Hoffnung löst sich in Ernüchterung und Ohnmacht auf. Ich bin völlig machtlos. Für mein Wollen und mein Wünschen ist kein Platz mehr.

Morgen also noch eine Operation. Ich tappe die Stufen hinunter, den Gang entlang in mein Zimmer. Werfe den Schwestern im Stationszimmer ein flüchtiges Lächeln zu. Ich bin irgendwie konditioniert auf Lächeln. Jeder bekommt eins. Also auch jetzt. Ein Lächeln unter Tränen.

»Drei Mal Schlafen ist okay, Mama. Dreißig Mal wäre schon doof«, sagt Paula, als ich kurz darauf schlechten Gewissens und völlig aufgelöst zu Hause anrufe. Heute ist sie die Starke und singt mir noch ein kleines Lied, damit ich einschlafen kann.

21. November

Die Schmerzen nach dem Aufwachen sind nicht ganz so schlimm wie beim ersten Mal. Diesmal musste mir mein Lieblingspfleger beim Abholen auch keine Tränen aus dem Gesicht streicheln. Denn eigentlich habe ich gar nichts gefühlt.

Ich habe auch nur eine Drainage und eine Flasche, darauf habe ich bestanden, denn all diese Löcher und Kanülen in meinem Körper machen mich wahnsinnig. Mittlerweile wurde so ziemlich in jede denkbare Stelle meiner Hände und Arme gestochen und durch jede Ader irgendein Mittel gespült. Schon nach den Untersuchungen und der ersten Operation waren meine Venen am linken Arm entzündet. Der rechte Arm fällt nun aus, weil ich auf dieser Seite keine Lymphknoten mehr habe. Also müssen alle Nadeln ab jetzt links hinein. Die Schwester wollte den Zugang für den Tropf vorhin schon in mein Bein legen, aber nach längerer Suche hat sich in der Innenseite meines Unterarms doch noch eine kleine Ader gefunden, die noch nicht in Streik getreten ist. Ich weiß ja, dass das alles sein muss, dass mir jede dieser Nadeln helfen kann, gesund zu werden. Und trotzdem fühle ich mich nur gequält. Wie eine Laborratte, die durch Röhren gezwungen wird, gestochen, aufgesäbelt und mit Gift vollgepumpt. Ich will einfach nur nach Hause und aus diesem Alptraum aufwachen. Aber da kommt auch schon die Thrombosespritze, die ich jeden Abend in den Bauch bekomme und mich erinnert, dass das gar kein schlechter Traum ist, sondern die Wirklichkeit. So völlig ohne Gnade für mich.

25. November

Es sind nur zwei Tage. Nur zwei Tage, in denen ich verschont bleibe von schlechten Nachrichten. Es ist Montagabend, und ich sitze wieder Dr. M. gegenüber.

»Diesmal müssen Sie mir helfen«, sagt er, und sofort wird mir klar, was das bedeutet. Ich weiß, dass er mein Einverständnis möchte, nun doch die ganze Brust abzunehmen. Die vierte Operation. Mir wird schlecht. »Wir konnten immer noch nicht im Gesunden schneiden. Wir haben an der verdächtigen Stelle nachresektiert und aus kosmetischen Gründen auch an einer anderen Stelle ein bisschen Haut entfernt. Leider waren beide Stellen befallen.«

Wie kann das sein? Der Krebs kann doch nicht in der ganzen Brust sein? Warum beide Stellen? Wieder schießen mir die Tränen in die Augen. Ich versuche mich zusammenzureißen, eine vernünftige Gesprächspartnerin abzugeben. Ich hatte mich zwar noch nicht angefreundet, aber zumindest gedanklich einigermaßen vertraut gemacht mit diesem runden, festen, brustähnlichen Teil, das mir bisher erhalten geblieben ist. Statt der Brustwarze habe ich zwar eine lange Narbe, die quer über die noch geschwollene Wölbung läuft, aber es ist so etwas wie eine Brust. Angezogen würde man überhaupt nichts sehen. Die Narben verheilen langsam, ich habe jeden Tag brav die schmerzhaften Übungen gemacht, die mir die Physiotherapeutin gezeigt hat, und kann meinen Arm sogar schon wieder ganz gut strecken. Alles umsonst, wenn ich jetzt wieder aufgeschnitten werde. Aber natürlich weiß ich, dass ich Ja sagen muss. Dass ich hierbleiben muss, wieder Narkosen, Spritzen, Drainagen, Infusionen, das Krankenhausfrühstück und die einsamen Nächte ertragen muss. Paula alleine lassen muss, dabei hat sie doch in drei Tagen Geburtstag. Mir meinen ersehnten Tanzabend abschminken kann und nun auch endgültig meine rechte Brust. Ein schmerzliches Mal mehr heißt es, meine Wünsche und Hoffnungen in gehorsamer Vernunft begraben.

Wie haben die Omis aus Zimmer 403 um ihre amputierten Brüste getrauert. Ich habe ihre Hände gehalten und ihnen gut zugesprochen. Habe ihnen beteuert, dass das doch alles nur Oberflächlichkeiten seien und schließlich nur wichtig sei, wieder gesund zu werden. Wie sie das jetzt alles schaffen sollten, Staubsaugen mit dem operierten Arm und so, der ganze Haushalt. Staubsaugen? Wie macht man denn mit Krebs seinen Uni-Abschluss, findet einen Job und einen Freund, versorgt sein Kind, lebt noch sechzig Jahre in einer Welt, in der es gesund schon kompliziert genug ist? Natürlich hatte ich auch Mitleid mit den Omis, und trotzdem habe ich mich gefragt, wozu um alles in der Welt eine fünfundsiebzigjährige Witwe noch Brüste brauchte? Ich schäme mich auch ein bisschen für diesen Gedanken, aber diese Brüste haben doch nun wirklich ihren Dienst getan. Meine hingegen hätte doch noch so viel vor sich haben sollen. Babys ernähren, sexy im Bikini aussehen, wozu Brüste eben so da sind. Ich hätte sie mehr lieben sollen. Hätte andere sie mehr lieben lassen sollen, mich nicht schämen dürfen.

»Frau End? Sie sollten sich nicht zu lange Zeit lassen mit der Entscheidung. Falls Sie zustimmen, könnten wir Donnerstag oder Montag operieren.«

Der liebe Dr. M. Es tut ihm leid, das spüre ich. Ich sehe seine Sorge, sein Mitgefühl. Vor ein paar Tagen hat mir eine Schwester erzählt, ich würde ein wenig aussehen wie seine Tochter. In letzter Zeit vergisst er manchmal, mich zu siezen. Sagt »schau mal« oder »pass mal auf«. Er würde mir nichts raten, was er nicht auch seiner Tochter raten würde, das weiß ich.

»Montag«, sage ich, »aber nur, wenn ich zum Geburtstag meiner Tochter nach Hause darf.« Ein Lächeln. »Das kriegen wir hin. Von mir aus können Sie morgen nach der Visite gehen, wenn Sie sich gut fühlen.«

Und wie ich mich gut fühlen werde! Wenigstens werden wir Paulas Geburtstag nicht auf 407 feiern müssen, das ist ein Trost. Ich bin zu Hause, wenn mein Baby seinen Geburtstag feiert!

26. November

Finn,
jeden Tag stelle ich mir die Frage, warum Du Dich nicht bei mir meldest. Denkst Du überhaupt noch an mich? Hab

ich vielleicht alles nur geträumt? Bevor Du weggefahren bist, hast Du mir gesagt, dass es schön wäre, dass wir uns so nah sein können. Ob wir uns für Silvester verabreden wollen. Und dass wir uns nach Deinem Urlaub ganz viel Zeit füreinander nehmen sollten. Das hast Du doch gesagt, oder spinne ich? Ein paar Tage später bekam ich meine Diagnose, und heute weiß ich plötzlich nicht mehr, was wirklich ist und was nicht, ob sich die Welt auch morgen noch dreht. Alles ist ungewiss, alles zerbrechlich. Was ich weiß, ist, dass ich jeden Abend meinen Laptop um ein Lebenszeichen von Dir anbettele, das nicht kommt. Vielleicht hätte ich Dich verschonen sollen mit dieser Nachricht, aber ich konnte nicht anders, weil ich mich zu Tode gefürchtet habe. Ich bin sicher, Du hast meine E-Mail gelesen, und vielleicht hat sie Dich zu sehr erschreckt. Vielleicht hat Dich aber auch mehr erschreckt, dass ich mich an Dich gewendet habe mit meiner Angst und meinem Flehen nach ein paar liebevollen Worten. Mag sein, dass Du Dich nicht zuständig fühlst. Ist man zuständig, nachdem man erst eine Nacht miteinander verbracht hat?

Ich bin traurig über Dein Schweigen, und gleichzeitig sollten jetzt andere Dinge wichtiger sein als diese Gefühlsduselei. Aber es will und will und will einfach nicht in meinen Kopf, dass ich Dir nicht wichtig genug sein soll, um Dir ein paar freundliche Sätze abzuringen. Wahrscheinlich ist es einfach nur naiv, aber irgendwie glaube ich trotzdem noch an mich und Dich, an mich mit Dir. Ich erhalte mir eine Utopie in diesem beschissenen Krankenbett, um nicht durchzudrehen, und diese Utopie bist Du. Vielleicht bist Du in diesem Moment, ohne es zu ahnen, mein Schutzschild vor noch viel bedrohlicheren Gedanken. Aber warum kannst Du mir diese Gedanken nicht auch durch ein bisschen Zuneigung und Unterstützung erleichtern?

Es haben sich so viele Menschen bei mir gemeldet, mich wissen lassen, dass sie an mich denken. Menschen, die ich Jahre nicht gesehen habe, die mich nur vom Sehen kennen, und selbst einer, der mich noch nie gesehen hat. Nur ein Einziger nicht, und das ist ausgerechnet der, auf dessen großes Herz ich meine Hand verwettet hätte. Sogar Deine Cousine hat mich angerufen.
Im Übrigen bin ich noch sehr lebendig und dieselbe Judith, die neulich morgen an Deiner Seite aufgewacht ist. Nur für den Fall, dass Du in Deiner Vision schon eine kahlköpfige, flachbrüstige Leiche mit vertrockneten Lippen ihren letzten Schluck aus der Schnabeltasse hast nehmen sehen. Man kann mich drücken, man kann mich küssen, man kann mit mir sprechen. Theoretisch.
Du wirst das wohl nie lesen, denn wahrscheinlich schicke ich es nicht ab, und das mag gut oder schlecht sein, was weiß ich. Ab morgen werde ich versuchen, Dich aus meinen Tagträumereien zu verbannen und meine Spekulationen einzustellen. Du bist nicht auf einer gefährlichen Safari von einem Löwen gefressen worden und auch nicht in einen reißenden Fluss gefallen, die einzigen Erklärungen, die Dein Schweigen entschuldbar machen würden. Ab morgen warte ich nicht mehr darauf, von Dir zu hören. Der Gedanke an Dich hat mich über die ersten Krankenhausnächte gerettet, aber jetzt bin ich zu Hause bei meiner Familie und brauche Dich nicht mehr. Ich werde meine aufgebrachten Freundinnen wohl weiter davon abhalten, Dir Briefbomben zu schicken oder Fallen in Deinem Garten aufzustellen, aber auch nur, weil ich sie jetzt dringender an meiner Seite brauche als in der Bombenwerkstatt. Ich muss jetzt vom Glückskind zu einem Kind der Hoffnung und der Zuversicht werden, und morgen fange ich damit an. Ich lege mich jetzt zu Paula ins Bett und hoffe inständig

auf ein bisschen Schlaf. Eigentlich ist das ja ein Brief an mich. Also, liebe Judith, schlaf schön, hab keine Angst und keine schlechten Träume. Scheiß auf diesen Ausbund an Unvermögen und Feigheit. Morgen kaufst Du Paula ein paar schöne Geburtstagsgeschenke und kümmerst Dich nur noch um Dich und die Menschen, für die auch Du wichtig bist!
J

27. November

Mama, kann ich jetzt mal den Krebs sehen?« Wir liegen noch im Bett, eng aneinandergekuschelt, und Paula blättert in einem der vielen Bücher auf meinem Fensterbrett. Endlich wieder zu Hause. Dieses Aufwachen jeden Morgen ist seltsam. Aufwachen ist eigentlich so ein schönes Gefühl. Dass man wieder da ist. Schwer und warm, den Traum noch auf den Lippen. Den Tag vor sich. Aber dann fällt es mir wieder ein. Es ist nicht die gute alte Faust, die mich ins Gesicht trifft. Es fällt mir nur einfach wieder ein. Dass ich Krebs habe. Dass mir mein Leben nicht mehr gewiss ist. Morgen wird meine Kleine vier Jahre alt, und ich habe drei Tage Freigang bis zur nächsten Operation.

»Den Krebs kann man nicht in den Büchern sehen, Schatz. Das sind Bücher, in denen steht, wie man am besten wieder gesund werden kann«, sage ich.

»Aber wie sieht er denn aus, der Krebs. Und wo ist der eigentlich?«

»Tja, wie sieht der aus? Ich weiß auch nicht so genau. Das ist auf jeden Fall kein echter Krebs, mit Scheren und so. Das ist mehr so ein Knubbel, der immer weiterwächst, wenn man nichts dagegen tut, und der deswegen so gefährlich ist.«

»Aber wie ist der in deinen Busen gekommen?«

»Keine Ahnung, das weiß keiner so genau. Aber damit er nicht weiterwachsen kann, schneiden die Ärzte mir die Brust jetzt ab, das ist sicherer.«

»Der weiße Zauberer, macht der das?«

»Genau der.«

Paula kriecht unter meine Decke und legt ihre vom Schlaf warmen Ärmchen auf meinen Bauch. »Und wächst dir dann ein neuer Busen?«

»Nee, so einfach ist das leider nicht. Aber Busen sind auch nicht so wichtig.«

Mit einem Satz ist sie wieder auf den Füßen und fängt an, auf der Matratze auf und ab zu hoppeln. »Dann kannst du ja auch einen Luftballon nehmen und ankleben. Nur, da können keine Babys draus trinken.« Ja, gute Idee.

»Aber Paulchen …« Ich muss es ihr jetzt sagen. Keine Ahnung, ob die Super-Nanny das erlauben würde, aber ich muss meinem Kind jetzt sagen, dass die Geschichte, wenn wir Pech haben, anders ausgeht. Ich kann einfach nicht anders. »… hör mal kurz auf und leg dich noch mal zu mir. Hier in meinen Arm, und jetzt hör mir zu. Manche Frauen, die Krebs haben, können auch nicht mehr gesund werden. Manche Frauen sterben an Krebs.« Mein Gott, jetzt habe ich es gesagt. Jetzt habe ich das S-Wort gesagt und meinem Baby seine kleine sichere Welt genommen.

Das kleine Gesicht ist für einen Moment lang reglos. Paula rückt ein paar Zentimeter von mir ab, und ich weiß, dass sie verstanden hat. »Aber, Mama, du sterbst doch nicht! Du bist doch viel zu jung!« Sie lächelt, aber ihre Honigaugen verraten den Schreck.

»Das heißt ›stirbst‹, Mausi. Und ja, ich bin viel zu jung.

Aber manchmal sterben auch junge Mamas, wenn sie sehr krank sind.« Meine Stimme ist ganz brüchig, etwas reißt an meinem Herzen. Wenigstens einmal möchte ich nicht weinen. Ich schlucke ein paar Mal schmerzhaft und reiße die Augen auf, damit die Tränen nicht rauskullern.

Paula ist wieder aufgestanden, streckt die Arme in ihrer typischen fragenden Haltung vom Körper, Handflächen nach oben gedreht. »Aber dann hab ich keine Mama mehr!«

Schlucken und noch mal schlucken. »Und deswegen kommt sterben auch nicht in Frage!«

»Genau. Sterben kommt nicht in Frage, Mama! Und jetzt steh auf, wir spielen Barbie.«

War das richtig? Ich weiß es nicht. Sie ist so klug, sie versteht schon so viel. Ich muss ihr doch die Wahrheit sagen. Und gleichzeitig will ich ihr die Angst nehmen, ich muss sie schließlich beschützen. Aber etwas versprechen, dass ich am Ende vielleicht nicht halten kann? Wo ist der richtige Weg? Gibt es hier überhaupt richtig und falsch? Ich will das Vertrauen zwischen uns nicht aufs Spiel setzen, unsere Nähe nicht gefährden durch Lügen und Verschweigen. Paula ist wie ein kleiner Seismograph. Sie erspürt meine Stimmung und Gefühlslage oft schon, bevor ich selbst merke, was los ist. So tun, als wäre alles halb so schlimm, würde bei ihr nicht funktionieren. Ich will keinen diffusen Nebel, in dem wir uns am Ende beide verirren. Ich will mit ihr sprechen können, will ihr die Chance geben, diese Geschichte mit mir zu erleben, Fragen zu stellen, ihre Angst zu benennen und ihre Wut auszuleben. Es ist auch Paulas Geschichte, und sie soll sie nicht stumm schlucken müssen. Ich glaube, das ist richtig. Und wenn es zum Schlimmsten kommen sollte, dann will ich auch darüber mit Paula sprechen können, ihr so viel Liebe, Ehrlichkeit und hoffnungsvolle Gedanken mit auf den Weg geben, wie es nur irgendwie geht. Hauptsache, sie ist nicht allein mit ihrer Angst, und wir verlieren die Verbindung nicht. Das wäre das Schlimmste, wenn sich der Krebs zwischen uns stellen und uns aufgrund irgendwelchen Unvermögens voneinander entfernen würde. Ich werde also weiter mit ihr sprechen. Sie ist noch viel zu klein für so große Sorgen, aber die Wahrheit, auch wenn sie schmerzlich ist, ist noch immer besser zu ertragen als eine unausgesprochene Angst. Hauptsache, Gefühle ersticken nicht im Schweigen. Davon bekommt man am Ende noch Krebs.

Noch vor ein paar Tagen hat Paula zu mir gesagt: »Stimmt's, wir bleiben immer zusammen. Und wenn wir sterben, dann wollen wir nebeneinander im Himmel sitzen.« Da wusste ich noch nichts von meinem Krebs. Keine Ahnung, wie sie darauf gekommen ist. Ich habe gesagt: »Klar doch. Aber bis dahin vergehen noch hundert Jahre.« Jetzt sind mir selbst hundert Jahre viel zu kurz.

28. November

Das erste Mal seit einer gefühlten Ewigkeit bin ich wieder einmal alleine in meiner Wohnung. Nach unserem Geburtstagsfrühstück habe ich Paula in den Kindergarten gebracht. Doro ist in der Uni, und meine Eltern sind gestern Abend abgereist. Natürlich nicht ohne mein hundertfaches Beteuern, dass ich das alles schon alleine hinbekommen würde. Ja, ich schaffe das mit Paula, eben, Doro ist ja auch noch da und sowieso, Normalität einkehren lassen, ist jetzt das Richtige. Fakt ist, ich weiß nicht, ob ich es schaffe, Paula alleine zu versorgen, ich plane, meine kleine Schwester so wenig wie möglich in die Verantwortung zu ziehen, und Normalität ist eine bittere Lüge. Und dennoch. Alleine sein, mich ordnen, mich denken, mich fühlen. Das ist, was ich sehr viel dringender als gewaschene Wäsche und Vitaminsäfte brauche.

Paulas Geburtstag und trotzdem wieder ein Krebstag. Seit neunzehn Tagen ist jeder Tag ein Krebstag, und wieder bin ich so nervös, dass ich es nicht schaffe, auch nur einen schönen Gedanken zu denken. Heute Nachmittag fallen Paulas kleine Freunde ein, und ich bin heilfroh, dass sich Doro und Margret bereit erklärt haben, den Kindergeburtstag zu schmeißen. Aber bevor ich die Backmischung von Dr. Oe. zusammenpansche, muss ich dringend mit jemandem sprechen, der weiß, wie es um mich steht, der mich aus dieser Ohnmacht weckt. Ich will wissen, wie es weitergeht, noch eine Meinung hören. Vielleicht will ich heute, am Geburtstag meiner Tochter, auch einfach nur hören, dass ich nicht sterben werde. Ich wähle zittrigen Herzens Prof. P.s Nummer und hoffe mit allem, was ich habe, auf irgendeine gute Nachricht. Und wieder bestätigt jede seiner Antworten meine größten Ängste und Befürchtungen.

»Wie kann es sein, dass man bei jeder neuen Operation wieder Tumorstücke findet, wo doch die Mammographie bereits nach der ersten Operation unauffällig war?«

»Tja, genau kann ich Ihnen das auch nicht sagen. Fünfzehn Prozent aller Tumoren können durch die Mammographie nicht sichtbar gemacht werden. Eine wirkliche Sicherheit gibt es auch hier nicht.« Was heißt das nun schon wieder? Kein Mensch kann mir sagen, ob der Krebs nicht auch in meiner linken Brust ist? Die Bilder, die meine linke Brust für tumorfrei erklärt haben, sind im Grunde nichtig? Gilt das für den ganzen Körper?

Wie mies ist dieser Krebs eigentlich? Immer kann alles so oder so sein. Simple Eindeutigkeit kennt er nicht. Es gibt keine eindeutige Ursache, nicht mal eine halbwegs gesicherte, und es gibt keine eindeutige Heilung. Immer heißt es nur »vielleicht«, »womöglich«, »wahrscheinlich« oder »unwahrscheinlich«. Er windet sich wie ein hässlicher, hinterhältiger Wurm, dieser Krebs.

Ich frage und frage, ungehalten, trotzig, naiv, weit entfernt von der aufgeklärten Patientin, die ich gerne wäre. Ich verstehe das einfach alles immer noch nicht, und umso mehr ich frage, desto unsachlicher wird unsere Diskussion. Ich will es gar nicht hören, gar nicht verstehen, all die medizinischen Informationen auf ihrem wackligen Fundament aus Empirie. Ich will doch nur, dass er mir sagt, dass ich leben werde, dass ich alt werden kann, dass ich noch einmal in der Karibik baden kann, noch viele Stücke Sachertorte essen werde, mich noch einmal verlieben kann. Mehr ist es doch gar nicht, nur sagen soll er es endlich. Aber er sagt es nicht. Er sagt es einfach nicht.

»Wir können Ihnen helfen, Ihr Leben zu verlängern. Ob wir es retten können, steht leider in den Sternen.«

Steht in den Sternen? Soll das poetisch sein? Ich hasse ihn.

»Und noch etwas, um das Sie nicht herumkommen: Man muss davon ausgehen, dass die Eierstöcke während der Chemotherapie irreparabel geschädigt werden, was in Ihrem Fall nicht das Schlechteste wäre. Denn Ihre Östrogenproduktion muss so oder so gestoppt werden, da Ihr Tumor hormonabhängig war. Wir werden also nach der Chemotherapie Ihre Wechseljahre einleiten.«

Ich weiß, das wurde mir schon gesagt. Aber wie so vieles ist die Bedeutung dessen noch nicht bis in mein Hirn durchgedrungen. Auch wenn Ohren keine Lider haben und nicht geschlossen werden können, scheint es irgendeinen Mechanismus zu geben, der Gehörtes abprallen lässt, bevor es ins Bewusstsein sickert. Antihormontherapie, das weiß ich. Hitzewallungen, Haarausfall, Cellulitis, Libidoverlust, Trockenlegung eben. Aber heißt das auch, ich kann keine Kinder mehr bekommen? Nie wieder?

Ich will aber Kinder haben, und zwar mindestens drei! Ich habe schließlich all die Babysachen schön säuberlich in Kartons verpackt und aufgehoben, das kann er doch nicht einfach ignorieren! Ich will mein Leben wiederhaben und meine Zukunftsträume, und zwar jetzt. Wenn mir dieser Krebs unbedingt die Haare und die Brust nehmen will, na bitte. Aber nicht meine ungeborenen Babys.

Also noch einmal zur Vergewisserung: »Ich muss mit meiner Familienplanung abschließen, ohne dass sie je begonnen hätte?« Als ob Prof. P. mir höchstpersönlich diese ganze Scheiße eingebrockt hätte. Und auch er nimmt kein Blatt mehr vor den Mund. »Hören Sie, Ihre Verantwortung liegt jetzt darin, alles zu tun, um der einen Tochter, die Sie haben, erhalten zu bleiben. Und Sie wollen Kinder planen? Jetzt werden Sie mal vernünftig.«

Da fällt selbst mir kein Aber mehr ein. Wie ein nasser Stein flutscht mein kleines ängstliches Herz unter meinem Pulli hindurch. Kullert mein Hosenbein hinunter, klatscht dumpf auf den Parkettboden und bleibt taub unter dem Stuhl liegen.

Ich will doch nur leben. Ich will mein Leben leben und nicht das irgendeiner Krebspatientin. Und zu meinem Leben gehören nun mal Hormone und potenzieller Nachwuchs. Doch statt trotzigen Schimpfens klingt nur noch ersticktes Fiepen durch die Leitung. Und schließlich erbarmt er sich doch noch seiner schluchzenden Patientin. »In Ihrem Fall sollte eventuell tatsächlich über eine Reservierung eines Eierstocks oder eines Teils des Gewebes nachgedacht werden, um sich diesbezüglich zumindest eine Möglichkeit zu erhalten.«

Reservierung? O ja, darüber sollte unbedingt nachgedacht

werden! Eierstöcke reservieren, das klingt wie Musik, wie ein bisschen Leben für mich reservieren. Da ist er endlich, der Funke, der meine Hoffung wieder zum Glühen bringt. Ich kann etwas für später reservieren. Und das heißt nichts Geringeres, als dass es ein Später gibt. Es gibt auch für mich ein Später! »Tausend Dank, Herr Prof. P., und entschuldigen Sie meine Ungehaltenheit, das muss der drohende Tod sein. Ich muss jetzt auflegen. Bis bald.«

Ich schlüpfe in meine Turnschuhe und laufe eilig über die Straße zu meiner neuen Gynäkologin. Wie sich die Welt verwandelt hat. Wie anders es sich anfühlt, über den Parkplatz vor unserem Haus zu laufen. Menschen zu begegnen, die man nicht kennt. Menschen zu begegnen, die man kennt. Zu warten, bis die Ampel grün wird. Die Luft riechen, den Herbst spüren, ein Kind haben, das Geburtstag hat.

Zwanzig Minuten später sitze ich dann wie ein aufgeregter Teenager vor Dr. K. Und wieder überwältigen mich meine Gefühle. Warum kann ich eigentlich meine Tränen nicht zurückhalten, sobald mir ein Arzt gegenübersitzt? Das ist wie ein Pawlowscher Reflex. Heulen beim Anblick von weißen Hosen.

»Ich kann Sie gut verstehen«, sagt Frau Dr. K., nachdem ich den Grund meines Besuchs hervorgeschluchzt habe. »Es gibt eine sehr gute Praxisklinik für Fertilitätsfragen in Hamburg. Da rufe ich für Sie an.« Ich und Fertilitätsklinik. Wenn das nicht so traurig wäre, würden mir bestimmt tausend Scherze einfallen. Ich bin gefangen in einem völlig falschen Film. Das kann doch nicht meine Realität sein. Und sie ist es doch. »Der Kollege kennt Dr. M. gut und wird sich mit ihm in Verbindung setzen. Das Problem könnte sein, dass Sie keine Mittel einnehmen dürfen, die das Wachstum von Eizellen stimulieren, da Ihr Tumor hormonabhängig ist. Möglicherweise kann man Ihnen in dieser Frage nicht helfen, auch aufgrund der Dringlichkeit. Aber ich rufe Sie morgen an und sage Ihnen, was Sie tun können. Was ich Ihnen jetzt schon sagen kann, ist, dass sich befruchtete Eizellen besser reservieren lassen, falls diese Möglichkeit besteht.«

Befruchtete Eizellen also. Jetzt nimmt der Film wirklich tragischkomische Züge an. Wer um alles in der Welt könnte mir, einem krebskranken Single, mal schnell ein paar Eizellen befruchten? Und das nächste Woche? Finn kann ich vergessen, noch immer keine Nachricht von ihm. Jörn, mein Herzensfreund, vielleicht, oder Ben? Und trotzdem, endlich ist mal etwas nicht vollkommen aussichtslos. Das ist ein bisschen, wie zwei Geburtstage an einem Tag zu haben. Ich tänzele aufgeregt und erleichtert wieder auf die Straße, die Treppen zu meiner Wohnung hinauf und angle mein flutschiges Herz unter dem Stuhl hervor. Für den Schokokuchen bleibt jetzt keine Zeit mehr, aber wie ich Paulas Patentanten kenne, ersticken wir sowieso gleich in Torten und Süßigkeiten.

Zwischen bunt bestreuselten Muffins, Luftschlangen, umkippenden Dornröschen-Saftbechern und einem Dutzend aufgeregter kleiner Mädchen und Jungs sitzt ein paar Stunden später meine kleine Paula und wickelt Buntstifte und Haarschmuck aus meist rosarotem Geschenkpapier. Eine kleine Prinzessin feiert ihren vierten Geburtstag, und auf dem Sofa sitzt eine leicht apathische Königin Mutter. Meine Schwester und Margret rutschen statt meiner auf dem Boden herum, spitzen Buntstifte, verteilen Kuchen und wischen laufende Nasen ab. Eigentlich ist das meine Paraderolle. Aber mir fehlt nicht nur die Kraft, meine Gedanken verabschieden sich auch immer wieder aus dem Hier und Jetzt. Ich denke an all die anderen Mütter, die keinen Krebs haben. Ich denke daran, dass das der letzte Kindergeburtstag mit meiner Brust sein wird, der letzte Geburtstag mit meinen langen Haaren. Der letzte Geburtstag als vollständige Judith. Und im schlimmsten Falle der letzte Geburtstag meiner Tochter, den ich miterlebe. Heute ist der vierte Geburtstag meiner Prinzessin, und ich bin nur ein trauriger Zaungast. Ein Gefangener auf Heimaturlaub.

Die meisten Mütter, die am Abend ihre aufgedrehten Knirpse abholen, wissen schon von meinem Krebs, und neben dicken Umarmungen bekomme ich nett gemeinte Hilfsangebote und betretene Blicke. Aber ich bekomme auch ein Geschenk. Carlas Mutter hat eine Pappbox mitgebracht, und in dieser Pappbox steckt ein Engel. Wahrlich nicht der erste Engel, den ich bekomme, aber mit Abstand der schönste. »Courage« heißt er. Kein Babypo und Grinsegesicht, sondern eine aufrechte, geschnitzte Figur, die die Arme emporstreckt, fast wie eine Siegerpose. Die Brust stolz und anmutig gewölbt, hebt sie ihr geöffnetes Herz in den Himmel. »Der hat mich an dich erinnert«, sagt sie. »Vielleicht bringt er ein bisschen Glück.« Was für ein schönes Geschenk. Dieser Engel macht wirklich Mut, auch wenn er mir zunächst die Tränen in die Augen treibt. Dass ein Mensch so viel weinen kann! Als sich Paula, umringt von ihren tausend Geschenken, kurze Zeit später in die Kissen kuschelt, hat der Engel Courage bereits seinen Ehrenplatz auf dem Fensterbrett eingenommen.

»Na, wie war der Geburtstag, Hase?«

»Schön. Der beste, den es gibt.«

»Da bin ich ja froh, dann kannst du jetzt ja was ganz Schönes träumen. Ich hab dich unendlich lieb, das weißt du, oder?«

»Ich dich aber noch mehr!«

»Das geht gar nicht. Mehr als unendlich gibt es nicht.«

»Trotzdem hab ich dich immer noch eins mehr lieb als du mich. Tausendunendlich und eins dazu. Gute Nacht, Mama, und bleib noch, bis ich schlafe, ja?«

»Klar doch.«

4. Dezember

Es ist 6 Uhr 30, als ich geweckt werde. Ich bin relativ ruhig. Ich weiß immerhin, dass gleich mein Stationsengel kommt, um mich wieder in den OP zu fahren. Mein Stationsengel hat jetzt auch einen Namen, und ich hätte mir keinen besseren ausdenken können: Gabriel. Klingt irgendwie nach Segen. Also wieder rein in die Einmalnetzunterhose, die Thrombosestrümpfe und das Engelshemd. Ich frage mich, warum diese OP-Kittel Engelshemdchen heißen. Dass man passend angezogen ist, falls man gleich nach oben abflattern muss? Dann müssten sie einem dort nur noch die Harfe in die Hand drücken.

Mein Blick ist gerade im Spiegel hängen geblieben. Wie immer in letzter Zeit wundere ich mich, wenn ich mich sehe. Ich wundere mich, weil ich immer noch ganz normal aussehe. Ein bisschen jünger, ein wenig ätherisch vielleicht, aber vom Krebs verrät mein Spiegelbild nichts. Noch nicht zumindest.

Mein Frühstück besteht aus Beruhigungssaft und Magentablette, und es scheint, als müsse ich noch eine ganze Weile warten, bis ich auf den OP-Tisch komme. Ich habe Hunger und darf nichts essen. Diesmal habe ich mir allerdings vorsichtshalber eine Lunchbox mitgebracht, denn erfahrungsgemäß bekommt man ja auch nichts, wenn alles vorbei ist. Ich fühle mich eigentlich ganz gut, bis auf diese quälende Erkältung.

Gestern Abend hatte ich sogar ernsthaft überlegt, mit dem Fahrrad in die Klinik zu fahren, aber das kam mir doch ein bisschen seltsam vor. Mal eben mit dem Fahrrad zur Brustamputation. Meine Mutter, die am Nachmittag angereist ist, um sich während meiner Abwesenheit um Paula zu kümmern, hat mich stattdessen hergebracht. Ganz fest hat Paula mich beim Abschied in die Arme genommen. Sie hat mich zuversichtlich angestrahlt und mir gesagt, sie würde mich tausend Mal besuchen kommen.

Noch verdränge ich die Angst davor, aufzuwachen und statt meiner Brust nur noch eine lange Naht zu finden. Mein Schmerz ist allenfalls eine Ahnung. Vielleicht sollte ich mich verabschieden von meiner Brust. Aber wie? Tschüs, Kleines, grüß mir den Rest? Etwas mehr Feierlichkeit hätte sie schon verdient, aber mir fällt nichts ein. Ich kann sie noch nicht einmal mehr ansehen, also kann ich mich auch nicht verabschieden. Und selbst wenn ich wollte, wäre der Zeitpunkt für ein bisschen Innigkeit mit mir selbst schon verpasst, denn ich habe hier keine Sekunde meine Ruhe. Ständig kommt irgendeine Schwester, und ich muss irgendetwas ausfüllen. Gerade ist die Steigerung des Ganzen in Gestalt eines Fensterputzers in mein Zimmer geplatzt. Warum bitte schön müssen jetzt, kurz bevor man mir meine Brust amputiert, die Fenster geputzt werden? Beim Verlassen meines Zimmers gibt er, wie sollte es anders sein, der bereits bekannten und gefürchteten Putzfrau die Klinke in die Hand, die sich jetzt um mein Bett herum zu schaffen macht. Alle sind freundlich und machen nur ihren Job. Ich aber sitze hier auf meinem Bett wie auf einer Insel. Oder wie auf einem abtreibenden Floß. Ich ertrage gerade nicht, dass hier alle freundlich sind und nur ihren Job machen. Ich will einfach nur alleine sein.

Bei der Operation wird mir nicht nur die Brust entfernt, sondern auch ein Port gelegt, ein Schlauch mit einem Verschlussventil, der auf der linken Seite unter mein Schlüsselbein gepflanzt wird. Der Schlauch wird in eine Hauptvene eingeführt, die direkt zum Herzen führt. Durch diesen Schlauch werden dann die nächsten Monate die Chemotherapeutika in meinen Körper geleitet. Direkt zum Herzen. Das macht mir Angst. Das erinnert wieder an die tödliche Giftspritze. »Das Kontrastmittel fließt jetzt in Ihren Körper.«

Ich mache mir außerdem Sorgen wegen meiner starken Erkältung. Ich bin völlig verschleimt und bekomme so schon kaum Luft. Wie sie wohl den Beatmungsschlauch durch all den Schleim in mich hineinbekommen wollen? Das saugen wir alles gleich mit ab, meinte Dr. M. gestern. Keine Ahnung, ob das ein Scherz war.

Als Gabriel eintritt, um mich abzuholen, kommen mir wieder die Tränen. Ich weiß genau, was jetzt passiert. Das metallische Klacken, wenn er das Bett entriegelt, das Gefühl, wenn das Bett mit mir drin plötzlich fährt, ein schönes Gefühl eigentlich. Ich weiß, wie der Aufzug aussieht, der Anästhesist, der mich unten in Empfang nehmen wird, seine Hand, mit der er mir das Gesicht tätschelt, der Geruch, die Nadel, die mich schlafend und schmerzfrei machen soll. Heute habe ich zum ersten Mal Angst, dass ich nicht mehr aufwachen könnte aus dieser Narkose, dass ich nie wieder aufwache aus diesem Alptraum.

Mein kleines Mantra, das ich im Aufzug vor mich hin murmele, eine Gedichtzeile von Hermann Hesse, die ich vor ein paar Tagen gelesen habe, schenkt mir ein kleines bisschen Beruhigung: »Es ist kein Tag so streng und heiß, des sich der Abend nicht erbarmt, und den nicht gütig, lind und leis die mütterliche Nacht umarmt.« Lind ist ein schönes Wort. Linderung erst. Gütig auch. Lind und leis umarmt werden, eingehüllt und beschützt. Jetzt soll ich wieder zählen. Eins, zwei, drei, vorbei.

5. Dezember

In meinem Zimmer hängt ein Bild. Ein Kunstdruck, ich weiß leider nicht, von wem, denn ich kann vom Bett aus die Signatur nicht erkennen. Ein Ölgemälde, fast fotorealistisch. Ein blühender Busch füllt die rechte Bildhälfte aus und zieht den Blick auf sich. Ein Flieder, mit weißen, üppigen Blüten, die schwer zwischen dem leuchtenden Grün auf den sich biegenden Zweigen sitzen. In einem Bogen ragen die süß beladenen Äste bis zum linken Bildrand, bilden ein Tor, das eine satte, wilde Wiese einrahmt, auf die der Flieder seinen Schatten gelegt hat und auf der die Sonne ihre Lichtpunkte tanzen lässt. Gelb, Blau, Grün und Braun in allen Schattierungen. Lebendiges Licht. Das Haus hinter dem Busch ist erst bei genauerem Hinsehen zu erkennen, nur ein Stück geziegeltes Dach und eine weiß getünchte Ecke der Hausmauer leuchten durch das dichte Blattwerk. Zwischen Haus und Flieder gibt der blütenbehangene Bogen den Blick auf zwei Liegestühle frei, die im Schatten einer dunklen, den Garten wie eine schützende Mauer begrenzenden Baumgruppe stehen. In einem Stuhl sitzt eine Frau. Ein leuchtend weißes Kleid bedeckt komplett ihren Körper, hoch geschlossen am Hals, knöchellang der Rock, die schmalen Ärmel reichen bis zu den Handgelenken. Ein Kleid, das vor Blicken und vor der Hitze schützt. Ihr Arm liegt lässig über der Armlehne, die feingliedrige Hand müde abgeknickt. Ihr Kopf ist schwer auf die Brust gesunken. Das hellbraune lange Haar ist zu einem lockeren Knoten am Hinterkopf zusammengenommen. Sie ruht und träumt, atmet Ruhe und die schwere Süße des Blütendufts. Döst wohlig, hört fern das Lied der Vögel und Insekten, spürt das Streicheln des lauen Windes durch den leichten weißen Stoff des Kleides. Ganz ruhig schlägt ihr Herz, träumt ihr Herz, genießt ihr Herz. Der leere Stuhl neben ihr, vielleicht ist der für mich. Was, wenn ich mich dort hineinsetze? Auch den Wind auf der Haut spüre, Frische atme, die Sonne mich streichelt. Bin ich dann tot? Wird sich mein Körper irgendwann wieder so fühlen können? So leicht, so wohl, so eins mit der Luft, den Geräuschen, dem Licht, den Farben? Ohne Angst und ohne Schmerzen?

Ich wünschte, ich könnte in dieses Bild hineinspazieren. Flieder riechen und ein wenig Sonne auf der Haut, das wäre jetzt so schön. Es duftet nur leider nicht nach Flieder, sondern nach mir. Und das ist alles andere als blumig. Es riecht nach einem operierten Körper, aus dem orangefarbene Wundflüssigkeit in Plastikflaschen abläuft, mit Jod und Blutresten beschmiert. Es riecht nach zwei durchgeschwitzten Nächten, nach sterilen Verbänden, nach Nadeln, nach ungeputzten Zähnen. Die Wunde brennt, vom Liegen tun mir die Knochen weh, und ich spüre das Ziehen der Braunüle in meiner Hand. Vor allem der Port drückt unter der Haut. Ich habe sie noch gar nicht richtig gesehen, die Beule, die jetzt in Höhe der Achsel über meiner linken Brust sitzt. Ich spüre ihn nur, diesen kleinen Fremdkörper, den ich im Tausch gegen meinen rechten Busen bekommen habe.

Vielleicht hätte ich sie fotografieren sollen, meine Brüste, als es noch zwei waren. Warum habe ich mich nicht noch einmal fotografieren lassen? Mit einem vollständigen Körper, dem, mit dem ich geboren wurde, dem, den ich nie wieder zurückbekommen werde, nie wieder im Spiegel sehen, nicht mehr fühlen, nicht mehr berühren lassen kann.

Jetzt ist es zu spät. Er wird für immer versehrt sein, dieser, mein Körper, nie wieder ganz, nie wieder heil, und ich habe nicht mal ein Bild von ihm. Ich bin fünfundzwanzig, und ich werde nie ein Bild von mir mit zwei gesunden Brüsten haben. Ich bin fünfundzwanzig, und mein Körper wird ewig verletzt und versehrt bleiben. Noch täuschen die Schwellung und das dicke Polster aus Pflaster und Verband darüber hinweg, dass nichts mehr da ist. Kein Fleisch mehr, keine Haut, keine Brustwarze, keine Sensoren mehr und kein Gefühl. Wenn ich mich ausziehe, wird nie wieder jemand eine gesunde, hübsche Frau sehen, sondern immer und immer und immer Vergänglichkeit. Ich bin ein wandelndes Mahnmal. Du willst mit mir schlafen? Überleg es dir gut, denn ich führe dir deine Sterblichkeit vor Augen. Du bekommst keinen hoch? Dann merke dir wenigstens: Hände weg von Zigaretten und verkohlten Bratwürstchen!

6. Dezember

Finn,
ich versuche, Dich zu vergessen, aber das geht nicht, weil mich fast jeden Tag Deine Mutter anruft. Ja, Deine Mutter, diese Seele von Frau, die ich erst einmal gesehen habe, fragt jeden Tag danach, wie es mir geht und ob es Neuigkeiten gibt. Ich finde sehr schön, dass sie mich unterstützen will (vielleicht will sie mir auch die Unterstützung geben, die Du mir nicht gibst), aber dummerweise ist sie nun mal Deine Mutter, und mit ihr zu sprechen bedeutet, an Dich denken zu müssen. Es ist wie ein unausgesprochenes Abkommen, dass wir nicht über Dich sprechen. Zu sagen gab es da bisher so oder so nichts. Aber gestern, da haben wir doch über Dich gesprochen. Deine Mutter erzählte mir, dass Du sie angerufen hättest, dass Du überlegt hättest,

Deinen Urlaub abzubrechen, Dich aber letztlich doch dagegen entschieden hast. Und dann, nachdem ich den Hörer aufgelegt hatte, ist plötzlich alles in mir zusammengebrochen. Ich war nicht enttäuscht, denn ich hatte im Grunde nichts anderes erwartet, und doch hat mich die blanke Panik gepackt. Ich habe auf einmal dieses Gebirge vor mir gesehen, das ich jetzt irgendwie überqueren muss, über das es keinen anderen Weg gibt als den aus Operationen, Chemotherapie, Bestrahlung, Aufgabe all meiner Zukunftsträume. Ich hatte noch nie so große Zweifel daran, dass ich das schaffen kann und am Ende alles gut ausgehen wird, wie in diesem Moment. Gestern Abend, nach dem Gespräch mit Deiner Mutter, hatte ich entsetzliche Angst, dass ich es nicht schaffen würde. Ich habe Jörn angerufen, der immer für mich da ist und so viel Liebe und Geduld für mich hat, und habe so geweint, dass ich kein einziges Wort herausgebracht habe. Beim Telefonieren lag mein Arm auf meinem Oberkörper, und während ich von Dir erzählt habe, habe ich zum ersten Mal gespürt, dass meine rechte Brust nicht mehr da ist. Ich habe mich bisher nicht getraut, mich dort anzufassen oder hinzusehen. Und dann war es mir schlagartig bewusst, dass sie wirklich weg ist, und ich habe den ganzen Schmerz darüber gespürt. Und gleichzeitig war es der Schmerz darüber, dass Du mir vollkommen entglitten bist. Daran, dass Du nicht für mich da sein kannst oder willst, gab es plötzlich keinen Zweifel mehr. Vor Angst und Aufregung habe ich keine Luft mehr bekommen. Ich habe nach einer Schwester geklingelt, und erst mit dem Gesicht an ihrer riesigen mütterlichen Brust konnte ich mich irgendwann beruhigen.
Meine Freunde und meine Familie bewundern mich für meine scheinbare Stärke, für meine Gefasstheit, meine schlechten Krebswitze. Aber all das war nicht mehr in mir,

und ich weiß nicht, ob es wiederkommt. Ich habe mich an Dir festgehalten, obwohl Du nicht da warst und wahrscheinlich noch nicht mal vorhattest, irgendwann wieder bei mir zu sein. Warum nur bist Du immer noch in meinem Herzen? Was habe ich getan, dass Du mich so ignorierst? Und wie dumm war ich, dass ich mir immer noch vorgestellt habe, dass Du plötzlich mit einem gigantischen Blumenstrauß vor meiner Tür stehen könntest und reuig für Deine Sünden um Verzeihung bätest. Bisher dachte ich, ich könnte ich selbst bleiben, auch weiterhin für andere da sein, Lebensfreude versprühen und vielleicht noch nicht mal so übel aussehen mit einem Tuch um den Kopf. Jetzt weiß ich, dass es so einfach nicht geht. Ich weiß, dass es auch Menschen um mich herum geben wird, die Probleme haben werden mit mir, genau wie Du. Wenn erst mal die Chemotherapie beginnt und mein Körper voll Gift ist, wird man mir die Krankheit ansehen. Ich muss damit rechnen, dass nicht alle damit klarkommen werden, mit meiner Sterblichkeit, mit ihrer eigenen Sterblichkeit. Mit meinem kahlen Schädel werde ich am großen Schmerz der Menschheit in jedem Einzelnen rühren. An der unlösbaren Frage, was bleibt, der Angst vor dem großen schwarzen Loch, der unausweichlichen Vergänglichkeit. Jetzt bin ich noch hübsch, ich habe meine Haare, mein Lachen. Die vielen Operationen haben mir schon zugesetzt, und es ist bestimmt nicht schön, mich in diesem Krankenhausbett in der Kluft der Schutzlosen zu sehen. Zu sehen, dass ich Schmerzen habe und mir Sorgen mache. Aber ich ahne, dass das noch der harmlosere Teil ist.

In zwei Tagen kann ich nach Hause, und ich hatte so sehr gehofft, dass wir uns noch einmal sehen, bevor die Chemotherapie beginnt. Wir hätten alles machen können, essen gehen, Theater, tanzen, uns nah sein und nicht über die

Krankheit reden. Das hatte ich mir so gewünscht! Mit diesem Gedanken konnte ich alles besser ertragen. Jetzt weiß ich, dass Du erst zurückkommst, wenn ich schon voll Gift bin. Wenn ich vielleicht vor lauter Übelkeit das Haus nicht mehr verlassen kann, Du mich nicht mehr schön finden wirst und ich keine Möglichkeit mehr haben werde, Dich noch einmal von mir zu überzeugen.

Dieser Punkt, an dem sich zeigt, ob man sich aufeinander verlassen kann und ob man sich wirklich etwas bedeutet, der ist für uns einfach viel zu früh gekommen, und jetzt habe ich fürchterliche Angst, dass ich die letzte Chance verpasst habe, mich in diesem Leben noch einmal richtig zu verlieben. Vielleicht werde ich nicht mehr gesund, und dann habe ich keine einzige schöne Beziehung gehabt. Wer soll sich denn jemals wieder in einen Krüppel wie mich verlieben? Das geht doch gegen jede biologische Vernunft. Ich fürchte mich so davor, meinen Körper nicht mal selbst mehr lieben zu können. Ich habe Angst davor, hässlich zu sein. Ich hätte Dich gewollt, weil Du mich vor dem Krebs kennengelernt hast, aber Du bist nicht da und wirst auch nicht kommen in dieser furchtbaren und wichtigen Zeit. Ich kann niemandem erklären, was mit mir passiert ist in den letzten Wochen, der nicht bei mir war, deswegen bleib doch weg.

Mag sein, dass ich mich täusche in Dir. Vielleicht ist alles ganz anders. Aber was auch immer Dich abhält, mir zu schreiben, ich fürchte, ich kann Dich jetzt nicht mehr gebrauchen, auch wenn ich Dich so sehr gebraucht hätte. Ich vermisse und verfluche Dich, und morgen werde ich es klingeln lassen, wenn Deine Mutter anruft.

J

7. Dezember

Heute hat Doro Paula schon vor dem Mittagessen gebracht. Sie sei den ganzen Tag furchtbar traurig gewesen und habe ganz viel geweint, sagte sie. Und wie sie da nun auf meinem Bett sitzt, wird mir plötzlich klar, wie klein Paula noch ist. Sie kann so viel und ist so klug, und trotzdem ist sie so hilflos und schutzlos. Zerbrechlich wie ein kleines Glasengelchen. Blass sieht sie aus, und ganz kleine glasige Augen hat sie. Wie ich.

»Hat das schlimm weh getan, als die den Busen abgeschnitten haben?«, fragt sie so vorsichtig, als könnten mir ihre Worte ebenfalls ins Fleisch schneiden.

»Nein, das hat gar nicht weh getan. Ich habe ja eine Narkose bekommen. Da kriegt man ein Mittel, von dem man so fest einschläft, dass man gar nichts merkt. Nur jetzt tut es ein bisschen weh. Aber nicht schlimm.«

Sie erlaubt sich ein kleines erleichtertes Lächeln. »Und was haben die dann mit deinem Busen gemacht?«

»Tja, das weiß ich selbst nicht so genau. Erst mal noch behalten, um ihn zu untersuchen. Und dann werfen sie ihn vielleicht weg, gebrauchen kann man den ja nicht mehr.«

»In den Müll?« Paula reißt die Augen auf.

»Ich weiß nicht. Ja, in irgendeinen Müll wahrscheinlich. Aber das ist doch egal, was jetzt mit ihm passiert. Hauptsache, er kann mich nicht mehr mit seinem blöden Krebs ärgern.«

Paula hätte ihn wahrscheinlich gerne mit nach Hause genommen, wie eine alte Nuckelflasche. Sie ist ohnehin ein kleiner Messi und kann sich von nichts trennen. Sie hätte ihn mitgenommen und in seinem Formaldehyd-Glas aufs Fensterbrett gestellt.

Das ist auch wirklich grausam. Ein Mamateil im Müll.

7. Dezember, später

Plötzlich ist Dr. M. einer der wichtigsten Menschen in meinem Leben. Zumindest in meinem Krebsleben, das nun genau genommen mein Leben ist. Auf jeden Fall ist er der Mensch, der mein Leben retten soll, mein weißer Zauberer, mein Heiler. Das verbindet durchaus. Ich habe mittlerweile fast zärtliche Gefühle ihm gegenüber, was irgendeine Übersprungshandlung sein dürfte, so wie man sich eben hingezogen, weil beschützt fühlt von so einem Gott in Weiß. Er ist einfach der Größte, dabei misst er gerade mal eins fünfundsechzig, wenn's hoch kommt. Er hat immerhin die Worte ausgesprochen, die mein Leben veränderten. Außerdem hat er mich nicht nur nackt gesehen, was nicht vielen Männern in den letzten Jahren gelungen ist, sondern auch, und das ist bisher einzigartig, von innen. Ich frage mich manchmal, ob er ein Leben neben uns Krebsfrauen hat. Was es außer tumordurchwachsenen Brüsten noch gibt im Leben des Dr. M. Wie ist das, Todesurteile auszusprechen, Brüste abzuschneiden und dann zu entscheiden, was man zu Abend essen will oder welches Hemd man anzieht?

Als ich wieder in seinem Sprechzimmer sitze, klingelt sein Handy. Das heißt, es klingelt nicht, es macht Motorengeräusche eines Ferraris.

»Was schaffst du nicht? Mathe? Ich bin bald zu Hause, warte auf mich.«

Also doch. Fast bin ich ein bisschen enttäuscht. Okay, nicht nur fast enttäuscht, geradezu eifersüchtig. Dr. M. ist nicht nur auf dieser Welt, um mir das Leben zu retten. Er ist auch auf dieser Welt, um mit seinem Kind Mathe zu pauken, sich mit der Auswahl von Klingeltönen zu beschäftigen und auch noch zielsicher den schlimmsten zu wählen. Ein Ferrari Testarossa. Bist du sicher, Judith, dass du diesem Mann dein Leben anvertrauen willst?

Ja, ich bin sicher. Jetzt erst recht.

8. Dezember

In Zuversicht geht eure Weisheit unter« Das hat Shakespeare eine seiner Figuren sagen lassen. Aber Zuversicht statt Fakten, das hört sich vernünftig an. »Zuversicht« ist überhaupt ein schönes Wort. Aber leider fehlt mir diese Vernunft, denn ich bin besessen von Zahlen und Statistiken. Vierzig Prozent Wahrscheinlichkeit, dass der Krebs zurückkommt, zwanzig Prozent Wahrscheinlichkeit, dass ich innerhalb der nächsten fünf Jahre sterbe. Nach all den Therapien vielleicht auch nur fünfzehn Prozent. Oder in meinem Fall vielleicht doch ganz anders, weil ich viel zu jung bin und überhaupt nicht in den Statistiken auftauche? Statt Magisterprüfungsstoff büffele ich wie besessen Behandlungspläne, Tumorklassifikationen und empirische Studien. Aus Verzweiflung über meine ständige Fragerei zeigt mir Dr. M. bei einem unserer zahlreichen Gespräche im Computer eine Grafik. Man trägt einfach Tumorklassifikation und Alter in eine Maske ein, und schon erscheint die Überlebenswahrscheinlichkeit. Graphisch logisch umgesetzt in roten Balken für Tod und grünen für Leben. Das Mindestalter liegt allerdings bei fünfunddreißig. Mit mir hat auch dieses System nicht gerechnet. Genauso wenig wie ich mit ihm. Tragen wir also mal fünfunddreißig ein. »Der Ehrlichkeit halber muss ich Ihnen allerdings sagen, dass sich in Ihrem Alter der grüne Balken ein wenig verkürzt«, erklärt er mir.

Ich will mir sagen: »In meiner Zuversicht geht eure Weisheit unter.« In meinem Meer aus Zuversicht soll eure Weisheit jämmerlich ertrinken. Was bringt es mir zu wissen, wie viele Frauen an einem Tumor wie meinem sterben? Oder wie viele für immer gesund bleiben? Den Zahlen nach dürfte ich überhaupt keinen Brustkrebs haben, den Zahlen nach ist es geradezu unmöglich. Und trotzdem habe ich ihn. Insofern relativiert sich jede Wahrscheinlichkeit. Ich kann morgen daran sterben, dass ich an Schwester Annikas Zwieback ersticke oder in drei oder zehn Jahren an einer Lungenmetastase. Ich kann aber auch mit fünfundneunzig einem Herzinfarkt erliegen oder in zwanzig Jahren mit einem Hubschrauber abstürzen. Klingt alles wahrscheinlich und unwahrscheinlich. Ich will nicht mehr an rote und verkürzte grüne Balken denken. Die Worte »zu erwartende Überlebenszeit« und die gruselige Unterscheidung in »Lebenszeit« und »Lebensqualität« nicht mehr hören. Und wenn die Weisheit irgendwann nur noch rot sieht, dann will ich es wie Janosch machen. Dann will ich meine Krankenversicherung kündigen, all meine Sachen verbrennen und nach Teneriffa auswandern, um, statt dort qualvoll zu sterben, noch mindestens dreißig Jahre kerngesund in der Hängematte zu liegen. Was wäre denn, wenn mir dieser Computer ausrechnen würde, wann ich sterbe? Wenn er mir sagen würde, tut mir leid, du bist diejenige, die nur noch ein Jahr hat, oder, deinen Krebs überlebst du zwar, dafür kollidierst du am 23. Juli 2020 bei einem gewagten Klippensprung tödlich mit einem Finnwal? Wenn ich den Zeitpunkt kennen würde, das Datum, was dann? Dann wäre mein Leben wirklich vorbei, dann würde ich rückwärts die Sekunden zählen.

Eigentlich kann dieser arrogante Computer gar nichts. Seine hübschen Balken kann er für sich behalten. Zuversicht statt Zahlen, das ist eindeutig das einzig Vernünftige.

Aber leider bin ich nicht Shakespeare und nicht Janosch und nicht einmal vernünftig. Ich bin nur Judith, die Krebspatientin, und ich sehe rote und grüne Balken.

9. Dezember

An den Blutpunkten, die die allabendliche Thrombosespritze auf meinem Bauch hinterlässt, kann ich die Tage zählen, die seit der letzten OP vergangen sind. Fünf Punkte, fünf Tage, das heißt, heute darf ich nach Hause! Jetzt habe ich auch nicht mehr so eine große Angst davor, zumindest ist mein Wunsch nach einer nadelfreien Zone mittlerweile größer als die Furcht vor dem Alltag. Selbst die Tatsache, dass zu guter Letzt auch noch in der abgenommenen Restbrust Krebs gefunden wurde, ist mir mittlerweile fast gleichgültig. Als gerechte Strafe landet sie jetzt eben zwischen Blinddärmen und Gallensteinen im Krankenhausabfall. Meine Sachen sind jedenfalls gepackt, und keine weiße Hose wird mich davon abhalten zu gehen. Denn ich will einfach nur hier raus, mich wieder bewegen, wieder frische Luft atmen. Eigentlich hätte ich erst nach dem Wochenende entlassen werden sollen, weil die Prothesenfrau erst am Montag wieder kommt und man mir nicht zumuten wollte, ohne Brust durch die Gegend zu laufen. Erst als ich versichert habe, psychisch in der Lage für ein Wochenende mit flachem Brustkorb zu sein, wurden meine Papiere unterschrieben. Was glauben die denn? Ich werde mein restliches Leben ohne diese Brust verbringen, und das Plastikteil macht es da auch nicht viel besser. Zum Eingewöhnen in mein neues, androgynes Dasein vielleicht sogar gar nicht schlecht. Ich hieve meine Tasche schon mal vor die Tür, denn ohne Paulas Zeichnungen, meinen Bücherstapel und meine Engelsammlung sieht 407 aus wie eine Gefängniszelle. Kurz überlege ich noch, ob ich mich von den Omis in 403 verabschieden soll, aber das schaffe ich gerade nicht. Ich will jetzt so wenig mit diesem Krankenhaus und mit diesem Krebs zu tun haben wie möglich. Einfach nur nach Hause, zu meinem Kind, zu meiner Dusche, zu meinem Bett, zu meinem Kühlschrank. Ich erwarte, dass mich meine Mutter jede Minute abholt, aber wer jetzt dynamisch in den Stationsflur einbiegt, ist nicht meine Mutter, sondern meine Freundin Malin! Mein ungläubiges Herz macht einen Freudensprung. »Was machst du denn hier?« Seit Monaten haben wir uns nicht mehr gesehen, ich habe ganz vergessen, wie toll sie aussieht. Ich will mich wundern, aber im Grunde wundere ich mich gar nicht. Klar ist sie da. »Liebste Jey, ich lass dich doch jetzt nicht alleine, abgesehen davon, wollte ich sowieso mal wieder raus aus dem Pott.« Und obwohl ich nicht schnell genug von hier wegkommen kann, kommen mir im Auto erst mal wieder die Tränen, vor Traurigkeit, vor Rührung, vor vollkommener Gefühlsüberforderung. Erst als ich geduscht und umgezogen bin, Paulas Freude sehe, kann ich endlich durchatmen. Ich bin zu Hause, und meine Freundin Malin ist angereist, um mir beizustehen. Jetzt wird alles gut. Nur Paula muss noch ein paar Stunden warten, denn ich muss dringend an die frische Luft. Ich möchte jetzt erst mal mit Malin alleine sein, bevor mich meine Familie wieder unter ihren Schutz stellt und in die Verantwortung nimmt. Ein paar Stunden brauche ich noch.

Wir fahren mit dem Auto zur Elbe. Der Himmel ist noch mit hellgrauen Wolken verhangen, aber der Durchbruch der Sonne deutet sich schon an. Dezember, und man kann immer noch im Pullover auf die Straße gehen. Genauso wie die Zellen in meinem Körper spielt auch das Wetter verrückt. Es ist seltsam und doch ganz natürlich, Malin zu sehen. Ich spüre ihre leichte Unsicherheit, aber auch ihre Stärke und fühle mich gut und wohl, da sie jetzt neben mir im Auto sitzt. Schon bei den ersten Treppen, die wir Richtung Elbstrand hinabsteigen, merke ich, wie schwach ich bin, und auch mein Kopf ist noch einigermaßen benebelt. Wir spazieren wie Hunderte andere Elbgänger die Treppen hinunter und am Strand entlang, machen Scherze über meine Jogginghosen und die Liebestöter, die ich neuerdings darunter trage, weil ich mir einbilde, orange- und pinkfarbene Stringtangas wären nicht unbedingt die passende Unterbekleidung für eine Krebspatientin. Ich genieße die Luft und die Sonne im Gesicht, die immer noch Kraft hat. Wir verstehen uns und lachen ein bisschen bitter über die Vorstellung einer Stoppelfrisur auf meinem Kopf. Man kann eben nicht leugnen, dass manches auch irgendwie zum Kaputtlachen ist. Als wir am Findling vorbeikommen, steht da ein kleiner Mann und spielt Jingle Bells auf einem selbstgebauten Instrument. Wie schon den ganzen Tag werde ich das Gefühl nicht los, dass an dieser ganzen Situation etwas falsch ist. Wie in einem Such-den-Fehler-Bild. Es ist nicht falsch, dass wir uns hier in Jogginghosen zwischen all den Hamburger Damen und Herren und Hunden den Elbspazierweg entlang schieben. Auch nicht, dass wir wilde Pläne anstellen, wie ich wenigstens ein bisschen Vorteil aus diesem Krebs schlagen könnte. Zugegeben, für Jingle Bells ist es ein bisschen früh und warm. Aber richtig falsch fühlt sich nur wieder der Krebs an. Die Tatsache, dass ich Krebs haben soll. Und trotzdem, hier draußen bin ich meinem Leben schon wieder viel näher. Ich bin noch ich, und Malin weiß um meinen Schmerz, ohne dass ich es sagen muss, und lacht trotzdem mit mir, weil wir eben Judith und Malin sind und immer bleiben werden, egal, wer oder was sich in uns einnistet, wer sich verliebt, wer ein Kind bekommt oder wer zuerst stirbt. Das ist, was ich brauche. Keinen feigen Finn, der mich nicht liebt, keine dauerquasselnden Omis, mit denen ich zwar die Diagnose teile, aber sonst gar nichts, und auch keine hilflosen Bekannten, die aus Pflichtgefühl jeden Tag anrufen, um mir einen Seelenstrip abzuluchsen. Das hier brauche ich. Das Lachen meiner wahren Freunde, Malins warmes Herz. Als wir uns zwischendrin auf eine Parkbank setzen, spüre ich schlagartig meine Müdigkeit und meine Knochen. Das Wasser glitzert in der Sonne, der Hafen mit seinen riesigen Kränen sieht aus, als strecke er die Hände erwartungsvoll dem Himmel entgegen. Auf der kleinen Plattform im Wasser steht der einsame leblose Mann, der immer dort steht und Wind, Wetter und kackenden Möwen trotzt. Und jetzt habe ich zum ersten Mal das feste Gefühl, dass ich mich schon irgendwie durchkämpfen werde. Ein gutes halbes Jahr Chemotherapie, danach zwei Monate Bestrahlung und dann Reha-Kur. Fast ein Jahr Sturm und Regen und bestimmt jede Menge Möwenkacke, aber die Zeit wird vergehen und eine andere Zeit wird kommen. Es geht bestimmt weiter. Das war es noch nicht, mein Leben, dazu ist es viel zu schön und wichtig. So gemein und dumm ist kein Gott.

Ganz langsam und behutsam treten wir den Rückweg an, auch wenn ich mich nur schwer trennen kann von dieser Kulisse. Zu Hause empfängt uns meine Mutter mit Tomatensuppe und Brot. Noch nie hat mir eine Suppe so gut geschmeckt wie diese einfache Tomatensuppe, die meine Mutter für uns gekocht hat, weil sie mich liebt und für mich kämpft, und die ich mit meiner Freundin Malin esse, die hier bei mir ist, weil sie mich liebt und für mich kämpft. Ein paar Stunden bleiben uns noch, bis Malin mit dem letzten Zug zurückfahren muss. Ein paar Stunden noch, bevor ich wieder zurückmuss ins Krebsland. Wir bestellen Pizza und schimpfen auf Markus, den ach so wichtigen Fernsehmann ohne Eier, der heute Morgen per SMS seine Affäre mit Malin beendet hat, und auf Finn, der mich hängen lässt. Wir sperren die beiden symbolisch barfuß auf den Balkon und glotzen irgendeinen rührseligen Jahresrückblick mit Günther Jauch. Wir haben so viel Spaß und sind gleichzeitig so traurig. Wieder tut es gut, die Traurigkeit meiner Freundin zu spüren. So fühle ich mich weniger einsam. »Aber eine Sache wird mir ewig unklar bleiben«, sagt sie jetzt ganz ernst. »Warum darf bei Take That immer nur Gary Barlow singen?« Und ich spüre ganz viel Glück darüber, dass ich noch da bin und dass sie mir noch etwas bedeuten, all die Nebensächlichkeiten im Leben. »Keine Ahnung«, sage ich, »aber wenn Take That ein Comeback schaffen, dann schaffe ich das auch!« Wir drücken uns ganz fest zum Abschied, und zum ersten Mal seit fast drei Wochen schenkt mir die Nacht einen ruhigen und traumlosen Schlaf. Einen erholsamen, narkotischen Schlaf, eine stille, tiefe Gnade.

11. Dezember

F,

gestern hast Du mich angerufen. Mein Herz ist in Galopp gefallen, als Dein Name auf dem Display leuchtete. Ich wollte Dich längt vergessen haben, aber meine Nervosität

hat mir gezeigt, wie wenig mir das gelungen ist. Nachdem Du Dich wochenlang nicht bei mir gemeldet hast, riefst Du plötzlich an und fragtest, wie es mir denn so gehe. Keine Entschuldigung, Deine Mail sei wohl nicht angekommen als völlig unzureichende Erklärung für Dein Schweigen, kein Gefühl für irgendetwas.
Ich war so furchtbar enttäuscht von Dir, aber als ich Deine Stimme so unvorbereitet gehört habe, konnte ich es nicht sagen. Du wolltest mich sehen, und auch ich wollte Dich sprechen. Als wir uns dann vor dem Café getroffen haben und Du mich in den Arm genommen hast, wollte ich im ersten Moment nie wieder loslassen. Ich habe so geweint über all die Dinge, die Du nicht gesehen hast, all die Gedanken, die ich nicht mit Dir geteilt habe, all die Schmerzen und Ängste, die Du nie nachvollziehen können wirst. Ich habe geweint, weil ich mich so alleine gefühlt habe, weil ich riesige Sehnsucht habe nach einem Paar Arme, die mich festhalten. Deine Arme habe ich mir wochenlang so herbeigesehnt, und jetzt habe ich festgestellt, dass ich überhaupt nicht hineinpasse in diese Arme. Als wir uns dann gegenübersaßen, gab es nichts mehr zu sagen. Und trotzdem bin ich froh, dass wir uns noch einmal gesehen haben, denn jetzt kann ich Dich getrost in eine Kiste packen und zwischen allem anderen Vergangenen unsichtbar im Regal verstauen. Ich habe so viel gehofft und gewünscht, so viel geweint und geflucht, dass nichts mehr übrig geblieben ist, das sich noch sagen ließe.
Das hier ist ein Abschiedsbrief. Endlich.
J

12. Dezember

Ich liebe das Theater. Das Gefühl, wenn es ganz dunkel wird, bevor sich der Vorhang öffnet, der riesige Kronleuchter an der Decke, alles ist so erhaben. Ich fühle mich ganz klein, wenn ich mich in einem der roten Sessel zurücklehne und darauf warte, dass vor mir eine Welt aufgeht. In der Dunkelheit hinter der Bühne sehe ich das Universum und denke an die Ewigkeit.

Heute warte ich nicht nach einer Vorstellung darauf, dass meine Freundin Anne fertig abgeschminkt ist und ich ihr einen bewundernden Schmatz auf die Wange drücken kann. Heute treffen wir uns am helllichten Tag an der Pforte, denn wir haben einen Termin in der Maske. An die Ewigkeit denke ich trotzdem.

»Du gehst doch nicht in irgend so ein Omi-Perückenstudio, das ist doch entwürdigend«, hat sie vor ein paar Tagen zu mir gesagt. »Du kommst mit zu meiner Maskenbildnerin, die hat regalweise gute Perücken!« Und weil ich beschlossen habe, den guten Ratschlägen zu folgen, die da sagen, man solle sich, bevor alles losgeht, schon mal für ein sicheres Gefühl eine Perücke in die Schublade packen, habe ich ihren Vorschlag angenommen.

Anne geht voran durch die dunklen, fensterlosen Gänge. Rechts, links, zwei Treppen hoch dann wieder eine runter, ein richtiges Labyrinth. Mein Herz flattert ein bisschen. Das hier ist ein trauriger Gang und gleichzeitig ein guter. Bei wie vielen Krebsköpfen kümmert sich schon die Maskenbildnerin persönlich ums Ersatzhaar? Anne nimmt mich an die Hand, als wir in den Arbeitsraum der Masken- und Perückenmacherinnen treten. Deckenhohe Regale sind gefüllt mit gesichtslosen Köpfen und Frisuren. Von wilden Lockenmähnen bis strähnigen Altherrenscheiteln, Bärte, Glatzen, Nasen.

»Da seid ihr ja!«, begrüßt uns herzlich eine zierliche Frau und legt die halbfertige Perücke aus der Hand, in die sie mit einer dünnen Häkelnadel einzelne Haare knüpft. »Du bist also Judith. Ich heiße Suse.« Ich drücke eine kühle schmale Hand. »Und hast du dir schon überlegt, was du mit deinen Haaren machen willst, wenn sie ausfallen? Du hast wirklich tolle Haare. Die könnten wir hier gut gebrauchen.«

Ich muss schlucken. »Was? Ähh, mal sehen, vielleicht könnt ihr sie haben.« Eine etwas ungewöhnliche Begrüßung, aber na gut. Vielleicht gar keine dumme Idee, das hat ja fast was, wenn irgendein Bösewicht oder so demnächst mit meinem Haar über die Bühne läuft. Suse führt uns zum Büro ihrer Kollegin Laura, die uns bereits erwartet. Und dann sitzen wir zu viert auf einem kleinen Ledersofa tief im Bauch des Theaters und wälzen Perückenkataloge. »Wenn du magst, probier doch mal was auf.« Ich bin gerührt, dass sich die beiden Frauen, die ich noch nie gesehen habe, so viel Zeit nehmen. Anne lässt sich über die Unterschiede von Echt- und Kunsthaarperücken aufklären, und ihre Fürsorge ist so greifbar und groß, dass ich es kaum aushalten kann. Als ich mich dann mit Modell Mandy, überlang, blond (der Perücke, die meinem echten Haar am nächsten kommt) im Spiegel betrachte, muss ich mir die erste Träne aus dem Augenwinkel wischen. Eine unsexy Schaufensterpuppe steht da. Das potenziell lustige Perückenaufprobieren macht überhaupt keinen Spaß, und plötzlich ist es mir völlig egal, was am Ende dabei herauskommt. Es ist eine Lüge. So oder so. Auch Anne zieht sich die langen Locken schnell wieder vom Kopf.

»Also ich würde dir die halblange hier mit dem schrägen Pony empfehlen. Nicht zu hell, eher ein Aschblond, das sieht natürlicher aus«, sagt Laura und schiebt mir noch einmal den Katalog hin. Hätte sie mir eine Afrokrause oder eine bunte Häkelmütze mit drei angenähten arschlangen Dreadlocks ausgesucht, auch dann hätte ich wahrscheinlich nur stumm genickt. Ich werde nicht froh werden mit dieser Perücke, nicht mit Mandy, nicht als der junge Michael Jackson und auch nicht mit Modell Mauerblümchen, das ich nun also nächste Woche abholen kommen kann. Wir plaudern noch eine ganze Weile über meinen Therapieplan, Paula, die allgemeine Ungeheuerlichkeit des Lebens, bis Suse mir noch einmal ihre schmale Hand auf die Schulter legt. »Ich wollte mich noch entschuldigen. Das war furchtbar unsensibel, was ich vorhin gesagt habe, dass du uns deine Haare geben könntest, meine ich.« Ich registriere ihren veränderten Gesichtsausdruck und kann ihn nicht deuten. Sie sieht mich so bedauernd an, als hätte sie nicht nur einen unüberlegten Satz gesagt, sondern mir in den Bauch geschossen.

»Schon gut, das hat mir nichts ausgemacht«, sage ich, auch wenn es nicht ganz stimmt. »Nein«, beharrt Suse, »nichts ist gut. Ich müsste es nun wirklich besser wissen. Ich bin nur so erschrocken, als ich dich gesehen habe, weil du so jung bist und so hübsch, und da habe ich einfach irgendeinen Blödsinn gesagt.« Und dann erzählt sie von ihrer eigenen Narbe, die seit zehn Jahren unter ihrem BH verläuft, zwar anders als meine schon verheilt und verblasst ist, aber eben immer noch da, immer noch mahnt, immer noch verstört und immer noch vor Schreck das Hirn aussetzen lässt. »Wenn du magst, zeige ich sie dir, die Narbe, dann kannst du mal sehen, wie das später aussieht.«

»Wirklich? Ja, gerne.« Suse knöpft bereitwillig ihre Bluse auf und dann starre ich wie gebannt auf ihre weiße Brustwand.

Völliges Flachland, einfach nichts. Nicht mal die Narbe kann ich richtig erkennen. Abgefahren sieht das aus, seltsam asexuell, außerirdisch geradezu. Aber irgendwie auch schön und weich und die Selbstverständlichkeit, mit der Suse sie präsentiert, macht auch die flache Brust völlig selbstverständlich.

»Denkst du noch oft daran? Macht es dir noch Angst?«, frage ich, nachdem sie den letzten Knopf wieder geschlossen hat. Sie klopft auf den Holztisch. »Toi, toi, toi, bis jetzt ging ja alles gut. Jedes Jahr nach meinen Nachsorgeuntersuchungen backe ich einen großen Kuchen für meine Kolleginnen und bedanke mich beim Himmel. Man kann irgendwann gut damit leben, wenn du mich das fragst. Aber wirklich vorbei ist es nie.«

»Danke für alles«, sage ich, als wir uns aus dem Sofa erheben. Und weil das irgendwie nach zu wenig klingt, setze ich hinzu: »Vielleicht bringe ich ja doch noch meinen Zopf vorbei.«

»Bloß nicht!« Suse schüttelt ihre kurzen roten Haare.

»Nein, will ich auch gar nicht.« Ich muss lachen. »Reine Verlegenheit war das. Die begegnet mir jetzt wohl öfter.«

13. Dezember

He, alles in Ordnung, Paula? Wie war's denn im Kindergarten? Magst du das Gemüse nicht?«

»Ich will nicht wieder Gemüse. Immer Gemüse.«

»Aber das ist gesund, und ich muss doch jetzt besonders darauf achten, dass wir gesund essen.«

»Und warum?«

»Na wegen dem Krebs, das weißt du doch«

»Der Krebs ist ein doofer Scheißkrebs. Und Lola ist auch doof.«

»Der Krebs, okay, aber warum Lola?«

»Weil sie gesagt hat, dass dich ein Krebs gezwickt hat und du jetzt eine Glatze kriegst.«

»Na ja … ein bisschen recht hat Lola schon. Aber dass mich kein echter Krebs gezwickt hat, das weiß du ja, das hat Lola eben nicht kapiert. Ich kann versuchen, dir das noch mal zu erklären, dann kannst du Lola sagen, wie es wirklich ist, wenn du willst. Es ist aber ein bisschen kompliziert, und manches verstehe ich selbst auch nicht.«

»Na gut.«

»Also … ähm, stell dir mal einen Wald vor.«

»Ich stell mir den bei Omi vor.«

»Ja, der ist gut. In diesem Wald leben viele kleine und große Tiere, Blumen und Bäume friedlich zusammen und das funktioniert wunderbar. Stell dir vor, in diesen friedlichen gesunden Wald kommen eines Tages gemeine, gefräßige Monster. Die Monster fressen alles auf, was ihnen in den Weg kommt. Blumen, Bäume, Tiere. Bald gibt es immer mehr Monster im Wald, und die Tiere und Pflanzen können sich nicht mehr alleine wehren. Der Wald wird krank und braucht dringend Hilfe. So etwas Ähnliches ist in meiner Brust passiert. In meinem Körper sind auch gefräßige, gemeine Monster, die Krebsmonster. Unser Körper besteht wie ein Wald aus vielen kleinen lebendigen Teilen. Diese Teilchen heißen Zellen. Sie sorgen dafür, dass in unserem Körper alles, was wir zum Leben brauchen, funktioniert. Dass wir atmen, schmecken, lachen und wachsen können. Die Krebsmonster, das sind winzig kleine böse Zellen, die die guten Zellen auffressen. Die guten Zellen wehren sich, aber sie sind nicht stark genug, um die Monster alleine zu vertreiben.«

Ganz still hört Paula zu.

»Aber wenn die Monster alle Tiere und Blumen auffressen, dann gibt es den Wald doch nicht mehr, und alles ist kaputt«, flüstert sie vorsichtig.

»Stimmt. Und deswegen vertreiben wir jetzt die Monster, und das ist ganz schön anstrengend. Eigentlich waren die Monster ja nur in der Brust, und die ist jetzt weg, also auch die Monster. Aber man kann nie wissen, ob sich nicht noch ein paar besonders gemeine irgendwo im Wald versteckt haben, also irgendwo in meinem Körper spazieren gehen. Die müssen noch vertrieben werden. Und dazu bekomme ich bald einen Zaubertrank. Das ist eine ganz starke Monsterverscheuchmedizin. Davon werde ich erst mal schwach werden und muss mich viel ausruhen.«

»Aber wenn du doch den Zaubertrank bekommt, warum bist du dann schwach?«

»Weißt du, Schatz, die Monster sind sehr stark. Und deswegen muss auch der Zaubertrank sehr stark sein. Leider macht der Zaubertrank auch den gesunden Bäumen und Tieren im Wald etwas aus. Einige werden eine Zeitlang krank und schwach sein. Aber nur so können die Monster endgültig vertrieben werden.«

»Der Zaubertrank macht dich krank? Was ist das denn für ein doofer Zaubertrank?«

»Im Gegenteil. Er macht mich gesund. Aber du hast recht, erst mal sieht es so aus, als mache er mich krank. Das ganze heißt Chemotherapie und ist die beste Medizin gegen Krebs. Richtig doof ist, dass mir dann erst mal die Haare ausfallen. Was Lola gesagt hat, stimmt also. Aber die kommen wieder, und Hauptsache ist doch, ich werde gesund und die Monster verschwinden.«

»Die Haare? Dann hast du wirklich eine Glatze?«

»Ich finde das auch blöd, aber später wachsen sie ja wieder.«

»Und wenn die Haare nicht mehr wachsen, dann können wir einfach ganz lange Spielhaare ankleben!«

»Auch nicht schlecht. Dann hab ich Spielhaare auf dem Kopf und einen Luftballon unter dem T-Shirt. Und an Fasching muss ich mich gar nicht mehr verkleiden. Es hat eben alles seine Vorteile. Und weißt du was, morgen gehe ich zum Friseur, und ich lasse mir erst mal eine ganz schicke kurze Frisur schneiden.«

»Mama?«

»Mhm?«

»Muss ich das Gemüse essen?«

»Noch zwei Löffel, dann mach ich uns ein paar schöne Pfannkuchen zum Nachtisch, okay?«

»Mit Marmelade?«

»Mit Marmelade und Nutella!«

14. Dezember

Sie sind nicht Ihre Haare und auch nicht Ihre Brust!« Die balsamartige Stimme meiner Psychoonkologin ruft sich mir ins Gedächtnis. Aber ich bin sehr wohl meine Haare und meine Brust. Genauso wie ich meine Arme und Beine, meine Gedanken, mein Lachen und meine Darmflora bin. Und jetzt, in diesem Moment, bin ich vor allem meine Haare.

Von meinen Freundinnen Nadine und Naima flankiert, sitze ich im knallfarbenen Kunstlederstuhl im Friseursalon. Wenn nicht dieses eine beschissene Detail wäre, könnte das hier richtig viel Spaß machen. Naimas Pony ist schon geschnitten, und Nadine blättert noch in den Friseurzeitschriften, um den passenden Look für sich zu finden. Aber jetzt geht es erst mal meinem Rapunzelzopf an den Kragen, um den Rat meiner Therapeutin zu befolgen, der sich »schrittweise Veränderung« nennt. Wenn das nicht so traurig wäre, täte mir diese Veränderung vielleicht sogar mal ganz gut, schließlich bin ich seit über zehn Jahren mit meinem blonden männermagnetisierenden Wallehaar verheiratet. Eine Trennung von meinem Haar war immer gleichbedeutend mit einer Trennung von mir selbst. Wie peinlich. Ich bin überhaupt nicht besser als die hysterischen Teenager bei »Germany's next Topmodel«, die Heulkrämpfe bekommen, wenn sie zum Spitzenschneiden sollen. Das ist doch eigentlich erbärmlich. Zumindest im Angesicht einer tödlichen Krankheit sollte eine neue Frisur kein Thema sein. Ist es aber doch, und jetzt sitze ich hier in diesem schrillen Trendtempel, in dem einem laute elektronische Musik und bunte Wände das Gefühl geben sollen, man gehe hier nur mit dem Hippsten vom Hippsten auf dem Kopf wieder raus, und warte auf den Henker.

»Abschneiden? Diese Haare?« Etwas unsanft wuschelt mir die Friseurin durchs Haar. »Nein. Du kannst doch nicht diese Traumhaare abschneiden wollen! Steffi, schau mal, würdest du solche Haare abschneiden?« Aber es ist nicht nur die lila gesträhnte Steffi, die jetzt ihre Aufmerksamkeit meinem Schopf zuwendet, sondern auch alle anwesenden zu verschönernden Frauen. Auch das noch.

Meine Kehle fühlt sich an, als hätte ich einen Basketball verschluckt, als Steffi mir jetzt mein Haar über die Brust fallen lässt und einzelne Strähnen zurechtzupft. »Na ja, die Spitzen und dann vielleicht ein wenig stufig?«

Meine Freundinnen schauen mich erwartungsvoll an. Ich wünschte, sie würden jetzt etwas sagen und das hier für mich regeln. Aber verständlicherweise tun sie das nicht. Ich reiße mich noch einmal zusammen. Nicht heulen, Judith. Du schaffst das.

»Nein. Ich habe doch gesagt, sie sollen ab. Mindestens Kinnlänge.«

»Sicher? Aber?«

Und dann ist es vorbei mit der Contenance.

»Ja, Verdammt! Ich möchte doch einfach nur meine Haare abschneiden. Ich habe Krebs. KREBS! Und ich möchte meine Haare abschneiden, bevor sie alle ausfallen!«

Na endlich. Die Lila- und Rotgesträhnten wenden sich schlagartig wieder ihren in Alufolie eingewickelten Kundinnen zu. Und als Steffi dann ihre Gesichtszüge wieder unter Kontrolle gebracht hat, setzt sie endlich die große silberne Schere an, die sich mit einiger Mühe durch mein Haar kämpft. Mein Gesicht verschwimmt im Spiegel hinter einem wässrigen Vorhang, als sie meinen Zopf kurz darauf demonstrativ neben meinem Kopf in der Luft baumeln lässt, und ich schließe meine Augen. Wenn ich mich selbst nicht weinen sehe, sehen es die anderen vielleicht auch nicht.

Als ich die Augen nach einer Viertelstunde geschäftigen Schnippelns und Zupfens wieder öffne, guckt mich ein rotgesichtiges Mädchen mit einem dichten, stylischen Bob an.

Steffi und Kolleginnen feiern ihre gelungene Komposition und kriegen sich vor Begeisterung kaum ein. Naima lacht mich aufmunternd durch den Spiegel an, und auch ich muss zugeben, dass es gar nicht übel geworden ist.

»Wie die Schauspielerin aus ›CSI New York‹. Glaub mir, in ein paar Wochen wollen sie alle diese Frisur! Und du hast sie schon.«

Ich spare mir, Steffi darauf hinzuweisen, dass diese sorgfältig geschnippelte Trendfrisur sich in wenigen Wochen bereits in mein Duschsieb verabschiedet haben wird, um ihren Stolz nicht zu trüben.

»Was willst du mit dem Zopf machen? Mitnehmen oder

wegwerfen?« Eigentlich ist sie ganz nett. Konnte ja keiner ahnen, das Ganze.

»Ich weiß nicht. Mitnehmen, glaube ich.«

Als ich endlich wieder auf die Straße trete, angeblich aussehe wie frisch vom New Yorker Catwalk, habe ich es immerhin geschafft, die Stylingprodukte abzuschlagen. So viel Realismus muss doch sein. Die Haltbarkeitsdauer dieser Frisur bemisst sich schließlich auf höchstens vier bis sechs Wochen.

Mein altes Leben steckt in Gestalt meiner zusammengekringelten Frucht jahrelangen Haarepflegens in einem Plastikhandschuh (eine Tüte konnte Steffi nicht finden) und wandert zu Hause in die Kiste, in der schon mein Schwangerschaftstest und andere Relikte vergammeln, die wegzuwerfen ich nie übers Herz gebracht habe. Am Hauptbahnhof verabschiede ich mich mit einer festen Umarmung und neuerlichen Tränchen in den Augen von meinen Freundinnen.

Durch den vollen Bahnsteig bahnen ich und mein Bob uns jetzt unseren Weg. In unser neues, unheimliches, trauriges, fremdes Leben.

15. Dezember

Das Zauberwort, das mir auch weiter die Hoffnung bewahrt, irgendwann mal eine Familie zu haben und noch einmal schwanger zu werden, heißt nun also doch nicht Eizellenbefruchtung, sondern Ovarentnahme. Will heißen: Da ich einen hormonabhängigen Tumor in mir hatte, also Krebszellen, die sich durch Östrogene speisen, darf ich keine Mittel einnehmen, die die Reifung von Eizellen stimulieren. Folglich können vor Beginn der Chemo keine reifen Eizellen mehr eingefroren werden. Was einerseits das Problem löst, wer sie hätte befruchten sollen, was andererseits eine neue Operation auf den Plan ruft, will ich weiter an meinem Familienplan festhalten. Eine Ovarentnahme durch eine Bauchspiegelung. Ein Teil des Eierstocks wird entfernt und eingefroren in der Hoffnung, er lasse sich bei Bedarf wieder funktionstüchtig einsetzen bzw. es finde sich irgendwann eine Möglichkeit, Eizellen in vitro reifen zu lassen. Allerdings weiß kein Mensch, ob es tatsächlich einmal so weit kommt. Wieder ist nichts sicher. Wieder muss der Glaube von der Hoffnung leben, und die Hoffnung von der Spekulation. Immerhin, bei Ratten hat es schon funktioniert, und das reicht mir für die Entscheidung. Also, meine Hoffnung lebt und atmet sogar flach!

Das Wartezimmer des auf Fertilitätsfragen spezialisierten Gynäkologen besteht aus mehreren kleinen Nischen und miteinander verbundenen Räumen, in denen die Patientinnen in großen, weiß bezogenen Korbsesseln die »Elle« und die »Marie Claire« lesen, während leise Musik an ihre mit Perlenohrringen geschmückten Ohren plätschert. Margret begleitet mich und staunt auch nicht schlecht über diese Luxuspraxis. Auch wir machen es uns bequem und widmen uns den neuesten Kosmetik- und Schuhtrends.

Hier bin ich ganz weit weg von einer Krebsstation, inmitten von Paaren und Frauen, die Babys bekommen wollen. Kurz bilde ich mir ein, es wäre so. Kurz fühlt es sich fast so an, als wäre ich auch so eine Frau.

Schwangerenbauch mir gegenüber. Analyse der Herzgeräusche, immer wieder Durchblättern des Mutterpasses. Ich kann mich noch so gut daran erinnern, wie ich vor vier Jahren selbst mit einem dicken Bauch in einer allerdings weniger komfortablen Praxis saß. Mit dieser ungewissen Vorfreude, dieser Spannung, dem Gefühl, etwas ganz Besonderes zu sein, denn schließlich wuchs ein lebendiger kleiner Mensch in mir heran. Jetzt ist etwas ganz anderes in mir gewachsen, ebenso unbemerkt wie damals mein Kind. Jetzt ist der Tod in mir gewachsen. So nahe liegt das alles beisammen.

Neben mir sitzt eine hübsche junge Frau etwa in meinem Alter. Kein Bauch. Vielleicht lässt sie sich nur die Pille verschreiben. Noch vor wenigen Tagen wäre ich dieses junge Mädchen gewesen.

Das Vorgespräch zur Operation läuft gut. Ich schaffe es, nicht sofort tränenreich zusammenzubrechen, und kann den Ausführungen zum Operationsverlauf folgen. Mit meinem OP-Termin in der Tasche durchquere ich schließlich den Wellness-Wartebereich, mit gut sitzendem Bob und wohl ausgewählten Klamotten. In den letzten Tagen achte ich plötzlich so sehr auf mein Aussehen wie seit der Pubertät nicht mehr. Ich will so gerne, dass man mir noch einmal nachsieht. Mir noch einmal zulächelt. Mich noch einmal wie eine hübsche Frau behandelt, bevor das glatzköpfige Krebswesen die Bühne übernimmt. Irgendwie brauche ich das, muss ich mir einen Vorrat an lächelnden Blicken anlegen, denn wer weiß, wie lange ich sie noch zugeworfen bekomme.

Also übermorgen noch eine Vollnarkose, noch ein paar Narben, wieder ausziehen vor fremden, verhüllten Roboterwesen, wieder von der OP-Liege aus nach oben starren und wahrscheinlich irgendein aufmunternd gemeintes kleines Landschaftsbild an der Decke befestigt finden, während ich auf die Narkosenadel warte. Aber diesmal ist es nicht so schlimm, weil doppelt für das Leben. Für meines und für das meiner zukünftigen Babys.

16. Dezember

Es war das Bild einer zwinkernden Sonne. Eine an die Decke gepappte Postkarte mit einer Smiley-gesichtigen Zwinkersonne. Als ob das irgendeinen Patienten beruhigen oder aufmuntern würde. Die reinste Verarschung.

Und meine Knochen tun nicht, wie angekündigt, ein bisschen weh, sondern ich kann kaum atmen, so schmerzen meine Schultern und mein Brustkorb. Mein Bauch ist ganz aufgebläht, und ich fühle mich wie ein Schwimmtier aus Gummi. Ich dachte, die lassen alle Luft wieder ab!

Zumindest habe ich jetzt alles getan, was möglich war, um an meiner Vision festhalten zu können, irgendwann noch mal schwanger zu werden. Aber im Kern glaube ich gar nicht, dass ich noch einmal dieses Geschenk bekomme.

Was für ein Sieg, dass es Paula in dieser Welt gibt. Mein süßer und auf ewig größter Sieg. Sie sieht mir nicht besonders ähnlich, ihr Gesicht hat sie von ihrem Vater, genauso ihre langen Arme und Beine. Aber die Füße! Die Füße sind eine exakte Kopie meiner eigenen. Kleine Knubbelzehen, schmale Zehennägel. Diese Zehen also würden überleben, wenn es mich nicht mehr gäbe. Paula trägt sie in die Welt hinaus. Das ist doch einigermaßen beruhigend, dass zumindest jemand auf meinen Füßen weiter durch die Welt spaziert.

Wenn ich sie damals nicht bekommen hätte, was für ein ungeahnter Verlust. Spätestens jetzt würde ich mir das nicht mehr verzeihen können. Ich weiß noch, dass es genau fünf Tage nach meinem einundzwanzigsten Geburtstag war, als mich Paulas Vater angerufen hat. Ich habe meine Eltern besucht, und dort hat er mich auf der Straße gesehen und die alte Nummer gewählt, was er wahrscheinlich später nicht nur einmal verflucht hat. Paulas Vater, den ich zu diesem Zeitpunkt fast zwei Jahre nicht gesehen hatte, meine erste Liebe. Ich war siebzehn gewesen und völlig verrückt nach Basketball spielenden großen Jungs, Hip-Hop und goldenem Lidschatten, als wir uns kennenlernten. Es war also wenigstens nicht wirklich ein One-Night-Stand, aus dem neun Monate später ein Kind hervorging.

Wir haben uns bei ihm verabredet. Und was hast du so getrieben in der Zwischenzeit? O ja, Hamburg ist super, ich treffe manchmal »Fettes Brot« beim Einkaufen, ein Kuss, ein bisschen nervöses Fummeln und dann, ein Schuss, ein Treffer, eine kleine Paula.

Ich glaube, es war ein Freitag, als ich dann einige Wochen später zwischen zwei Seminaren nach Hause radelte, um endlich den Schwangerschaftstest zu machen, den ich schon ein paar Tage in der Tasche hatte, nur zur Sicherheit, dass alles gut war. Ich hatte schön naiv geplant, eineinhalb Stunden später wieder pünktlich und nichtschwanger im Seminar zu sitzen. Und hier bin ich noch einmal, gerade einundzwanzig geworden, in meiner Dachgeschoss-WG, die kleine Medienkulturstudentin. Das Plastikstäbchen liegt zwischen Bergen ungespülten Geschirrs auf dem Küchentisch, und mein ganzer Körper kribbelt. Zwei Minuten strammes Auf- und Abmarschieren in der Küche, dann: eindeutig roter Punkt. Zur Sicherheit noch einmal zwei Minuten Marschieren: zweifelsfrei ein tiefroter Punkt.

Okay Judith. Durchatmen und der Situation angemessen reagieren, also heulen. Aus Verzweiflung. Weil du so jung bist und noch so viel vorhattest, die Welt sehen und so weiter. Aber ich habe nicht geheult. Vielleicht ein bisschen vor Rührung. Na gut, später auch ein bisschen aus Angst, aber im

Grunde habe ich diesen roten Punkt von der ersten Sekunde an geliebt.

Erst mal lief ich auf die Straße, weil ich nicht wusste, wohin mit mir und dieser Information, und da kam mir auch schon fröhlich pfeifend meine Freundin Margret auf dem Fahrrad entgegen. »O Mann, seid ihr schwer, ihr beiden«, hat sie gestöhnt, als ich auf ihren Gepäckträger stieg, um mit ihr den nächstbesten Frauenarzt zu suchen. Und: »Mein Gott, wir werden Mutter?«

Der nächstbeste Frauenarzt, den wir angetroffen haben, war leider auch der denkbar schlechteste. Wir saßen in diesem exorbitant hässlichen Wartezimmer, nachdem ich für einen weiteren Schwangerschaftstest in einen Becher gepinkelt hatte. Zwei ängstlich aufgedrehte Hühner, die sich gefühlt haben wie in einer schlechten TV-Komödie. Dann wurden wir endlich aufgerufen. Ein seltsam langer und viel zu grauer Gang führte in das Behandlungszimmer. »Ja, Sie sind schwanger«, grinste der Arzt, der genauso grau war wie sein Teppich, seine Wand, sein viel zu langer Gang. »Wenn ich Sie so sehe, nehme ich an, das war ein Unfall, aber das ist heute alles kein Problem mehr. Wir finden schon eine Lösung.« Und dann der Ultraschall. Der Schock.

»Sieht so aus, als habe sich die Sache schon von selbst erledigt. Sie sind in der siebten Woche, und ich kann nicht sehen, dass die Frucht pulsiert. Kommen Sie in vier Tagen wieder, und wir schauen uns die Sache noch mal an.«

Wie jetzt? Ich war schwanger, aber das kleine Etwas in mir pulsierte nicht. Was sollte das bedeuten? Die natürliche Lösung?

Vier Tage lang bangte ich um dieses kleine Leben in mir, wusste ich nicht, was ich denken und fühlen sollte. Ich hätte auf mein Gefühl hören, hätte Konsequenzen aus meinem Unbehagen ziehen sollen, aber ich betrat wieder die graue Praxis und zitterte auf dem Untersuchungsstuhl, während er mit dem Ultraschallgerät in meiner Vagina herumfuhrwerkte.

»Verglichen mit dem letzten Bild, ist die Frucht nicht gewachsen. Ich rate Ihnen möglichst bald eine Ausschabung vorzunehmen.«

Mir liefen die Tränen, als ich aus der Tür trat. Und spätestens jetzt wusste ich, dass ich mein Kind gewollt hätte, dass dieses Leben in meinem Unterleib Glück bedeutet hätte. Ich habe zwei Tage lang um mein Baby geweint. Dann habe ich versucht zu verstehen, warum es so gekommen ist und warum ich nicht bald ein Kind haben sollte: Weil die Zeit noch nicht gekommen war, das Leben erst noch etwas anderes mit mir geplant hatte. Habe mir gesagt, dass mein Kleines nicht tot ist, sondern nur noch mal umgekehrt ist, um später wiederzukommen. Dann, wenn die richtige Zeit gekommen ist und seine Ankunft keine Zweifel mehr auslösen wird, sondern nur reine Freude. Hab Geduld, kleines Wesen, wir haben ganz viel Zeit. Ich warte auf dich, mein Glück.

Aber eine Ausschabung bei diesem furchtbar unsensiblen Gräuling?

Meine Freundin Naima war es, die mir dann die Nummer ihres Gynäkologen gab, und Gott sei Dank habe ich angerufen.

Gänge weiß, nicht grau, Teppich bunt, Gesicht freundlich und – danke, Jesus und Maria! – Kind lebendig!

»Sehen Sie«, sagte Dr. N., »man kann schon die Arme und Beine sehen.« Und ich habe sie wirklich gesehen. »Ungeplant, aber akzeptiert, nehme ich an«, sagte er nur, und mit meinem Nicken war jeder Gedanke an Problemlösungen und andere Schrecklichkeiten ausgerottet.

Am selben Tag der unvermeidliche Anruf mit galoppierendem Herzen: »Hallo, K., ich muss dir was sagen. Ich bin schwanger, und, also, wie soll ich sagen, ich bleibe es auch.«

Tut, tut, tut …

»Hallo? Bis du noch dran?«

Aufgelegt.

Verstehe.

Und ein paar Monate später war sie da, mein winziges, brüllendes, knubbelnasiges ewiges Leben. Ich spüre gerade unfassbares Glück darüber, dass Paula da ist. Was ist dieses Kind doch für ein Wunder. Gott, wie ich sie liebe! Und wer weiß, vielleicht klappt es ja doch irgendwann mal mit einem Geschwisterchen. Vielleicht bekomme ich ja noch ein wenig Zeit. Dann würden sich diese widerlichen Schmerzen wenigstens auszahlen. Mein Eierstock ist jetzt jedenfalls auf dem Weg nach Bonn, seinem neuen Zuhause. Eine Brust im Müll, ein schockgefrosteter Eierstock in Bonn. Bilanz meiner neuen Weiblichkeit. Immerhin, sie zieht weite Kreise.

19. Dezember

Dr. Hermann L., ein engagierter, erfahrener Onkologe aus Papa Ends Freundepool hat zusammen mit Dr. M. meinen Chemotherapie-Plan ausgetüftelt. Gewinner ist das Citron-Schema mit ganzen zwölf Chemozyklen. Ich bin die Einzige auf der Station, die sich dieser Mammut-Chemo unterziehen muss, intervallverkürzt auch noch, das heißt, ich bekomme das Gift nicht wie üblich alle drei, sondern alle zwei Wochen verabreicht. Warum darf ich nicht auch nur sechs oder acht Chemos haben wie alle anderen? Angeblich ist meine Therapie sogar besser verträglich, was ich mir kaum vorstellen kann, denn nicht nur die Erholungsphasen sind kürzer, am Ende bekomme ich auch noch die doppelte Ration. Vierundzwanzig Wochen! Das sind ganze sechs Monate.

Ein halbes Jahr. Ich wage nicht, mich zur Wehr zu setzen. Was bleibt mir auch anderes übrig, als zu vertrauen. Ich bin sicher, beide haben sich viele Gedanken gemacht und nach bestem Wissen und Gewissen über meine Therapie entschieden. Sie haben auf jeden Fall mit Herz entschieden, und irgendwie hat es auch etwas Beruhigendes, dass ich nicht nur die Standardversion bekomme. Vier Zyklen Doxorubicin, vier Zyklen Taxol (das Horrormittel) und zum Abgewöhnen noch mal vier Zyklen Cyclophosphamid.

Und heute ist es so weit, heute bekomme ich meine erste Chemo-Kur. Seit Tagen starre ich diese gnadenlos unausweichliche Eins in meinem Terminkalender an und zähle rückwärts die Tage. Wie der bevorstehende Gang zum Schafott fühlt sich das an und gleichzeitig fühle ich auch Erleichterung darüber, dass es endlich losgeht.

Aber, was, zur Hölle, zieht man an bei seiner ersten Giftspritze? Auf keinen Fall Krankenkluft. Wenn ich da schon hingehen muss, dann wenigstens mit Würde. Irgendwie will ich ihnen zeigen, dass ich dort nicht hingehöre. Dass mein Krebs ein großer Irrtum ist, dass ich in den Hörsaal gehöre, ins Straßencafé, auf die Tanzfläche, meinetwegen auf den Spielplatz, nur nicht dorthin. Doch meine Maske fällt, als ich über die Schwelle der onkologischen Ambulanz trete. Weder mein hübscher Pullover noch meine zurechtgezupfte Frisur können mir hier helfen. Spätestens wenn ich zwischen den anderen Frauen am Tropf hänge, bin ich eine von ihnen, ob mit schicken Stiefeln oder ohne, denn mindestens die Tage meiner Frisur sind gezählt.

Die Schwester begrüßt mich herzlich und führt mich in einen der Räume. Eine Mischung aus Omas guter Stube und Hotelzimmer. Große weiche Polstersessel, ein Bett, Zeitschriften und ein Häkeldeckchen auf dem Couchtisch. Und ohne Umschweife rollt auch schon meine Infusionsstange an. »Erst mal spülen wir Ihren Port mit Kochsalzlösung durch, und gleichzeitig bekommen Sie das Mittel gegen die Übelkeit. Dann fließt das Kortison durch und dann das Doxorubicin. In vier Stunden sind Sie erlöst. Zu Hause dann unbedingt noch zwei Tabletten heute und zwei morgen gegen die Übelkeit nehmen und die nächsten fünf Tage je eine Kortisontablette. Vitamin C, Selen und Zink würde ich auch empfehlen.« Zack, sitzt die fette Nadel in der Haut über meinem Port, und schon hänge ich an der Flasche. Eine Stunde vergeht, und ich sehe mich schon kotzend über dem Häkeldeckchen hängen, eine zweite vergeht, und ich sehe mich halb ohnmächtig im Sessel zusammensinken, eine dritte vergeht, die Flasche ist fast leer, und immer noch ist weder das eine noch das andere eingetreten. Ein leichter Schwindel und sonst nichts. Kann das sein? Bin ich am Ende immun? Stimmen die ganzen Kotzlegenden gar nicht? Frau R. stöpselt mich ab, und mein Unglaube wandelt sich in Erleichterung. Auf dem Weg nach Hause kommt ein regelrechtes Glücksgefühl dazu, und als ich kurz darauf völlig aufgeregt Jörns Nummer wähle, weiß ich gar nicht mehr, wohin mit meiner Euphorie. »Lass uns essen gehen oder spazieren, mir geht's total gut!« Doch als wir nach unserem fröhlichen Mittagslunch und dem Elbspaziergang wieder im Auto sitzen, ist es schlagartig vorbei mit dem Wohlgefühl.

»Schnell, halt an, ich glaube, ich muss kotzen.« Eines weiß ich in diesem Moment mit Sicherheit. Ich habe gerade die letzte Spinatquiche meines Lebens gegessen. Zu Hause schaffe ich es an seinem Arm gerade noch bis zu meinem Bett, bevor meine Beine und Augenlider zu Blei und mein Hirn zu Brei werden. Jetzt ist es also doch noch angekommen, das Gift, das mein Lebensretter sein soll.

20. Dezember

»Hey, Schwesterchen, ich bin's.«

»Ach, Benny, hi.«

»Wie isses?«

»Gut. Nee, eigentlich nicht. Ziemlich scheiße.«

»Mist. O Mann, ich halte das kaum aus. Jeden Tag behandle ich zwanzig Patienten, helfe allen möglichen Leuten bei ihren Gebrechen, und du sitzt fünfhundert Kilometer weit weg, und ich kann nichts machen.«

»Das ist schon okay, hier sind so viele, ich kann mich gar nicht retten vor Hilfe.«

»Du sagst, wenn ich kommen soll?«

»Ja, sag ich.«

Mein großer Bruder. Große Brüder sind ein Segen und ein Fluch, ein Segensfluch. Wie viele blaue Flecke habe ich beim Matratzenwrestling davongetragen, weil immer er der große »Undertaker« sein durfte und ich das verkloppte Würmchen. Als kleiner Diener musste ich Dutzende Knäckebrote mit Leberwurst schmieren und ihm in der Badewanne servieren. Zu seiner Belustigung musste ich hundertmal hintereinander John McEnroe sagen, Tschon Mäkenwou, Tschon Mäkenwou, Tschon Mäkenwou, tanzen wie MC Hammer konnte ich natürlich auch nicht, dafür konnte man wunderbar an meinen Haaren ziehen. Aber wehe, wehe, irgendein anderer kam mir zu nahe, dann war er auf Gottes Gnade angewiesen oder besser auf die des »Undertaker«. Denn so nervig sie sind, die kleinen Schwestern, beschützt werden sie mit dem eigenen Leben! Hast du meine Schwester angeguckt, Mann? Hau bloß ab! Ist der dir blöd gekommen, Schwester?

Ja, Benny, jetzt ist mir wirklich einer blöd gekommen, aber den kannst du nicht verhauen. Da muss selbst ein großer Bruder die Waffen strecken. Ich weiß, dass du da bist. Und ja, ich sage dir, wenn ich dich brauche. Und noch was, ich kann es jetzt: John McEnroe, John McEnroe, John McEnroe.

21. Dezember

Jeder Gedanke ist eine Kraft.« Ich verstehe. »Wer sich positive und aufbauende Gedanken macht, der fördert die Kraft in sich.« Ich verstehe. »Es hängt von jedem Menschen selbst ab, welche Richtung er seinen Gedanken gibt, wohin die in Umlauf gesetzten Kräfte weitereilen und was sie ihm als Folge bescheren: Freude, Hilfe, Heilung oder Ärger, Hemmnis, Krankheit.« Aaaa, ja. Moment. Was heißt das? Bin ich nun auch noch selbst schuld an dem ganzen Schlamassel?

Ja, du hast gut Grinsen, alter Mann, von deinem hochglänzenden Buchumschlag aus, mit deinem hypnotischen Blick (ein heilender selbstverständlich), bist wahrscheinlich dein Lebtag fidel wie ein Fischlein im Wasser gewesen.

Na los, Judith, weiter. Nicht immer gleich aufregen, ist ungesund. Tiffany 35 hatte also Darmkrebs im Endstadium. Die Ärzte gaben ihr noch drei Monate zu leben. Doch dann studierte sie die Schriften zur bewussten Autosuggestion (sag es ruhig, es waren deine, oder?), änderte konsequent ihre Gedankenlage und entschied sich dafür, gesund zu werden. Heute ist sie vierfache Großmutter und joggt täglich fünf Kilometer.

Ich muss also nichts weiter tun, als meine mentalen Übungen zu machen, und schon ist mir die Heilung sicher? Nichts wie ungut, Alterchen, aber das scheint mir doch ein bisschen zu einfach. Und was, wenn ich nicht gesund werde? Bin ich dann nicht nur tot, sondern auch noch ein Versager, weil ich mir nicht oft genug deine ausgedachten Sätze gesagt habe? Bin ich am Ende gar nicht krank geworden, weil ich zu nah vor der Mikrowelle gestanden habe, sondern weil ich negative Gedanken hatte?

Und dann noch Kapitel 8: »Die 3 Todsünden gegen die eigene Heilung. 1. Todsünde: negatives Denken und Sprechen. 2. Todsünde: die Angst. 3. Todsünde: die Unheilsuggestion. Denn was ich fürchte, das kommt über mich, was ich schaudere, das trifft mich. (Hiob 3, 25«? Will sagen, wenn ich Angst habe, an meinem Krebs zu sterben, dann sterbe ich auch. Also jetzt machst du mir Angst. Ich bin also ein Sünder, über den früher oder später die Strafe kommen wird. Freundchen, jetzt reicht es. Ab ins Regal mit dir, Gesicht zur Wand, und vor morgen will ich dich nicht mehr sehen. Ein mieser Aufschneider bist du. Stopp, das nehme ich zurück, entschuldige vielmals. Nicht dass mir bei all dem Ärger gleich ein neuer Tumor wächst. Dann sage ich es halt: Es geht mir jeden Tag, in jeder Hinsicht, besser und besser! Es geht mir jeden Tag, in jeder Hinsicht, besser und besser! Es geht mir jeden Tag … ach, hier steht es ja auch auf Französisch, das nehme ich, das klingt wenigstens nach was … tous les jours, à tous points de vue, je vais de mieux en mieux! Tous les jours, à tous points de vue, je vais de mieux en mieux en mieux en mieux en mieux! Zufrieden? Dann gute Nacht.

Antrag auf Verlängerung des Prüfungsverfahrens

Hamburg, 22.12.2006

Sehr geehrter Prof. T.,

hiermit bitte ich um die Verlängerung der Prüfungszeit meiner Magisterprüfung im Hauptfach Medienkultur, die regulär am 17. Februar 2007 endet.
Im November 2006 wurde bei mir eine Krebserkrankung diagnostiziert. Seitdem befinde ich mich gemäß beiliegendem Attest in ärztlicher Behandlung. Erschwert durch meine Situation als alleinerziehende Mutter ist mir ein fristgerechtes Ablegen der noch ausstehenden Prüfungen nicht möglich. Die mündliche Prüfung im Nebenfach Neuere Deutsche Literatur ist derzeit dennoch für Mitte Februar geplant, die Klausur im Nebenfach Soziologie möchte ich spätestens im April und die mündliche Prüfung im Hauptfach Medienkultur bis spätestens Juni abgelegt haben. Da der weitere Verlauf der Behandlung jedoch für mich nicht abzusehen ist, bitte ich um eine Fristverlängerung von mindestens sechs Monaten mit der Option einer weiteren Verlängerung.

Mit freundlichen Grüßen und Hoffnung auf Ihr Verständnis

Judith End

24. Dezember

Stille Nacht, heilige Nacht. Mama klappert beruhigend in der Küche, um für Plätzchennachschub zu sorgen. Papa illuminiert den Riesenbaum und dreht das Weihnachtsoratorium ein bisschen leiser, weil gleich seine alljährliche Leseperformance stattfinden wird. Doro schenkt den Sekt in feierliches Kristall und will keinesfalls dabei fotografiert werden. Benny muss sich erst mal entspannen und widmet sich seinem Vorrat an Omis Schokoplätzchen. Paula tanzt mit seligen Staunaugen zwischen Kugeln und Kerzen umher und platzt fast vor Wonne angesichts der bunten Geschenkeberge.

Eindeutig heilige Nacht. Heilige, weil heilende Nacht. Weil ich wunderbar ausgeschlafen habe und heute Morgen an einem gedeckten Frühstückstisch mit Hefeengeln empfangen wurde, in die Paula eigenhändig die Rosinenaugen gedrückt hat. Weil wie jedes Jahr die grausame Weihnachts-CD von Mariah Carey zum Baumschmücken eingeschmissen wurde, Doro für den technischen Teil (Baumständer und Lichterketten), ich für das kreative »fine tuning« (Kugeln und Co.) zuständig war. Heilig, weil der 24. Dezember der einzige Tag im Jahr ist, an dem ich meine kleine Schwester zum Einüben eines zweistimmigen Weihnachtsliedes und zu schleppender Klavierbegleitung nötigen kann. Heilig, weil Paula ununterbrochen vom Christkind erzählte, das später heimlich durchs Wohnzimmer fliegen würde. Weil Mamas Antipasti so lecker waren, der Tisch so schön gedeckt und sich Papa einmal mehr diebisch über das praktische silberne Stabfeuerzeug freute. Heilig, weil Benny wie immer das Weihnachtsliedersingen durch Boykott zu verhindern wusste, während wir großen und kleinen Kinder darauf warteten, das Wohnzimmer stürmen zu dürfen. Und heilig, weil das Glöckchen, das uns schließlich rief, noch immer das Glöckchen ist, das schon vor zwanzig Jahren an Heiligabend klingelte.

Hier sitzen wir also. Keine Überraschungen. Alles ist, wie es sein muss, und alles ist gut, weil Weihnachten ist. Die Welt zusammengeschrumpft auf das duftend-warme Wohnzimmer meines Elternhauses. Gleich kommt das routinemäßige Schmunzeln und Augenverdrehen, wenn Vater End zur Lesung mit Musik ansetzt, obwohl wir ihn in Wahrheit dafür lieben. Dann Anstoßen und großes Küsschenverteilen, ein jeder darauf bedacht, nicht vor Rührung zu heulen. Paula wird gleich vor Freude ausflippen, wenn sie das Playmobil-Schloss auspackt. Und irgendwann, wenn sich die Frisuren dann aufgelöst haben, die Kerzen runtergebrannt und die Plätzchenbäuche voll sind, rutschen alle auf dem über und über mit Geschenkpapier bedeckten Boden herum, um die verlorengegangenen Lego-Steine zu suchen, man erzählt sich Kurioses aus der Welt und der Nachbarschaft und hört Michael Jackson.

Es ist Weihnachten geworden, trotz allem. Und nichts ist weniger. Der Spaß ist nicht weniger, die Feierlichkeit ist nicht weniger, die Freude auch nicht. Von allem eher ein bisschen mehr. Ein bisschen mehr Vorsicht untereinander, ein bisschen mehr Kraft für das Zurückdrängen des Rührungskloßes im Hals, ein bisschen mehr Heißhunger auf Dominosteine und ein bisschen sehr viel mehr Geschenke.

Und noch etwas ist passiert, als ich vor zwei Tagen durch die Tür dieses Hauses getreten bin: Ich kann sie endlich annehmen, die Fürsorge meiner Mutter, denn das ist das Haus meiner Kindheit. Hier bin ich Tochter und werde umsorgt und umhegt. Ich bin weder für die Menüfolge noch für die gewaschene Wäsche zuständig, und das ist herrlich. Ich kann loslassen und genieße all das Gewohnte um mich herum. Der Geruch in diesem Haus, die Relikte meiner Teenagerzeit in meinem alten Zimmer, die vertrauten Geräusche von sich schließenden Türen, Klaviergeklimper, Schritten auf der Treppe, der Haustürklingel, wenn die Nachbarn zum alljährlichen Baumbewundern vorbeikommen, Tellerklirren auf dem Glastisch. Alles ist Trost, weil es immer schon so war und immer so sein wird. In ein paar Stunden werde ich mich in mein altes Bett legen, die Wäsche wird nach meiner Mutter und nach damals duften, Paula wird neben mir schnarchen, die schönsten Geschenke um sich geschart, genauso wie ich jedes Jahr an Weihnachten eingeschlafen bin. Stille Nacht, heilige Nacht, Nacht, in der mir endlich einmal nichts passieren kann. Weil Mama da ist und Doro und Papa und Benny, weil Omi wieder Schokoplätzchen gebacken hat und das Christkind immer noch auf das alte Glöckchen hört.

5. Januar

Eine Sache habe ich zumindest schon gelernt: Ich habe das wunderbare Wörtchen »nein« in meinen Wortschatz aufgenommen. Und das fängt damit an, dass ich mir erlaube, nicht ans Telefon zu gehen, wenn ich nicht ans Telefon gehen möchte, was ziemlich oft vorkommt im Moment. Allerdings klingelt das Telefon auch unverhältnismäßig oft, denn jeder, der irgendwann mal meine Nummer hatte, scheint in diesen Tagen sein Mitgefühl ausdrücken zu wollen. Das ist ja auch schön, aber vor allem ist es unsagbar anstrengend. Und es ist auch nur im besten Fall wirklich Mitgefühl, das die Menschen bewegt, bei mir anzurufen. Es gibt auch solche, die den Fall Judith nutzen, um sich mal wieder ausführlich selbst zu beweinen, oder die sich bei der Gelegenheit an die armen Krebsopfer in ihrer eigenen Verwandtschaft erinnern. »Als Tante Margot damals an Brustkrebs starb, das war schrecklich! Kein schöner Tod.« Oder: »Ich weiß, wie das ist. Du fühlst dich verstümmelt und hässlich. Ach, Judith, warum bist du denn nicht früher zum Arzt gegangen.« Danke auch, da fühle ich mich gleich ein wenig besser. Ich lasse es also einfach klingeln und entscheide selbst, wann ich sprechen möchte und wann nicht. Unterdrückte Rufnummern und unbekannte Teilnehmer haben keine Chance mehr, und auch wenn ich beim dritten Anruf einer Freundin immer noch nicht sprechen will, dann ist das eben so, und ich hebe auch beim dritten Mal nicht ab.

Ich schaffe es auch, immer öfter zu sagen: Tut mir leid, aber das wird mir zu viel. Das ist immerhin etwas. Das ist eine Freiheit, die ich mir vorher selten zugestanden habe. Tut mir leid, ich kann nicht mitkommen, ich habe Krebs. Ich bedaure, deine Kinder kann ich heute nicht nehmen, ich habe Krebs. Sorry, aber mit meinem Krebs darf ich nicht beim Umzug helfen. Beim Weihnachtsfest im Turnverein trage ich mich selbstbewusst für eine Packung Lebkuchen in die Mitbringselliste ein statt für Nudelsalat oder Tiramisu, und in der Bahn fahre ich im ruhigen Behindertenabteil. Das ist nicht schlecht. Natürlich hätte ich lieber keinen Krebs und würde dafür eifrig bei der Kindergartenputzwoche schrubben. Ich habe aber auch das Gefühl, ich habe etwas Wichtiges dazugelernt. Jetzt, da ich gezwungen bin, auf meine Kräfte zu achten, meinen Körper zu schonen, fällt mir auf, welch wahnsinniges Pensum ich jahrelang absolviert habe, wie selten ich nein gesagt habe, immer aus Angst, ich könnte jemanden enttäuschen oder es könnte mir etwas übelgenommen werden.

Und das möchte ich nicht mehr. Der Krebs befreit mich für den Moment, und ich nehme mir hiermit fest vor, mich für die Zeit zu wappnen, in der ich wieder mehr Energie habe, in der ich vielleicht auch gesund bin. Ich will meine eigenen Wünsche und Grenzen mehr achten und nicht immer allen zu jeder Zeit zur Verfügung stehen. Ich möchte mir selbst mehr zur Verfügung stehen. Später lasse ich vielleicht einfach das »weil ich Krebs habe« weg und sage nur: »Sorry, aber das geht nicht.« Es wird wahrscheinlich Menschen geben, die sich dann wundern oder irritiert sind. Daran müssen sie sich eben gewöhnen. Ich möchte diese neue Freiheit nicht mehr missen. Das zumindest hat mir mein Krebsgefängnis gebracht. Andere Freiheiten überhaupt wahrzunehmen und sie mir zu nehmen. Das ist wohl so, dass sich im Gefängnis Freiheit auf anderer Ebene Bahn bricht. Wer hinter Gittern sitzt, entdeckt die Freiheit der Gedanken. Irgendwie muss man sich schließlich einen Ausgleich schaffen, um nicht verrückt zu werden.

7. Januar

Zwei Chemozyklen lang haben sich meine Haare nun tapfer an meine Kopfhaut geklammert, aber nun geht ihnen die Kraft aus. Meine Kopfhaut schmerzt, wenn ich mir mit den Händen durch die Frisur fahre, und seit das Gift durch meine Adern fließt, ist mein Haar stumpf und irgendwie farblos geworden. Es ist tot, das ist nicht mehr zu leugnen, und ich kann das leblose Stroh höchstens noch eine Woche mit mir herumtragen und auch nur, wenn ich den Kopf nicht bewege. Ich kann sie mir ohne Schmerzen büschelweise ausreißen, die abertausend Leichen auf meinem Kopf. Sie ekeln mich fast ein bisschen an. Wie stand das noch in diesem Betroffenenbuch: »Und dann hat mir mein Mann die Haare geschoren, und damit ich mich nicht so allein fühle, sich selbst gleich mit. Wir wurden eine lustige Glatzenfamilie, und für die Kleinen war ich trotzdem die schönste Mama der Welt.« Und wieder kein Ehemann da, der mich auch mit Glatze liebt und solidarisch, wenn auch für meinen Geschmack eine Spur zu pathetisch, sein Haupthaar opfert. Aber ich muss ihn jetzt loswerden, den Bob, ganz dringend. Und das ist eindeutig ein Fall für Martin, den kompetenten Freund in allen Lebenslagen.

Bereits eine Stunde später summt die Haarschneidemaschine in seiner Hand, denn plötzlich kann ich keinen Tag länger warten. Doro und Paula hocken nervös und gebannt auf dem Sofa wie vor einem spannungsgeladenen Actionfilm. Mein Herz klopft, meine Zehen kribbeln, doch anders als noch vor einigen Wochen im Friseursalon sehe ich heute einer Erleichterung entgegen. Kein Kloß im Hals, kein großer Abschied, keine Tränen.

Und dann spüre ich den kühlen, vibrierenden Metallaufsatz auf meiner Kopfhaut. Obwohl ich schon so viele Haare verloren habe, stehen meine Füße bald in einem blonden Meer. Bye-bye, lieber Bob. Du hast mir gute Dienste erwiesen, warst ein richtiger Freund, aber die Zeit zu gehen kommt für jeden irgendwann.

»Wie wär's, wenn wir so eine Achtzigerjahretolle vorne stehen lassen? Oder besser noch einen kleinen Iro in der Mitte wie Mr. T!« Ich wusste, Martin ist der richtige für diesen Job. Ich könnte ihn knutschen für seine miesen Scherze. Eine Strähne nach der anderen segelt auf den Parkettboden. Ich bin froh, dass jetzt gekommen ist, wovor ich mich schon so lange fürchte, gespannt auf mein neues Spiegelbild, traurig, weil es kein Zurück gibt, vielleicht eine Spur zu aufgedreht in der Summe.

Und dann ist sie da: Sinéad O'Connor in ihren besten Tagen! »Ich sag mal, wenn das jemand tragen kann, dann du«, sagt Martin. Und auch ich muss zugeben, dass mir mein Spiegelbild irgendwie gefällt. Ein bisschen ungleichmäßig vielleicht, und vorne hat er tatsächlich ein kleines Tim-und-Struppi-Büschel stehen lassen. Wie ein geschorenes Lämmchen, ein blasses Lämmchen mit stumpfen Augen. Und trotzdem hat dieses Wesen im Spiegel mehr mit mir zu tun als das, das mich noch vor ein paar Minuten angeblickt hat. Jetzt ist die Veränderung endlich auch außen angekommen. Und so seltsam das klingt, es befreit mich.

»Willst du mal meinen Stoppelkopf sehen? Ich sehe aus wie Sinéad O'Connor, wirklich!«

Jörn ist ein wenig befremdet, als ich kurz später, selbst von meiner Euphorie überrascht, ins Telefon rufe: »Du kannst das Playback schon mal vorbereiten, dann zeig ich's dir! Ich kann auch extrem authentisch traurig gucken.«

Zögern. Vielleicht traut er meiner Laune nicht. Aber dann spielt er mit. »Wenn du meinst, dann komm rüber.«

Ich wuschele mir über dem Waschbecken die letzten losen Haare vom Kopf und fische noch den standesgemäßen schwarzen Rollkragenpullover aus dem Regal. »Bin gleich wieder da, Pauli, du bleibst kurz bei Doro!« Ein paar Minuten später klingle ich an der Tür meines besten Freundes. Fast ein bisschen stolz bin ich auf mein neues Äußeres.

»Komm schon, mach mit. Ich bin die perfekte Sinéad. Den Song hast du bestimmt irgendwo.«

»Na gut, setz dich schon mal, ich hab's gleich. Ein bisschen nachrasieren könnte man allerdings schon noch.«

»Lohnt sich nicht. Außerdem sieht es so noch mitleiderregender aus.«

Als ich mich dann auf dem Display seiner Digitalkamera sehe, fühle ich mich stark und zerbrechlich zugleich. Anders.

Wie eine andere. Ich versuche mich zu konzentrieren, blicke in die Kamera und bewege meine Lippen zum Text der Musik. It's been seven hours and fifteen days … Ich weiß nicht weiter, verhaspele mich. Ich muss lachen. Wir lachen beide. »Das kannst du dann auf meiner Beerdigung zeigen, zur Auflockerung.« Er findet meine Bemerkung nicht lustig. Überhaupt nicht. »Ich fang noch mal an, aber geh raus, sonst schaffe ich es nicht, ernst zu bleiben.«

Dieses Gesicht! Sieht so ein krebskrankes Mädchen aus? Wie sieht denn ein krebskrankes Mädchen aus? Seit ich krank bin, muss ich ständig mein Gesicht anschauen. Das bin also ich. Jedes Mal wieder neu und doch immer gleich. Fremdes Ich.

It's been so lonely without you here. Ohne dich ist es auch ein bisschen einsam, Judith. Wer auch immer du bist, du da, gegenüber, du bist nicht die, die ich kenne.

Like a bird without a song. Ein Vögelchen ohne Federn und Stimme. Und schon wieder sind meine Augen feucht.

Nothing can stop these lonely tears from falling. Na ja, für das Video gar nicht schlecht. Hat Sinéad am Ende nicht auch geweint?

Went to the doctor guess what he told me, guess what he told me? He said, girl, you better have fun no matter what you do …

Ich fühle mich sicher hier in diesem Raum, weit weg von meiner eigenen Wohnung mit meiner niedergeschlagenen Familie. In der sich alles um mich dreht. Um mein Überleben. Endlich einmal nicht getröstet werden. Endlich lacht mal wieder jemand über mich, sagt mir, dass meine Scherze schlecht sind. Wahrscheinlich sind Mitleid und Trostbekundungen in diesem Moment so überflüssig, weil Jörn und ich dieselbe Erschrockenheit fühlen und dieselbe Angst. Ich spüre, wie wichtig er mir ist und wie gern er mich hat. Ich habe den besten Freund, den man sich vorstellen kann, das weiß ich plötzlich, und das ist ein so schönes Gefühl.

»Nothing compares to Judith« steht auf der CD, die ich an meine Brust drücke, als ich eine Stunde später wieder auf die Straße trete.

8. Januar

»Du sollst mich nicht hinbringen. Ich will mit Doro in den Kindergarten gehen!« Paula stampft entschlossen mit ihren Marienkäfergummistiefelchen auf.

»Doro muss in die Uni. Komm schon, Süße, wir schaffen das schon.«

»Aber du musst die Perücke aufziehen! Sonst komme ich nicht mit.«

Jetzt ist es also so weit, mein Kind schämt sich für mich. Ich dachte, dass hätte noch bis zur Pubertät Zeit.

»Muss ich überhaupt nicht, Paula. Die Perücke juckt. Beeil dich jetzt mal.«

Mein Gott, mein Kind schämt sich für mich! Schmollmund. Verzweiflungstränchen. Wutgeballte Fäustchen. Ist das einzusehen?

»Also gut, ich setze die Mütze auf, dann sieht man nichts. Und jetzt komm.«

Im Kindergarten ist alles wie immer. Der Türöffner funktioniert erst beim fünften Eintippen des Codes, Stolpern über Gummistiefel, »Hallo, Emmi, wow, schönes Pony!«, Reißverschluss klemmt, raus aus der dicken Schneehose, »Schatz, wo sind deine Hausschuhe?«, der Schweiß fängt an den Rücken herunterzurinnen, »Kann sich Lilly heute mit Paula verabreden?«, unter der Mütze wird es immer heißer, »Nein, heute passt nicht so gut«, die Luft ist ein bisschen dünn hier, »Komm, sag mir tschüs«, und nichts wie raus, »Warte mal, Judith, kommst du zum Elternabend? Hast du das Putzwochenende auf dem Zettel?«, »Äh, ja, ich glaub, ich muss mal raus, mir ist nicht so gut«, Stolpern über Gummistiefel, das T-Shirt klebt mir längst am Rücken, »Ich will dir noch zeigen, was ich gemalt habe!«, es juckt ganz furchtbar unter der Wollmütze, »Lilly will sich wirklich so gerne mal wieder mit Paula treffen«, es juckt wirklich unerträglich unter dieser Scheißmütze, »Mama, du sollst jetzt mal gucken!«, es geht nicht mehr, es geht einfach nicht mehr, »Paula kann zu Lilly, aber andersrum geht nicht«, Hand zum Kopf, Mütze runter, endlich Satzende und Punkt.

»Mama!« Punkt.

»Iiiihhhh! Paula, guck mal, deine Mama!« Punkt.

»Hey, Judith, bist du jetzt Frisurenmodell? Die waren doch gerade erst geschnitten?« Punkt.

Doppelpunkt: Ähh?!?

»Mütze auf, Mama!« Panik. Wuttränen.

»Ja, Mütze auf! Mütze auf!« Ein gefundenes Fressen für den kleinen fiesen Lars.

Und jetzt alle in Chor. Ein Dutzend singender Kinder und Paula mittendrin:

»Müt-ze auf! Müt-ze auf! Müt-ze auf!« Punkt, Punkt, Punkt.

Da ist er wieder, der dicke gnadenlose Mr. Kloß, der meinen Hals hochklettert und sich genau dort breitmacht, wo es am meisten weh tut. Ich bin wie gelähmt angesichts dieses Zwergenaufstands gegen mich. Meine Augen brennen. Mir fällt nichts ein, was ich sagen könnte. Bevor mir die Tränen kommen, will ich hier raus sein.

»Ich geh dann mal, Paula.«

Die kühle Luft auf der Straße tut gut. Was, bitte, war das eben? Immer schneller werden meine Schritte auf dem kurzen Weg nach Hause. Ich starre auf den Boden, um bloß keinem Blick mehr zu begegnen. Ich will in mein Bett, will mich verkriechen, zwischen Decke und Überzug schlüpfen und nicht mehr herauskommen. Wie war das noch? Kinder können grausam sein? Kindermund tut Wahrheit kund? Was ist nur los mit Paula? Ich bin es doch! Ihre Mama! Ich hasse diesen beschissenen Krebs. Ich will wieder ich sein. Die Mama, auf die Paula stolz ist, die auch die anderen Kinder gernhaben wie bisher. Jetzt haben sie Angst, von mir angefasst zu werden, finden mich eklig. Mein Gott, wie soll ich das alles nur aushalten?

»Judith, warte mal!« O nein, auch das noch. Das ist Lillys Mutter. Am liebsten würde ich einfach weiterlaufen. Stattdessen wische ich mir die Tränen mit dem Jackenärmel aus dem Gesicht und drehe mich ergeben um.

Und dann dieser Satz: »Judith, auch wenn es schmerzhaft ist, findest du nicht, dass auch Paulas Wünsche ihre Berechtigung haben?«

Paulas Wünsche? Kann es vielleicht irgendwann auch mal um mich gehen? Das ist ja schön, dass du wieder einen Pädagogikratgeber gefrühstückt hast, denke ich, aber es gibt auch Mütter mit eigenen Problemen und Gefühlen. Ich muss mir doch nicht von einer Vierjährigen mit Prinzessinnentick vorschreiben lassen, wann ich meine Perücke aufzusetzen habe? Ich habe nun mal Krebs. Ich will mich nicht verstecken müssen.

Doch statt zu protestieren, schneuze ich nur ausgiebig in das Taschentuch, das sie mir reicht.

Erst als ich mir meine Bettdecke über die Nase ziehe, fange ich an zu grübeln.

Vielleicht hat Sybille auch recht? Vielleicht bin ich zu egoistisch? Vielleicht ist es nicht richtig, Paula in eine solche Situation zu bringen? Vielleicht sollte ich ihr zuliebe doch diesen Mopp aufsetzen? Vielleicht habe ich nicht nur Krebs, sondern bin auch noch eine schlechte, egoistische Mutter? Vielleicht mache ich auch alles richtig, weil das Leben eben nicht nur rosa ist und auch Kinder das schon merken können? Vielleicht bin ich aber auch einfach überfordert, weil ich noch nie Krebs hatte und das mein erster Glatzengang in den Kindergarten war? Und vielleicht sollte ich nicht so oft »vielleicht« sagen, sondern mir eingestehen, dass wir eben nicht Barbie-Mutter und Little Shelly sind. Dass ich Krebs habe und mein Kind ebenso erschüttert ist wie ich. Dass alles neu ist und alles grausam. Dass, wenn ich uns nicht schütze, es niemand sonst tut.

Erst nachdem ich Paula am Abend zum dritten Mal beim Memory habe gewinnen lassen, hat sie meinen rasierten Schädel scheinbar endlich vergessen. Zeit für einen Versöhnungsdeal:

»Hör zu, Pauli, wir machen es so: Wenn wir zu Hause sind oder bei meinen Freunden, dann möchte ich keine Mütze oder Perücke tragen. Wenn ich dich in den Kindergarten bringe oder deine Freunde bei uns sind, dann setze ich irgendetwas auf den Kopf, ja? Vielleicht kannst du mir ja helfen, ein paar schöne Tücher auszusuchen? Ganz schicke, die Perücke mag ich nämlich nicht, weil sie kratzt. Was meinst du?«

Ich will sie zudecken, mich zu ihr kuscheln wie immer, mich vertragen, nach diesem traurigen Tag ihre Nähe spüren. Doch Paula zuckt nicht nur zusammen, als hätte ich ihr einen Hundert-Volt-Stromschlag verpasst, sondern fängt auch noch an zu brüllen. »Neeeiiiiin!!! Kein Kuss! Du darfst mir keinen Kuss geben.« Mit geballten Fäustchen schiebt sie mich weg und drückt sich ganz klein in der anderen Betthälfte zusammen, als säße eine hässliche giftige Spinne auf ihrer

Bettkante. »Paula, jetzt reicht es aber langsam, was ist denn mit dir los?«

»Weil du eklig bist. Ich muss brechen, wenn du mit der Glatze zu mir kommst. Hol Doro, ich will, dass Doro jetzt kommt!« Und während ich mein eigenes Kind nicht mehr erkenne, pladdert ein kleiner Sturzbach aus ihren wütend blitzenden Augen, und wie die Klinge eines Schlachtermessers bleibt ihr feindseliger Blick in meinem Brustkorb stecken.

Mein eigenes Kind findet mich scheußlich, will nicht von mir berührt werden, will mich nicht einmal ansehen. Zum zweiten Mal an diesem Tag suche ich in meinem Bett Zuflucht vor der Wut meiner Tochter und versuche, in dieses kleine Herz zu gucken, das mir gegenüber so kalt ist. Es ist doch kein Messer in meiner Brust, es ist ein riesiger spitzer Eiszapfen. Natürlich ist mir klar, dass sie das alles nicht verstehen kann. Wie auch? Ich habe mir die Haare abgeschnitten. Die schönen langen Prinzessinnenhaare, die sie so gerne gekämmt hat. Wie soll sie sich vorstellen können, dass sie mir sowieso ausgefallen wären? Sie muss denken, ich hätte das absichtlich gemacht, trotz all meiner Erklärungsversuche. Die kann ihr Köpfchen vielleicht noch logisch nachvollziehen, aber ihr Herz? Meins versteht es schließlich auch nicht. Ich muss ihr ganz fremd geworden sein. Ich sehe nicht nur furchtbar fremd aus, ich tue Dinge, die Paula nicht verstehen kann, die selbstzerstörerisch wirken, unsere kleine Welt zu einem unsicheren, unberechenbaren Ort machen.

Ich mache ihr Angst, dabei bin ich doch das Einzige, was sie hat, ihr Mutterkuchen, an dem sie mit ihrer Nabelschnur hängt, ohne den sie verloren wäre. Und trotzdem bin ich wütend. Sie soll doch nur zu mir halten, das kann doch nicht der Dank für jahrelanges Poabwischen sein. Auch ich brauche sie jetzt! Margret hat mir von einer Mutter erzählt, die jeden Morgen, bevor ihr Mann und ihre Kinder wach wurden, die Perücke aufgesetzt hat, damit ihre Lieben nicht erschrecken und alles aussieht wie immer. Wie die Frau in der Klinik, der ich auf dem Gang beim Telefonieren zugehört habe. »Ja, die Brust ist ab, aber der Expander ist schon drin. In ein paar Wochen kriege ich das Kissen, dann sieht man nichts mehr. Jetzt bekomme ich noch irgend so eine Therapie, und dann bin ich zweihundertprozentig safe. Was ich noch mache? Na, heute ist doch Freitag! Da gucke ich das, was ich immer am Freitag gucke, das mit den Geistern.« Alles klar. Manche sind also zweihundertprozentig safe und gucken weiter das, was sie immer freitags gucken. Das würde sich Paula wahrscheinlich auch wünschen. Spätestens nach drei Tagen wäre ich jedoch erstickt unter meinem Fiffi, an meinem falschen Lächeln und dem beschissenen Freitagsfernsehprogramm. Ich verstecke mich nicht, und ich werde niemanden belügen, auch nicht mich selbst. Ich will mich nicht schämen müssen für diese Krankheit, an der ich keine Schuld trage. Ich weigere mich, meinen Mitmenschen meinen Anblick und meine Sorge zu ersparen, denn ich kann die Einsamkeit dieser Lüge nicht ertragen und sehe überhaupt nicht ein, warum ich das Ganze alleine schleppen soll. Verzeih mir, kleine Seele, aber ich kann nicht anders, auch ich muss meinen Weg finden. Ich brauche Raum und Luft zum Atmen. Ich gebe dir den Raum, mich wegzuschicken, mich abzulehnen, ich habe ja gar keine andere Wahl, auch wenn es furchtbar weh tut. Gib du mir den Raum, auch dir meine Verletzlichkeit zu zeigen und schwach sein zu dürfen. Mein Bedürfnis nach Freiheit steht wie so oft deinem Bedürfnis nach Schutz gegenüber. Glaub mir, mein Schatz, ich tue alles, was ich kann, aber ich verkleide mich nicht. Ich gebe dir, was ich geben kann, meine Liebe, meine Zeit, meine Energie, aber nicht die Entscheidung über meinen Kopf. Meinen Kopf habe ich nicht zu vergeben.

10. Januar

Seit drei Tagen bin ich ein Glatzkopf. Ein Mädchen ohne Frisur. Gleich holt mich Jörn ab. Er nimmt mich mit ins Designer-Möbelgeschäft, teure Sofas angucken. Ich liebe so etwas. Aber kann man es auch als Glatzkopf lieben? Heute will ich kein Glatzkopf sein. Nicht, wenn ich auf einem teuren Sofa Probe sitzen will. Ich stopfe mir meine neue Gummibrust in den Prothesen-BH, der mit reizvoller Wäsche bedauerlicherweise nicht das Geringste gemein hat, und krame den Fiffi aus der Schublade. Kann ich wirklich dieses Teil aufsetzen? Das darf Paula jetzt nicht sehen, sonst zwingt sie mich immer zu diesem Ding. Ich ziehe mir die aschblonde Perücke über und zupfe den Scheitel zurecht. Ein bisschen fühlt es sich an, als würde ich etwas Verbotenes tun. Wie ein vorsätzlicher Täuschungsversuch, aber gleichzeitig weckt es eine unbestimmte Lust in mir. Aus dem Spiegel blickt mich wieder die Schaufensterpuppe an, nicht hässlich, nur ein wenig blass und ausdruckslos um die Nase. Aber ich gebe nicht auf, habe Blut geleckt, denn ich will gleich auf einem überteuerten Sofa sitzen und mich fühlen wie eine schöne und reiche Frau! Ein bisschen Wimperntusche und ein wenig Rouge. Schon besser. Aber dieser Haaransatz verrät mich. Ich setze mir eine Schirmmütze auf den Kopf, schlüpfe in die Jeans, die mir vor ein paar Wochen noch zu eng waren, und steige in meine High-Heels. Das ist es. Wer mich da aus dem Spiegel anlächelt, bin zwar nicht ich, aber eine ungeahnt schlanke, wohl frisierte junge Frau, die zweifelsfrei ein Recht darauf hat, eine ausgiebige Sofaberatung zu bekommen. Ich bin geradezu glücklich über mein neues Ich, mein anderes Ich. Heute kann ich den Scheißkrebs zu Hause lassen. Es klingelt und mein Herz macht einen kleinen Sprung.

Arm in Arm schlendern wir eine halbe Stunde später durch die Ausstellungshalle, und ich fühle mich plötzlich so befreit. Ich bin frei, diese Perücke zu tragen oder nicht. Ich bin frei, mich auf dieses oder jenes Sofa zu setzen, ich bin frei, gleich die Elbe zu sehen. Ich bin frei, weil nichts mehr seine alte Bedeutung hat und gleichzeitig alles wichtig ist. Ich bin frei, mein Leben noch einmal neu zu beginnen, weil morgen auf jeden Fall noch kommt.

»Wie findest du das kleine Graue?«, fragt Jörn.

»Das Graue? Ich bin eher für das Apfelgrüne da vorne. Grau war vorgestern.«

12. Januar

Mädchen in Partylaune, Musik, Bars, Clubs. Ich sehne mich so sehr nach alldem, und gleichzeitig habe ich furchtbare Angst davor. Ich habe Angst davor, mich ohne Haare ins Nachtleben zu stürzen. In meiner Krebsverkleidung meinen schützenden Bau zu verlassen. Ich habe auch Angst, all die Bekannten zu treffen, die vielleicht gerade einen neuen Job haben, einen neuen Freund, eine neue Frisur und denen ich dann entweder erzählen muss, dass mein neuer Lebensgefährte ein sich schnell teilendes östrogenabhängiges Karzinom ist, oder vorlügen, alles wäre bestens und ich hätte eben den Kopftuchlook neu erfunden. Aber schließlich kann ich nicht ewig Trauer tragen, und heute ist der Geburtstag meiner lieben Freundin Margret. Ich gehe einfach wieder als das Mädchen aus dem Einrichtungshaus.

Das braune Kleid mit den goldenen Blenden, ein passendes braunes Tuch, hohe Stiefel und große Ohrringe. Wenigstens erlaubt mir meine Krebsfigur ein sexy Outfit.

Ich binde die Tuchenden wie einen großen Dutt am Hinterkopf fest. So fällt es gar nicht auf, dass darunter keine Haare sind. Ist zwar vielleicht nicht gerade der letzte Schrei, aber eigentlich ganz passabel. Jetzt noch in die Maske, und dann bin ich gewappnet für den Ausflug ins Freie. Wenigstens sind mir Wimpern und Augenbrauen noch nicht ausgefallen, und da die letzte Chemo und damit auch die letzte Kortisondröhnung schon zehn Tage her ist, hat meine Gesichtsfarbe von kreischendrot wieder zu blassgrünlich gewechselt, und auch meine Wangen sehen nicht mehr aus wie mit Watte ausgestopft. Ich lange etwas tiefer als gewöhnlich in den Farbtopf, und nach zwanzig Minuten tuschen und pinseln sehe ich fast ein bisschen mondän aus. Meine Mutter, die dieses Wochenende wieder zu Besuch ist, übernimmt den Kinderdienst und verabschiedet mich besorgt und gerührt zugleich.

Mein Herz klopft, als wir in die bestellten Taxis steigen. Wie vor einem ersten Date. Und das ist es in gewisser Weise ja auch. Ein erstes Date zwischen meiner kahlen Karzinompersönlichkeit und dem Hamburger Nachtleben.

Maggi sitzt neben mir und drückt meine Hand. »Ich bin so froh, dass du mitkommst.«

»Ja, ich auch. Aber sei nicht böse, wenn ich früh schlapp mache.«

»Na klar. Aber das wollen wir erst mal sehen.«

Eine halbe Stunde später schleiche ich bereits, den anwesenden Herren pauschal zulächelnd, mit meinen Spielchips in der Hand um die Tische. Das Glas Begrüßungschampagner tut sein Übriges, und ich fühle mich gut, denn ich spüre die Blicke der Anzugträger. Ich bete, dass mich dieses Gefühl nicht verlässt. Ich bin zwar krank, und ich kann sterben, aber jetzt bin ich da. Jetzt habe ich ein tolles Kleid an, und das gibt mir Kraft.

Faszinierend diese seltsame Welt, glamourös und schäbig zugleich. Konzentration und Nervosität in den Gesichtern. Stumpfe und leuchtende Augen. Eine schrill gekleidete Asiatin legt anscheinend völlig unbeteiligt einen Fünfhunderter-Chip nach dem nächsten auf dem Roulettetisch. Der Herr im dunklen Dreiteiler, der so breit wie hoch ist, übt sein Pokerface vergebens. Ein Balanceakt zwischen Spiel und Ernst. Genau der richtige Ort für dieses erste Date. Eine Ansammlung von menschlichen Kuriositäten, zwischen denen ich mich wunderbar aufgehoben fühle, dazugehörig und doch isoliert. Und diese Isolation gibt mir die Freiheit, mich auf das Spiel einzulassen. Ich setze mal hier, mal dort, schäkere mit Fremden, fühle mich wie eine Romanfigur. Und ich lache. Ich habe Spaß!

Nach zwölf geht es weiter auf die Reeperbahn. Die ein oder andere verabschiedet sich nach Hause, aber ich habe noch Kraft, will nicht schon wieder zurück ins Krebsland.

Ich reihe mich hinter meinen Freundinnen in die Schlange vor dem Clubeingang ein. Um das Alphatierchen zu spielen, fehlt mir doch der Mut. Gerade als sich meine schweren Glieder wieder melden, schiebt der Türsteher den schweren Vorhang für uns zur Seite, und die Musik, die mir entgegenschwappt, flutet meinen Körper mit Energie.

Plötzlich bin ich in meinem Element, als wäre ich nie fort gewesen. Nachdem wir uns in einer Sofaecke ein Hauptquartier eingerichtet haben, bin ich die Erste auf der Tanzfläche.

Ich tanze. Ich renne. Die Tunes fließen ineinander, und ich werde mitgerissen.

Darauf, dass mein Körper vollgepumpt ist mit Zytostatika,

kann ich keine Rücksicht nehmen. Wer weiß, wie lange ich das alles noch haben kann. Wie lange meine Sinne noch so wach sind.

Das schummrige Dunkel, die Säulen stickiger Luft in bunten Lichtkegeln, alles vibriert, alles bewegt sich. Ich genieße die Anonymität der Nacht. Dass ich hier vermutlich die einzige Person mitten in einer Chemotherapie bin, macht mich ausnahmsweise kein bisschen einsam. Die Realität verschwimmt zu einem bunten Kreisel aus Farben und Tönen.

Wer weiß, was morgen früh auf den Typen wartet, mit dem ich jetzt über die Tanzfläche wirbele? Wer weiß schon, ob an der coolen Barfrau unten dem hippen Dress noch alles dran ist? Hier hat keiner eine Geschichte. Ich nicht, er nicht, sie nicht. Morgen existiert genauso wenig wie gestern. Alle sind nur hier, nur jetzt. Alle feiern das Leben. Und ganz besonders ich. Mit Glitzern im Bauch und jeder gesunden Zelle. Und meinetwegen auch mit jeder entarteten. Soll er doch ruhig mittanzen, der Krebs. Im Moment bin ich nicht mal ihm böse.

Schon nach kurzer Zeit bin ich völlig außer Atem, aber sitzen kann ich später.

»Alles klar?«, fragt mich der hübsche Typ, der seit ein paar Minuten neben mir tanzt.

»Ja, alles gut. Meine Kondition könnte nur mal wieder ein bisschen Auffrischung gebrauchen.«

»Ich bin Tim, und wie heißt du?«

»Julia.« Ich schüttle die verschwitzte Hand und wundere mich über mich selbst. Julia? Seit wann heiße ich denn Julia? Vielleicht, seitdem ich merke, dass sich gleich mein Magen umdreht und ich mir schnellstmöglich einen Weg hier raus bahnen sollte, wenn ich mich nicht mitten auf der Tanzfläche übergeben will. Ein tonloses »Bin gleich wieder da«, bevor ich mich gerade noch rechtzeitig schwindelig vor Anstrengung und Übelkeit auf die Toilette rette.

Ja, ja, schon gut. Ich erinnere mich. Ich bin todkrank. Immerhin brauche ich niemanden, der mir die Haare aus dem Gesicht hält.

Natürlich weiß ich, dass das alles für meinen Körper ein bisschen viel ist. Vielleicht auch viel zu viel. »Legen Sie sich in die Badewanne, verwöhnen Sie sich mit einem schönen Hautöl, und gönnen Sie sich die Ruhe, die Sie brauchen.« O-Ton meiner lieben Psychoonkologin gestern Nachmittag. Mag ja sein, dass das hier nicht in den empfohlenen Therapieplan passt, aber wenn ich nicht ausgehen kann, tanzen kann, mich fühlen und leben kann, dann ertränke ich mich irgendwann noch in meiner Entspannungsbadewanne. Da hilft auch kein ätherisches Pflegeöl. Schließlich muss ich mich zumindest ab und zu daran erinnern, wofür ich diese Tortur auf mich nehme, warum das Leben so schön ist. Das ist bestimmt genauso wichtig wie die ganze Chemie.

Und das hier, das ist wie nach einer Rohkostdiät eine Schokotorte vom Konditor mit einem großen Löffel direkt aus der Pappschachtel schaufeln. Es ist so schön hier auf dieser Welt, das kann mir ein bisschen Kotzen nicht nehmen. Man kann schließlich nicht darauf setzen, dass im Himmel auch noch solche Partys gefeiert werden.

Eine kleine Atempause auf dem Klodeckel gönne ich mir noch, dann rücke ich meine Kopfbedeckung zurecht und stürze mich wieder ins Getümmel.

Schäkern, lachen, tanzen, flirten, und bald schon wird es draußen hell.

Gegen halb fünf obsiegt dann doch die Vernunft, beziehungsweise unterliegen meine schweren Beine, und ich reihe mich in die müde Garderobenschlange ein. Der dröhnende Bass lässt genau über mir einen kleinen Tropfen unter der

Decke zittern. Einen kleinen Tropfen Kondenswasser, der sich nun löst und mir zum Abschied auf die Stirn klatscht. Ein kleiner Tropfen ausgeschwitzter Lebensfreude. Wenn das mal kein Zeichen ist.

Ein wenig schwach auf den Beinen, aber glücklich trete ich auf die Straße. Die Luft riecht ein bisschen nach Schnee und neuem Morgen.

Ein betrunkener Nachtschwärmer stolpert mir ungeschickt vor die Füße. Ich lächle vergebend, schließlich bin ich das sexy Mädchen aus dem Einrichtungshaus. Aber leider belässt er es nicht bei einem Antwortlächeln. Er mustert mich von oben bis unten und lallt lautstark: »Warum hast du denn ein Tuch auf dem Kopf? Hast du da keine Haare drunter?«

Und dann sind sie weg. Die Sicherheit. Die Verliebtheit ins Leben. So unbeschwert und frei ich mich eben noch gefühlt habe, so brutal trifft mich plötzlich die Realität mit ihrer Eisenfaust.

Auf Wiedersehen, schöne Frau. Hallo, Judith, da bist du ja wieder. Mit deinem Glatzkopf, deiner fehlenden Brust, deinem Loch im Herzen.

Der Taxifahrer ignoriert meine Tränen und dreht das Radio ein bisschen lauter. Wieder eine Irre mit Liebeskummer oder sonst einem hysterischen Anfall. Und es ist tatsächlich Liebeskummer. Weil ich mein Glück und meine Liebe zum Leben und zu mir selbst bei diesem Penner auf der verdreckten Reeperbahn habe stehen lassen.

Als ich mit vor Erschöpfung zitternder Hand den Schlüssel möglichst geräuschlos im Haustürschloss drehe, hasse ich ihn wieder, den Krebs. Wo wir doch gerade so schön zusammen getanzt haben. Er ist und bleibt eben ein beschissener Verräter.

Es ist dieser Bruch, mit dem ich nicht klarkomme. Ich weiß gar nicht, was eigentlich real ist und was nicht. Real ist, dass ich eine fünfundzwanzigjährige Frau mit einer tödlichen Krankheit bin. Real ist, dass mein Kind wieder nachts ins Bett macht aus Angst, ich könnte es verlassen. Real ist aber auch, dass ich mich heute Nacht phantastisch gefühlt habe, und irgendwie bekomme ich das alles nicht zusammen. Wer bin ich denn jetzt eigentlich? Für den Moment bleibt von meinem glitzernden Film jedenfalls nicht mehr als ein diffuses dumpfes Gefühl.

Im Morgengrauen legt die entthronte Königin der Nacht nicht nur das verschwitzte Kleid ab, sondern die rechte Brust gleich mit dazu und kriecht zu ihrem schnarchenden Kind ins Bett. Gute Nacht, Cinderella. Morgen werden wieder Erbsen sortiert.

13. Januar

Schlaf schön, Paula.«

»Gute Nacht, Mama.«

»Kuss?«

»Weiß nicht. Nein, kein Kuss, nur noch mal einwickeln.«

»Na gut. Ich hab dich lieb. Träum was Schönes.«

»Warte, Mama! Doch ein Kuss. Aber mit Augen zu.«

»Augen zu?«

»Wegen der Glatze.«

»Also erstens ist das noch überhaupt keine richtige Glatze, die kommt erst noch, und zweitens finde ich das ein bisschen gemein von dir. Aber gut, wenn du meinst, dann mach die Augen zu. Bei drei knutsche ich dich. Eins, zwei uuund … he, Paula, du hast ja heimlich geguckt!«

»Nein, hab ich nicht!«

»O doch, ich hab's genau gesehen, du hast geblinzelt, und dafür gibt es jetzt noch einen Strafkuss!«

»Neeiin, nicht vom Glatzenmonster!«

»O doch. Von genau dem. Eins, zwei …«

16. Februar

Wieder öffne ich die Tür zur onkologischen Ambulanz und spüre, so paradox es klingt, etwas wie Erleichterung. Auch wenn ich auch heute wieder Angst habe vor der fetten Nadel, die gleich durch meine Haut in den Port unter meinem Schlüsselbein gestochen wird, Angst vor der Übelkeit, dem Schwinden meiner Kräfte, dem nächsten Schlag mit dem Holzhammer, fühle ich mich besonders in diesen Räumen. Wenn sich die schwere Glastür hinter mir schließt, schließt sie die Welt aus. Lässt sie den Alltag draußen, in dem ich zu funktionieren habe, lässt die Menschen draußen, die nicht ahnen können, wie es mir geht, lässt die Zeit draußen, die erbarmungslos rennt und rennt, der ich hinterherhetze und die ich doch nicht einholen kann. Hier bleibt sie endlich einmal stehen.

Ich lasse mich in den weißen Sessel im Eingangsbereich fallen, lächele die anwesenden Frauen wissend an, sage ja zu dem grünen Tee, der mir zwar nicht schmeckt, der aber so gesund sein soll, und warte darauf, dass mir ein Zimmer zugewiesen wird, in dem ich meinen Chemiecocktail bekomme. Und spätestens jetzt fällt etwas von mir ab – und das ist nicht nur das drückende Kopftuch.

Hier kann ich sein, wie ich mich fühle. Matt, müde, krank. Und weil ich es sein darf, fühle ich mich gleich besser. Erschöpfung wird zu Kraft. Angst zu Mut. Eine andere Zeitzone, ein Paralleluniversum. Was draußen gerade noch wichtig war, ist längst bedeutungslos, und gleichzeitig schwebt hier eine andere Bedeutsamkeit unter der Decke. Der Schritt durch diese Tür ist ein Schritt in eine andere Welt. Eine traurige, aber auch eine authentische, eine tröstende, eine erlösende Welt. Und zwischen mir und den anderen Krebsfrauen gibt es eine Geheimsprache, die draußen keiner verstehen kann. Codewort: Karzinom.

Als ich das erste Mal hier war, hat mich die Fröhlichkeit der Frauen völlig irritiert. Ich konnte nicht verstehen, warum, zur Hölle, die Damen mit den Schläuchen in der Brust kichern und schäkern. Hallo? Geht's noch? Wir haben doch alle Krebs! Schon vergessen? Aber jetzt habe ich auch mein Lachen zurück, und genauso wie für Oma Hansen und Oma Müller ist dies hier ein Raum des Fallenlassens für mich geworden. Wer kichern will, kichert, wer weinen will, weint. Und meistens wird eben gekichert.

»Wenn Sie das hier endlich geschafft haben, verleihe ich Ihnen die Tapferkeitsmedaille.« Frau R., die Brustschwester, biegt mit dem für mich bestimmten Tropf um die Ecke. Dass ich statt alle drei Wochen im Vierzehntagerhythmus hier auflaufe, hat zur Folge, dass ich das Vergnügen mit immer anderen Patientinnen habe. Heute, bei Nummer vier, bekomme ich das Zimmer hinten rechts und mache es mir in dem wunderbaren elektrisch verstellbaren Fernsehsessel bequem. Die Damen, und somit wohl auch ich, sehen immer rührend mickrig aus in diesen überdimensionalen Plüschmonstern, aber sie sind bequem. Der drückende kurze Schmerz des »Anstechens« ist überstanden, und solange die Kochsalzlösung den Port durchspült, mir das Antikotzmittel und meine Kortison- und Selenaseportion verabreicht werden, kann ich mich noch entspannen und den Smalltalk mit der üppigen, mit einer blonden Lockenperücke ausstaffierten Leidensgenossin rechts neben mir aufnehmen. In der Regel reicht ein vorsichtiges Lächeln aus, um die Schleusen für die Lebensgeschichten und Anekdoten meiner in die Jahre gekommenen Mitpatientinnen zu öffnen. Und dieses Mal habe ich richtig Glück:

»Meine Nachbarin sagt, ich sei noch nie so gut frisiert gewesen!«, lacht die Blondgelockte und hängt ihre Perücke ganz nonchalant über die Stuhllehne. Und dann beginnt sie zu erzählen. Von ihrem Leben und von ihrem behinderten Sohn, den sie alleine aufzog. Sie erzählt, als läse sie einen Roman vor. Davon, wie sie ihren Jungen im Rollstuhl vor dem Supermarkt stehen ließ, weil er so gerne die Tauben beobachtete, und von den fremden Menschen, die sie dafür wüst beschimpften. Mit ihrer Reibeisenstimme erzählt sie von ihrer Arbeit als Krankenschwester und davon, dass sie ihren Jungen irgendwann doch weggeben musste, da er zu schwer wurde, als dass sie ihn selbst auf die Toilette hätte schaffen können. »Ich bin halt ein Ochse, mich haut so schnell nichts um. Nur eine Sache ist wirklich scheiße. Ich war immer alleine, und immer habe ich mich durchgekämpft. Aber jetzt weiß ich nicht, wo ich sterben soll.«

Ein Leben streift das andere, und die Berührung lässt wie in einem Trailer auf großer Leinwand Bilder und Szenen aufleuchten. Und so unterschiedlich jedes einzelne Leben auch sein mag, hier, gebettet in braunem Plüsch, angeschlossen an piepsende Apparate und Giftbeutel, ist unsere Schnittstelle. Hier darf jedes Leben so zerbrechlich und verletzlich sein und wird gleichzeitig beschützt wie nirgendwo sonst.

Die Infusionen sind durchgelaufen, und Frau R. stöpselt auf die Chemiekeule um. »Bitte sehr, Ihr Campari.« Die rote Flüssigkeit sieht tatsächlich wie Campari aus, auch wenn der Vergleich ein wenig hinkt. Als nach einer Dreiviertelstunde, zugebracht mit »Gala«-Lesen, denn meine eloquente Nachbarin ist eingeschlafen, der Inhalt der halben Flasche in mir verschwunden ist, muss ich dringend pinkeln. Irgendwo muss die ganze Flüssigkeit ja hin.

Ich ziehe mich an meinem Tropf hoch und schleiche auf wackligen Beinen mit meinem fahrbaren Begleiter in das extrem großzügige – weil, na klar, behindertengerechte – Badezimmer. Und da steht sie dann. Diese furchtbar arme junge Frau, alterslos, vielleicht Mitte zwanzig. Ich blicke ihr in die glanzlosen Augen, die wie kleine dunkelblaue Käferchen tief in schwarzen Höhlen sitzen. Als hätte man irgendwo den Stöpsel gezogen, und alle Farbe wäre wie in einem Comic aus ihrem Gesicht gelaufen. Ein Gesicht kann wirklich grünlich sein! Da steht sie also mit ihrem blassgrünlichen, fahlen Gesicht, der ebenso blassen Glatze, dem stöckchendürren, sehnigen Hals, der aus einer zu großen Sportjacke ragt. Sportjacke mit Zipp, weil man ja an den Port rankommen muss. Die weißknochige Hand um die Tropfstange geklammert. Mein Gott, wie kann das Leben so grausam sein? Ob sie jemals getanzt hat? Ob sie jemals hübsch ausgesehen hat? Ob sie jemals geflirtet und geküsst hat? Schwer vorstellbar. Und wenn, dann bestimmt längst vergessen.

Ich will ihr zunicken, aus Unsicherheit, und da nickt sie auch. Ich will ihr zulächeln, aus Mitleid, und da lächelt sie auch. Ich will ihr die Hand entgegenstrecken, aus Loyalität, und da streckt auch sie die Hand aus. Ich will sie greifen, um ihr ein bisschen Halt zu geben, und da – klatscht meine Hand gegen den Spiegel.

Hoppla. Aua. Stimmt, das soll ja ich sein.

Und?

Hast du getanzt?

Geküsst?

Ich weiß es nicht mehr.

Einhändig lasse ich die Hosen runter, stelle gleichgültig den Vorteil von Joggingklamotten fest und meide beim Händewaschen und Hinausgehen den Blick in die Augen. Das hab ich mir von den Menschen auf der Straße abgeguckt. Und tatsächlich, es wirkt. Macht ein bisschen freier.

Nach einer knappen Viertelstunde – so lange braucht man mit Gummibeinen und Tropfstange bis zur vier Meter entfernten Toilette und wieder zurück – sinke ich erschöpft zurück in meinen übergroßen Omasessel und vergrabe mich wieder, allerdings mehr zur Tarnung als zur Lektüre – denn für heute habe ich genug gehört –, in der Zeitschrift, bis mir die Buchstaben vor den Augen verschwimmen und bis auch ich einnicke. Als mich Frau R. sanft an der Schulter rüttelt, ist mir übel und heiß. Die blonden Plastiklocken samt meiner neuen Freundin sind nicht mehr da. Hoffentlich wird sie wieder gesund.

Nachdem mir Frau R. mit einem schmerzhaften Ruck die Nadel aus dem Port gezogen hat, brauche ich noch eine ganze Weile, um Kräfte zu sammeln, um aufzustehen und mit meinen bleiernen Beinen den Fußweg nach Hause und schnurstracks in mein Bett anzutreten.

Was für eine seltsame Welt.

Zwei Stunden später kullern meine Tränen auf Jörns Brust. Er hat Paula für mich aus dem Kindergarten geholt, und während sie jetzt hoffentlich zufrieden ihre Kuscheltierparade in ihrem Zimmer aufbaut, kann er sein T-Shirt bald auswringen. Ich bin so erschöpft. Ich will nicht mehr. Ich bin so hässlich, so entstellt, so einsam. Meiner Weiblichkeit und körperlichen Würde beraubt, verstümmelt und vergiftet und so unendlich traurig. Das hier ist kein selbstmitleidiges Gewinsel. Nein, das ist Traurigkeit. Echte Traurigkeit, dunkelgrün, von tief innen, in jeder Faser meines Körpers.

Er hat sich zu mir ans Bett gesetzt und streichelt mir über den kahlen Kopf.

»Du wirst wieder gesund. Und dann bekommst du auch dein Gesicht wieder, deinen Körper, deine Haare. Glaub mir. Ich weiß das.«

»Woher willst du das wissen? Und was nützt es mir, wenn ich in zehn Jahren wieder aussehe wie ich selbst. Ich bin nicht mehr ich selbst. Ich will jetzt leben! Ich bin noch nicht einmal sechsundzwanzig! Außerdem bin ich in zehn Jahren wahrscheinlich sowieso schon tot.«

Lautes Schluchzen. Jämmerliches Schluchzen. Mein Brustkorb ist so eng, ich bekomme kaum Luft. Mein Herz tut weh. Es ist eingeschnürt mit dickem Paketband. Tausendmal umwickelt und halb zerquetscht. Es kann kaum schlagen.

Weißt du, wer die Amazonen waren?«

Schluchzen. Schniefen.

»Ja, klar. Das ist doch der Klassiker, kannst du in jedem beschissenen Emanzen-Krebs-Buch lesen. Was hab ich davon?«

»Na ja, die Amazonen waren eben Kämpferinnen. Ein kämpferisches Frauenvolk. Sie sollen unglaublich schön und stark gewesen sein, und damit sie besser mit Pfeil und Bogen schießen konnten, haben sie sich die rechte Brust ausgebrannt. Die schönsten und stärksten Frauen erkennt man heute noch daran, dass ihnen die rechte Brust fehlt, ehrlich wahr.«

»Ha, ha.«

»Komm schon, ich will doch nur, dass du den Mut nicht verlierst. Du musst an dich glauben, an deine Gesundheit. Es geht vorbei, und dann wirst du wieder tanzen gehen. Ich weiß das. Ich glaube ganz fest daran. Bitte, tu es auch.«

Ich wische mit dem Ärmel den Rotz ab.

»Ich versuch's.« Mehr um das Gespräch zu beenden als aus

Überzeugung. »Du, ich glaube, ich muss jetzt schlafen. Bleibst du noch ein bisschen und schaust nach Paula?«

»Klar.«

Seine streichelnde Hand auf meinem Kopf beruhigt mich. Ich bin so dankbar für diese warme, streichelnde Hand. So dankbar und so müde. Die Augen fallen mir zu. … Vielleicht bin ich ja doch eine Amazone … Und dann bin ich plötzlich nicht mehr in meinem nass geheulten Bett … Es ist ganz warm auf meiner Haut. Keine Deckenwärme. Sonnenwärme. … streichelnde Hände sind streichelnder warmer Wind … Weggeträumt … Ich sehe einen wunderschönen Wald … ganz weit weggeträumt … Sattes Grün, lebendige, hohe alte Bäume. Tanzende Seen flüssigen Lichts auf einem dicken, weichen Teppich aus Moos und Schlüsselblumen. Es ist fast still, aber die Vögel sind zu hören, ganz weit oben in den Baumwipfeln. Die Luft ist so frisch, so klar, jeder Atemzug bringt Leben. Ich liege unter einem riesigen Baum, der schon immer hier gewesen zu sein scheint. Lebenspendender Vater des Waldes. Durch seine Blätter hindurch wärmt mich die Sonne, das Moos unter meinem nackten Körper ist ganz warm und weich. Mit jedem Atemzug schließen sich meine Wunden, glätten sich meine Narben und verschwinden schließlich. Meine Brüste sind wieder rund und weich, meine Muskeln stark, meine Haut fest und sonnengebräunt. Aus meiner Kopfhaut schießen kräftige, weizenfarbene Locken. Breiten sich wie ein Wasserfall über dem grünen Waldboden aus, wachsen wie Wurzeln über die warm-feuchte Erde. Und dann bin ich nicht mehr im Wald. Plötzlich bin ich in mir drin. Eine Amazonen-Königin in Miniaturausgabe in meinem eigenen ruhenden Körper. Ich bin nicht alleine. Auf einmal kommen sie von überall geritten. Auf kräftigen weißen Stuten mit silberlockiger Mähne. Amazonen. Kriegerinnen, bewaffnet mit Lanzen und Pfeilen. Hunderte. Tausende. Versammeln sich um mich. Ich hebe mein Schwert, und schon stieben sie davon. Preschen in alle Richtungen, in jeden Winkel meines Körpers, um zu kämpfen und zu töten. Ihre Lanzen und Speere bohren sich zielsicher in die grauen, wabbeligen Monster, die versuchen, sich an meine Knochen zu kleben, die sich in meine Organe bohren wollen, sich verstecken möchten in den kleinsten Winkeln und Falten. Doch sie sind chancenlos. Sie verrecken elendig. Aufgespießt … Igitt.

Ich bin so unendlich müde, aber ich kann mich auf sie verlassen, auf mein Amazonenvolk. So stark, so schön … denn sie kämpfen für mich. Ich kämpfe für mich.

Und jetzt schlaf, Träumerchen. Morgen ist alles schon ein bisschen besser.

17. Februar

»Mama, ich brauche meinen Einkaufsladen.«

»Ach, Schnecke, der ist auf dem Dachboden, den kann ich jetzt nicht holen.«

»Ich brauche ihn jetzt aber! Du sollst ihn holen.«

»Paula, ich kann ihn nicht holen, ich bin zu schwach, das schaffe ich nicht.«

»Du musst aber, ich brauche ihn jetzt! Immer ruhst du dich nur aus, das ist gemein. Ich will sofort meinen Einkaufsladen! Und du sollst endlich wieder Haare haben!«

»Komm mal her, Paula, ich will dir mal was erklären. Siehst du den kleinen Baum da draußen neben dem Parkplatz? Der hat überhaupt keine Blätter mehr. Der steht da im kalten Wind, hat keine Blätter und langweilt sich wahrscheinlich. Vielleicht friert er, und hübsch sieht er auch nicht gerade aus mit seinen kahlen Zweigen. Aber weißt du was? Wenn der Frühling kommt, dann fängt das Bäumchen wieder an zu leben. Dann kommen die Blätter und die Blüten. Dann wird ihm ganz warm in der Sonne, und er kann mit den Bienen und Vögeln spielen. Und genau so geduldig, wie der Baum jetzt darauf wartet, dass der Winter vergeht, so geduldig müssen wir jetzt auch sein. Ich verspreche dir, wenn der Baum wieder Blätter hat, dann wachsen auch meine Haare wieder und kommt meine Kraft zurück. So sicher wie die Bienchen im Sommer zum Baum zurückkommen, so sicher spielen wir bald alles, was du willst, und dann hole ich dir auch deinen Einkaufsladen. Hab ein bisschen Geduld mit mir, Paula, mein Schatz. Wir schaffen das schon. Der Baum denkt bestimmt auch manchmal, der Frühling kommt nie wieder, aber wir wissen ja, dass er kommt. Also kommt auch bei uns wieder eine bessere Zeit. Los, such dir ein Buch aus, und wir lesen eine Geschichte. Das bekomme ich hin.«

20. Februar

Bereits mit der dritten Infusion habe ich die Bekanntschaft mit einer weiteren unliebsamen Nebenwirkung meiner Therapie geschlossen, die mich von nun durch die nächsten Jahre begleiten wird: die Wechseljahre. Von einem Tag auf den anderen quittieren meine Eierstöcke den Dienst, und es wird heiß trotz versiegender Libido. Denn alle paar Minuten explodiert ein rotglühender Feuerball in meinem Bauch, der mir eine gewaltige Hitzewelle durch den ganzen Körper jagt. Binnen Sekunden bin ich klitschnass, ist mein Kopf knallrot angelaufen und sind meine Fußsohlen herdplattenheiß.

Es ist aus und vorbei mit meiner Hormonproduktion, wo ich doch erwiesenermaßen so ein Wunder an Fruchtbarkeit bin! Ich ziehe mich also fünfmal am Tag um, reiße mir nachts die verschwitzten Klamotten vom Leib, um kurz darauf auf meiner feuchten Matratze zu frieren und mich wieder anzuziehen, bis mich die nächste Wallung aus unruhigen Träumen reißt.

Während die einen Schleimhäute austrocknen, entzünden sich die anderen immer mehr. In meinem Mund haben sich offene Stellen gebildet, die sich nur durch ständiges Gurgeln dieser widerlichen Mundspüllösung einigermaßen in den Griff bekommen lassen. Dummerweise wird mir schon vom bloßen Geruch schlecht. Ein bisschen wie in der Schwangerschaft ist das, nur viel stärker. Es gibt Dinge, die ich nicht einmal riechen kann, ohne dass mir speiübel wird, geschweige denn essen. An manchen Tagen kann ich nur trockenes Brot zu mir nehmen, dann wieder muss ich unbedingt Countrypotatoes mit Sour Cream und Apfelstrudel haben, und an anderen Tagen geht nur schonend gegartes Gemüse. Doch bei allem habe ich noch Glück. Ich erhole mich ein paar Tage nach der Infusion so weit, dass ich Paula alleine versorgen, mich um unser Essen kümmern, sogar einmal die Woche zu einer sanften Yogastunde gehen kann. Ich muss dank der Wundertabletten nicht ständig kotzen, und meinen rechten Arm kann ich fast wieder normal benutzen, auch wenn ich im Oberarm noch ein taubes Gefühl habe. Vorsorglich gehe ich zweimal die Woche zur Lymphdrainage, damit sich auch in Zukunft kein Ödem, also kein Lymphstau, bildet. Die Lymphdrainage ist richtig angenehm, wie eine kleine Streichelkur. Die Physiotherapeutin massiert, drückt und streicht an meinen Armen und meiner Brust herum, während ich für eine göttliche halbe Stunde einfach die Augen schließen darf. Mit Abstand meine Lieblingstherapie, trotz der

Überwindung, mich mit nacktem Oberkörper auf den Rücken zu legen.

Wenn es meine Energie erlaubt, widme ich ein, zwei Stunden am Tag meinem Lernstoff. Ich habe mich entschieden, als Erstes die mündliche Literaturprüfung in Angriff zu nehmen, da fühle ich mich am sichersten. Fontanes Berliner Gesellschaftsromane kann ich gut in der Badewanne lesen, während ich Pottwal spiele. Ein bisschen Sekundärliteratur nach dem Aufstehen, und den Rest denke ich mir im Zweifel aus. Irgendwie wird das schon gehen. Meine Ärzte und Mitpatientinnen halten mich für verrückt, dass ich mir das alles gleichzeitig antue. Aber das ist mein Band zur Normalität, zum Leben davor und hoffentlich danach. Nicht das einzige, aber ein wichtiges. Ich plane ein Leben danach. Will mit dem Ende der Chemo auch mein Examen in der Tasche haben, ein Examen erhöht vielleicht die Chance, dass mein Leben auch nach dem Krebs weitergeht. Dass es ein Leben nach dem Krebs gibt, in das es sich lohnt zu investieren. Was auch immer kommt, besser, ich bin vorbereitet. Wenn das alles hier vorbei ist, dann will ich frei sein. Dann will ich in die Karibik verschwinden oder sonst irgendwo hin, meinen Körper in die Natur betten und meinen Haaren beim Wachsen zusehen, anstatt in der Unibibliothek zu verstauben. Der Preis für diese Aussicht ist hoch, aber ein weiteres Ziel erleichtert den Weg. Es gibt eine neue Zeitrechnung. Nicht immer nur von Chemo zu Chemo, sondern auch von Prüfung zu Prüfung. Keine Zeit für Verdummungsfernsehen und lethargisch an die Decke stieren, Luhmann wartet, und mit ihm vergehen die Tage weitaus schneller als mit Olli Geißen oder dem Geheimnis der Walgesänge.

Und wenn ich nach allem noch ein kleines bisschen Kraft habe, holt mich meine Freundin Nadine zum Joggen ab, wobei Joggen ein bisschen zu viel gesagt ist. Ich jappele dann mit hängender Zunge ein paar hundert Meter im Volkspark hinter ihr her, bevor wir erst mal ein Päuschen auf einer Parkbank einlegen müssen und dann gemächlich zurück zum Auto spazieren. Aber immerhin, meine onkologischen Freunde in der Ambulanz sind stolz auf mich, und ich habe das Gefühl, meinem Körper etwas Gutes zu tun, wo er so gnadenlos unter Beschuss steht.

An die ständige Müdigkeit und die fehlende Kraft habe ich mich schon fast gewöhnt. Ich kann mich an vieles gewöhnen, auch wenn es schwer ist. Doch jeden Abend vor dem Schlafengehen versetzt mir der automatische Griff an den Hinterkopf, an dem es schon lange kein Zopfband mehr zu lösen gibt, einen Sich ins Herz. Und auch am nächsten Abend greife ich aus alter Routine wieder dort hin, und wieder ist dort nichts. Ich vermisse das nette Mädchen aus dem Spiegel manchmal so sehr, dass es kaum zu ertragen ist. An die Traurigkeit gewöhne ich mich nicht. Sie ist immer da, was immer ich tue, wie ein grauer Schleier, der mich einhüllt. Ich glaube, an die Traurigkeit kann man sich nicht gewöhnen.

Wenigstens hat sich Paula ein bisschen gefangen. Sie kuschelt wieder mit mir und ist wieder ein kleines bisschen fröhlicher. Allerdings macht mir ihre neuerliche Bettnässerei Sorgen. Nicht nur, weil es uns den Schlaf raubt, sondern auch, weil ich befürchte, dass sie all das nicht verarbeiten kann und ich ihr nicht die Ansprechpartnerin sein kann, die sie jetzt bräuchte. Immerhin arrangiert sie sich langsam mit meiner Veränderung. Sie hat geschluckt, dass ich die Perücke nicht tragen möchte, und nimmt sie stattdessen zum Spielen in den Kindergarten mit. Mit einer so tollen Perücke wird man schnell zur Heldin in der Puppenecke, und als ich sie gestern abholen kam, hat sie den Mopp gerade stolz an ihre Freundin Malin verliehen. So leistet er uns doch noch gute Dienste.

Auch auf meine Prothese ist sie, glaube ich, mittlerweile

ein bisschen stolz. Ist ja schließlich etwas Besonderes. Zumindest lässt sie gerne vollbesetzte Busse oder die gesamte Umkleidekabine im Turnverein am Wissen um ihre Existenz teilhaben. »Auf welcher Seite ist noch mal dein Gummibusen?«, ruft sie mir dann durch den Raum zu und zwickt mir zum Beweis ein paarmal kräftig in die gefühllose Brust. Und auch wenn mir schon das ein oder andere Mal die Schamesröte ins Gesicht gestiegen ist, so bin ich doch froh, dass Paula mich wieder annehmen kann und nicht mehr bestrafen muss für all meine Gebrechlichkeiten und meinen skurrilen Look. Jetzt muss ich das nur noch selbst schaffen.

3. März

Heute kommt der Sozialfuzzi von der Diakonie, um einzuschätzen, ob ich bedürftig genug bin für eine krankenkassenfinanzierte Haushaltshilfe. Und was mache ich? Ziehe meine beste Jogginghose an, binde mir einen schicken Turban, räume noch schnell die Spülmaschine ein und kehre mit den Socken ein paar Wollmäuse und Kekskrümel unters Sofa, anstatt so arm wie möglich zu wirken. Mal wieder siegt der Stolz. Man kann schließlich nicht wissen, dass die Person, der man gleich die Tür öffnet, ein auf den ersten Blick unsympathischer Mensch ist, Typ Staubsaugervertreter, mit schlaffem, schwitzigem Händedruck. Es hätte auch ein netter Mensch sein können, vor dem man sich hätte schämen müssen in einer verbeulten Schlafanzughose und mit einem krümeligen Boden.

Der hagere Herr also packt aus seiner Aktentasche einen sauberen Stapel Formulare, anhand deren ich nun meine

Hilfsbedürftigkeit beweisen muss. Beantwortet sich die Frage nicht schon anhand der Fakten? Offensichtlich nicht, denn nachdem ich ihm einen Platz und einen Kaffee angeboten habe (man kann ja doch nicht aus seiner Haut), sagt er frech: »Nun erzählen Sie mal. Wo drückt denn der Schuh?« Wo der Schuh drückt? Ich hoffe, mich verhört zu haben, aber sein verkniffen-bemühtes Lächeln unterstreicht den völligen Ernst seiner Frage. »Die Schuhe passen, außer Pantoffeln brauche ich ja derzeit nichts, aber ich habe Krebs, versuche mein Examen zu bestehen und muss mich gleichzeitig um mein Kind und diese Wohnung kümmern.«

»Ach, dann geht es ihnen doch so gut, dass Sie studieren können? Die Behandlung scheint in den letzten Jahren tatsächlich ganz verträglich geworden zu sein.« Und beim Rundgang durch die Zimmer dann: »Das ist aber eine ganz schön große Wohnung! So eine hätte ich auch gerne.«

Ach ja? Wir können ja tauschen, Sie nehmen die Wohnung und den Krebs, und ich ziehe in Ihre Butze. Ich könnte schon wieder heulen. Da dringt dieser Mensch in mein Zuhause ein, ich muss ihn von meinem Leiden und meiner Überforderung überzeugen, und statt Empathie gibt's Immobilienneid. Das ist doch nicht zu fassen. Wenn ich sie nicht so gut gebrauchen könnte, die Haushaltshilfe, würde ich diesen Herrn hier mit einem Tritt in seinen verknöcherten Arsch durch die schöne große Tür befördern. Der Gedanke jedoch, mal wieder durch meine Wohnung zu laufen, ohne mit den Socken an den Dielen festzukleben, und ab und zu die Einkaufstüten nach oben geschleppt zu bekommen, ist bei aller ersehnter Unabhängigkeit zu verlockend. Ich frage mich allerdings, woher dieser Holzklotz von einem Mann wissen will, wie es mir geht, wie viele Schokoriegel Paula am Tag in den Teppich einmassiert und wie viele Ladungen Wäsche mir ihr Bettnässen bescheren? Woher will er wissen, wie es beim Bettenmachen in meinem Arm reißt und wie schwindelig mir beim Bücken nach Playmobilfiguren wird? Wenn er nicht ganz blind ist, müssten ihm das chaotische Kinderzimmer und der marmeladenverzierte Kühlschrank allerdings schon erzählen, was hier wirklich los ist, auch ohne dass er mich danach fragt.

Ich präsentiere trotzdem mit einem rasselnden Husten noch einmal meine angeschlagenen Bronchien (zur Sicherheit) und ziehe meinen letzten Trumpf: das Badezimmer, in dem man unter Bergen dreckiger Wäsche, Zahnpastaflecken und sandigen Fußabdrücken Größe 27 kaum mehr die Fliesen erkennen kann.

Endlich beendet er seine Inspektion und kritzelt mit konzentrierter Kinderschrift irgendetwas auf seine Zettel. Vielleicht: »Junge Frau behauptet todkrank zu sein, sieht aber verdächtig frisch aus. Wohnung zu groß, Hausverwaltung im möglichen Todesfall kontaktieren!«

Nach zwanzig Minuten hat er wohl alles gesehen, was er sehen musste, um sein Urteil über meine Lebensumstände zu fällen. Was für eine Farce. Er streckt mir noch einmal die schwitzig-schlaffe Hand entgegen und bemüht sich, seinem Stichmund zum Abschluss eine leichte Krümmung nach oben zu befehlen. »Ich denke, zweimal zweieinhalb Stunden pro Woche können wir Ihnen zusagen. Ich kann allerdings nicht versprechen, dass immer dieselbe Dame zu Ihnen kommt, wir haben gerade furchtbar viel zu tun. Aber das sollte nicht das Problem sein.«

»Nein«, sage ich, erleichtert, dass sich gleich die Tür hinter ihm schließen wird, »kein Problem. Sehr großzügig. Herzlichen Dank für den Besuch und auf Wiedersehen.«

»Ja, Wiedersehen. Wenn es Probleme gibt, bin ich immer für Sie da. Und wie, sagten Sie noch, heißt Ihr Vermieter?«

4. März

Dr. T. ist Psychologe für Kinder schwerkranker Eltern. Meine Freundin Sophie hat mir seine Telefonnummer gegeben. Und auch wenn mein Krebsterminkalender schon ziemlich voll ist, will ich nichts unversucht lassen und sitze nun diesem jungen, freundlichen Menschen gegenüber, dem ich schon dankbar bin, bevor er auch nur ein Wort gesagt hat, und zwar dafür, dass er lächelt und nicht die Lippen zusammenpresst zu diesem Blick, mit dem die Menschen glauben, Mitleid zu bekunden und Mut zu machen. Begleitet wird dieser bescheuerte Blick gerne auch von einem kurzen, herzhaften Zwinkern mit beiden Augen und einem kleinen Nicken. Danke, Dr. T., dass Sie nicht zwinkern und nicht mit heruntergezogenen Mundwinkeln lächeln, danke, dass Sie mich einfach nur freundlich anblicken, als wäre ich ein normaler Mensch.

Und dann hört mir zum ersten Mal wirklich jemand zu, als ich meine größte Angst laut ausspreche. Ich will und muss das endlich einmal sagen, denn das gutgemeinte »Sag doch so etwas nicht« oder »Das darfst du nicht mal denken« meiner Freunde hilft mir nicht mehr weiter. Ich will mit jemandem darüber sprechen, dass ich vielleicht sterbe. Und hier sitzt einer, der hält es aus, hier sitzt einer, der erklärt den Gedanken an meinen möglichen Tod für legitim und spricht mit mir über ein Mädchen, das vielleicht bald eine tote Mutter hat. »Wenn Sie Zeit haben, dann gehen Sie doch mal zum Jugendamt und lassen sich beraten. Nicht aus Pessimismus, sondern einfach aus Fürsorge. Bringen Sie in Erfahrung, was Sie im Notfall zu regeln hätten und welche Möglichkeiten es für Ihre Tochter geben würde, falls Sie irgendwann nicht mehr da sein sollten. Ich kann mir vorstellen, dass Sie das beruhigen könnte.« Ja, sage ich, vielleicht mache ich das. Ich würde wollen, dass Paula bei meiner Schwester lebt, da würde sie geliebt werden und umsorgt und ordentlich erzogen. Ja, bei Doro sollte sie wohnen, auf keinen Fall bei ihrem Vater, den kennt sie kaum und der hat andere Prioritäten.

Ich heule binnen dieser Stunde, die viel zu schnell verfliegt, seinen gesamten Kleenex-Vorrat auf. Doch so schmerzhaft dieses Gespräch ist, so reinigend und stärkend ist es auch. Und dann gibt er mir noch eine Einsicht mit, die mein Leben schlagartig um ein paar Tonnen leichter macht: »Frau End, Ihre Aufgabe ist nicht, Ihrem Kind die perfekten Bedingungen zu schaffen. Das geht überhaupt nicht. Dass Ihr Kind ohne Vater aufwächst, sie krank geworden sind, Ihre Zukunft nicht abgesichert, noch nicht einmal gewiss ist, das liegt im Moment nicht in Ihrer Hand, und darum geht es auch nicht. Es geht darum, Ihr Kind innerlich bestmöglich auszustatten, um mit den Umständen, die sich nicht beeinflussen lassen, das Leben, so gut es geht, zu meistern. Das ist Ihre Aufgabe als Mutter. So fragil Ihre Lebenssituation auch ist, Sie können versuchen, Ihrem Kind innere Stabilität zu geben.«

Wir vereinbaren einen Termin für Paula in der kommenden Woche. Selbst wenn sie, wie ich schon jetzt befürchte, kein Sterbenswörtchen mit ihm sprechen wird, so entlässt der Kinderpsychologe jetzt immerhin eine zwar unsagbar traurige, aber auch erleichterte und um ein paar wichtige Gedanken reichere Mutter. Als ich durch belebte Einkaufsstraßen den Weg nach Hause nehme, bin ich froh über den Regen, der sich mit meinen Tränen mischt. Zu Fuß ist der Weg eigentlich zu lang für meine weichen Chemo-Knie, aber ich brauche jetzt Luft und kann auf keinen Fall in einen der überfüllten Busse steigen, selbst wenn bei meinen momentanen

Blutwerten nasse Füße gleichbedeutend mit einer Bronchitis sind. Ich muss jetzt den Himmel sehen, obwohl mir seine dicken grauen Wolken entgegenweinen und er keinen Trost für mich übrig hat. Das bewegte Spiegelbild, das ich in den Schaufensterscheiben sehe, irritiert mich. Denn die junge Frau, die ich sehe, kenne ich kaum noch. Ich bin eine krebskranke Mutter, die die Versorgung ihres Kindes im eigenen Sterbefall planen soll. Meine Angst und meine Trauer sprengen in diesem Moment alles bisher Dagewesene, jede Dimension, weil ich ihn in mein Herz gelassen habe, den schlimmsten aller Gedanken. Und trotzdem gehen die Menschen einfach so an mir vorbei. Schleppen ihre Einkaufstüten, ziehen kleine Kinder hinter sich her oder schimpfen mit ihren Hunden. Eine dicke Frau pult sich im Bushäuschen einen Kaugummi von der Schuhsohle, und ein paar picklige Halbstarke vergleichen ihre Handys. Wie kann das sein? Wie können alle so tun, als wäre alles normal? Als hätte ich keinen Krebs? Als könnte ich nicht sterben? Ich will sie anhalten. Will sie am Kragen packen und schreien: Helft mir doch! Ich muss leben für mein Kind! Jetzt lass doch mal den scheiß Kaugummi und tu irgendetwas, damit ich nicht sterbe. Aber niemand dreht sich nach mir um. Niemand fühlt, was ich fühle. Hier hört jeder nur sein eigenes Lied.

5. März

»Mama, Luna sagt, dass Krebs gar nicht so schlimm ist.«

»Luna hat keine Ahnung.«

»Ich finde das gemein, dass sie das sagt, und gelacht hat sie auch.«

»Sie weiß es halt nicht besser.«

»Weil es eben doch schlimm ist. Weil man sterben kann, stimmt's?«

»Stimmt. Da haben wir ja auch schon drüber geredet. Das heißt aber nicht, dass ich sterbe, das weißt du ja.«

»Ich weiß. Es ist ja auch nur so doof mit dem Krebs, weil du eben meine Mama bist. Also wenn irgendein anderer Krebs hätte, dann wär es nicht so schlimm, wenn der stirbt. Nur bei dir ist es eben so doof.«

»Na ja, es ist immer schlimm, wenn jemand an Krebs stirbt. Jeder hat ja eine Familie und Freunde, die dann traurig sind. Aber ich weiß schon, was du meinst.«

»Ich meine nur, wegen dem Vorlesen und so und wegen Spiegeleier machen und Kuscheln. Das kannst du halt am besten.«

»Klar kann ich das am besten. Ich hab dich ja auch am meisten lieb. Aber weißt du, du sollst nicht so viel Angst haben, dass ich weggehe. Ich gehe nicht weg, und wenn überhaupt, dann nicht jetzt und nicht in nächster Zeit. Wir können ja mal überlegen, wer noch gute Spiegeleier machen kann und kuscheln. Nur zur Not natürlich.«

»Ja. Und Luna ist nicht mehr meine Freundin.«

»Ach Quatsch. Woher soll Luna denn wissen, wie das ist, wenn man so dolle Angst hat? Sie meint das nicht böse. Ganz viele Erwachsene wissen das noch nicht einmal und sagen dumme Sachen, wenn man krank oder besonders traurig ist.«

»Aber morgen spiele ich nicht mit Luna! Und die Perücke darf sie auch nicht ausleihen.«

»Nee, die Perücke kriegt sie nicht. Da muss man schon ein bisschen was verstehen vom Krebs, wenn man die Perücke haben will.«

»Genau.«

»Spiegeleier?«

»Ja!«

6. März

Höchstwahrscheinlich macht das Totsein gar keinen Unterschied. Ich meine, wenn Totsein wie Vollnarkose ist, und ich bin fast sicher, dass es so ist, dann ist es für die tote Person im Grunde völlig egal, dass sie tot ist. Denn dann ist schließlich alles egal, weil man nichts merkt. Gar nichts. Nada. Nothing. Unendliches schwarzes Loch. Eigentlich kein Grund zur Panik. Vor der Ewigkeit könnte man noch Angst haben, davor, dass man nie wieder aufwacht, nie, nie wieder. Aber auch das ist unlogisch, denn die Ewigkeit ist wurscht, wenn man sie in absoluter Vollnarkose verbringt. Die Ewigkeit ist eine Sekunde lang, und noch nicht mal ist nichts, ist ewig und egal, wenn man tot ist. Das Problem ist nur, ich kenne nichts außer Leben. Lebendig sein, das ist der einzig denkbare Zustand. Vorher war auch Tod, und es war egal. Nachher wird genauso, und trotzdem haben wir alle so eine Angst. Ich habe einfach immer noch eine Scheißangst.

7. März

Heute ist der Tag meiner ersten Prüfung. Eigentlich dachte ich, dass ich jetzt, wo ich lebensbedrohlich krank bin, die Sache etwas lockerer nehmen würde, aber so ist es leider nicht. Hier sitze ich ein letztes Mal auf der unbequemen Bank vor dem Sprechzimmer von Prof. L., warte ein letztes Mal darauf, hereingebeten zu werden, und höre meinem Herzen beim Klopfen zu. Ich bin so aufgeregt, dass ich alle paar Minuten aufs Klo muss, und denke an die Geburt von Paula, dieses Ereignis, bei dem ich auch keine andere Wahl hatte, als es einfach hinter mich zu bringen. Das Kind musste irgendwie raus, da gab es keine andere Möglichkeit. Und durch diese Tür muss ich unausweichlich irgendwie hindurch, auch hier gibt es keine andere Möglichkeit. Obwohl ich ganz gut vorbereitet bin, habe ich furchtbare Angst zu versagen. Scheint so, als traute ich meinem Hirn mittlerweile genauso wenig wie meinem Körper. Wenn doch schon alles vorbei wäre! Mein Gott, Judith, was bist du denn so unsicher? Weil du als Kahlkopf da rein musst? Weil dich dein nettes Lächeln nicht retten kann? Welche Bedeutung hatte diese verfluchte Landpartie bei Fontane noch gleich? Gerade war doch noch alles da! »Frau End bitte.« Also los. Go ahead. Mach dich gerade und zeig, dass du zumindest partiell noch funktionierst. Prof. L. drückt herzlich meine schwitzige Hand. »Wie geht es Ihnen?« – »Ach, ganz gut. In einer halben Stunde hoffentlich noch besser.« – »Sie bekommen das sicher gut hin. Und meinen Respekt haben Sie so oder so. Wir plaudern jetzt eine halbe Stunde, und dann sind Sie entlassen und kümmern sich wieder um wichtigere Dinge.« Er ist ein Herzchen, dieser Prof. L. Vielleicht schadet so ein Tuch auf dem Kopf ja gar nicht in einer Prüfung. Wer würde schon ein armes Würmchen reinreißen wollen? »Wir fangen mit den Gesellschaftsromanen Fontanes an und sprechen im Anschluss über die Migrantenliteratur. Erklären Sie doch zu Beginn mal, was es mit dem Begriff der Verklärung auf sich hat.«

Okay, Judith, durchatmen, durchatmen, Blick heben und Mund auf: »Verklärung betrifft den subjektiven Teil des Dichter-Ichs und meint bei Fontane nicht Verschönerung oder Verharmlosung, sondern das Transparentmachen der bloßen Tatsächlichkeit auf den menschlichen Gehalt hin. Wenn Fontane ein ›verklärtes‹ Bild des Lebens fordert, heißt das, dass die Beziehung des Autors zur dargestellten Wirklichkeit selbst zum Moment literarischer Gestaltung wird. Es soll nicht um Nachahmen, sondern um Neuschaffen gehen. Also nicht um ein Abbild, sondern den Versuch einer Antwort auf Fragen, welche die geschichtlich-gesellschaftliche Situation stellt …« Der Kugelschreiber des Beisitzers kratzt auf seinem Block, kleine Staubpartikel glitzern im Sonnenlicht, und die schwerbeladenen Bücherregale, die Tausende von Leben und Geschichten in sich versammeln, verbreiten auf einmal eine unendliche Ruhe. Ich höre einfach meiner eigenen Stimme zu. »… in ›Frauen, die sterben, ohne dass sie gelebt hätten‹ beschreibt Saliha Scheinhardt das Gefängnis als einen Ort neuer Freiheit und Emanzipation. Paradox, aber in der Gefangenschaft baut die junge Türkin eine neue Identität auf …« Die kleine Uhr auf dem Schreibtisch tickt leise. Ich ruckele mich noch einmal auf dem gepolsterten Holzstuhl zurecht, und wie im Flug ist plötzlich die Zeit abgelaufen. Als Prof. L. noch einmal meine mittlerweile nicht mehr ganz so schwitzige Hand drückt, werde ich fast ein bisschen traurig darüber, dass ich heute ein letztes Mal auf der unbequemen Bank vor seinem Sprechzimmer gewartet habe. »Herzlichen Glückwunsch. Ich kann Ihnen mit bestem Gewissen ein »sehr gut« geben. Nicht wichtig, ich weiß, aber vielleicht ein kleiner Trost. Und sagen Sie, wären Sie so nett, mir irgendwann, vielleicht in zwei Jahren, mal eine Karte zu schreiben, damit ich weiß, dass es Ihnen gutgeht?« – »Versprochen«, sage ich, gerührt von diesem klugen Mann, der sich eine Postkarte von mir wünscht, weil ihm mein Leben etwas bedeutet. Und da ist noch etwas. Ganz langsam breitet er sich warm und wohlig in meinem Bauch aus. Mein kleiner großer Sieg. Ich habe es geschafft! Trotz allem habe ich es geschafft! Ich kann mich immer noch auf mich verlassen. Ich kann mit keinem blonden Pferdeschwanz mehr wedeln und auch nicht mit den Wimpern klimpern. Aber alles Wichtige ist noch da. Ich habe meine Gedanken und meine Sprache. Alles Wichtige ist noch da.

8. März

Hast du dir eigentlich gemerkt, was ich dir über den Arzt erzählt habe, der hier arbeitet, Paula?« Wir sitzen das erste Mal gemeinsam in Dr. T.s Wartezimmer und obwohl ich sicher bin, das Richtige zu tun, indem ich ihm Paula vorstelle, drückt etwas Schweres auf meine Brust, und ich fühle mich ganz elend. Ich schleppe meine kleine Tochter zu einem Seelenklempner. Mit gerade einmal vier Jahren. Wieder ein Beweis, dass uns etwas wirklich Furchtbares passiert sein muss. Paula hat auch schon Lunte gerochen und betrachtet nur vorsichtig das Puppenhaus im Wartezimmer, statt sich darauf zu stürzen. »Du hast gesagt, dass ich alleine reingehen soll«, sagt sie und guckt mich böse an.

»Das meine ich nicht. Ich meine, dass das ein Arzt für die Seele ist. Jemand, dem man alles erzählen kann, was man will. Wovor man Angst hat, worüber man sich ärgert, Geheimnisse, wenn man will. Und er sagt es niemandem weiter. Du bist ja nicht krank, also musst du eigentlich auch nicht zum Arzt. Aber wenn du mit jemandem reden willst, vielleicht über den Kindergarten oder über mich, dann kannst du das mal mit Dr. T. versuchen, der ist nämlich ganz nett und kann super zuhören.«

»Aber du kommst mit?«

»Ja, ich komme erst mal mit. Und dann bin ich hier, und du kannst immer kommen, wenn du es doof findest.«

Wir werden aufgerufen, und ich führe eine zu recht skeptische Paula an der Hand in das Therapiezimmer eines Kinderpsychologen für Härtefälle. Kann das sein?

Doch mein ungutes Gefühl verfliegt, als wir Dr. T. gegenübersitzen. »Du bist also Paula, schön, dich kennenzulernen.« Er lächelt, aber Paula lächelt nicht zurück. »Wen hast du denn da mitgebracht?« Paula antwortet nicht, drückt ihren Dumbo nur ein bisschen fester an ihre Brust. »Verrätst du nicht, wie dein Elefant heißt?« Nein, verrät sie nicht. Und auch nicht, wie alt sie ist, und auch nicht, ob sie in den Kindergarten geht, und auch nicht, wie ihre Freunde heißen. Ihre kleine Hand bildet einen Schraubstock um meine Finger, und selbst die vielen Figuren, die Dr. T. jetzt aus einer Schachtel zaubert, entlocken ihr keine Gesichtsregung und kein Wort. Ob sie etwas zeichnen wolle? Nein. Ob sie lieber mit den Figuren spielen und etwas Hübsches aufbauen möchte? Nein, auch nicht. Gar nichts will sie, nur Mama das Blut in der Hand abdrücken.

»Ist es denn in Ordnung, wenn deine Mama für ein paar Minuten nach draußen geht? Uns fällt bestimmt etwas Schönes ein, das wir spielen können.« Dr. T. gibt nicht auf, und zumindest ist jetzt sicher, dass Paula ihre Stimme nicht im Wartezimmer vergessen hat, denn sie brüllt: »Nein! Mama muss hierbleiben!« Herrje, was mache ich denn da? Ich will meinem Kind doch helfen, und jetzt setze ich sie schon wieder so einer abwegigen Situation und einem ihr völlig fremden Onkel Doktor aus, der zwar hoch motiviert, aber ohne die geringste Aussicht auf Erfolg versucht, Paulas Gunst zu gewinnen.

»In Ordnung«, beschwichtigt Dr. T. »Mama bleibt hier. Aber wenn du auf ihrem Schoß sitzen bleiben kannst, dann malst du ihr vielleicht ein schönes Bild, wäre das nicht eine gute Idee?«

Beim Anblick des Zeichenblocks und der verlockend großen Schachtel Buntstifte, vielleicht aber auch, weil sie diesem verzweifelten Frage-Antwort-Spiel endlich ein Ende bereiten will, erklärt sich Paula schließlich bereit zu malen, was Dr. T. ihr aufträgt.

»Du malst einfach deine ganze Familie. Aber nicht als Menschen, sondern als Tiere. Kannst du das?«

Zehn konzentrierte Minuten später schiebt sie stumm ihr Werk über den Tisch. »Und wo bist du?« Ein kleiner Zeigefinger tippt zaghaft auf einen pummeligen pferdeähnlichen Vierbeiner in der Mitte des Blattes. »Der Esel.«

»Und wer ist das da im Baum, das Eichhörnchen?«

»Doro.«

»Ist das ein Fuchs oder eine Katze da unten im Gras?«

»Omi.«

»Und Mama, wo ist die?«

»Hier.« Fast hätte ich den geschwungenen Bleistiftstrich übersehen, auf den Paulas Fingerchen nun wandert. Ganz oben in der linken Ecke, da, wo für gewöhnlich eine lachende Sonne aufs Bild hinabguckt, fliegt ein grauer Vogel. Fast fliegt er aus dem Bild heraus, fast sieht man ihn nicht, denn er besteht nur aus zwei dünn gezogenen Bogen.

»Und warum fliegt Mama da oben?«

Schulterzucken. »Können wir jetzt nach Hause?«

Ich habe mit allem Möglichen gerechnet, Walross, Nacktmulch, Blauwal, aber ein beinahe unsichtbares Vögelchen auf dem Weg aus der Welt? So kann sie mich doch nicht wirklich sehen! Wie soll denn das Eselchen glücklich und satt werden, wenn seine Mutter eine Schwalbe ist, die sich in Richtung Nichts davonmacht?

Als sich Paula auf das Anziehen ihrer Schuhe konzentriert, beantwortet Dr. T. notdürftig meinen fragenden Blick.

»Könnte sein, dass sie sie öfter als gedanklich abwesend erlebt, als ein Wesen, das anders als die anderen Tiere seine Bodenhaftung eingebüßt hat. Augenscheinlich hat sie Verlustängste, was ja nur logisch ist. Auf der anderen Seite fliegt der Vogel auch über dem Esel. Der Esel sieht zufrieden aus, und vielleicht weiß er auch, dass der Vogel von da oben über ihn wacht.«

Ich glaube, ich höre nicht richtig. »Von oben über ihn wacht? Ich bin doch nicht tot!«

»Ich meine doch nur, dass sie weiß, dass Sie auf sie aufpassen, auch wenn Sie derzeit geschwächt sind und sich sehr viel um sich selbst kümmern müssen.«

»Also, ich weiß nicht. Wenn der Vogel wenigstens einen Heuballen im Schnabel hätte, aber …«

»Fertig!«, unterbricht uns Paula, deren Elan mit Aussicht darauf, gleich dieses Zimmer zu verlassen, zurückgekehrt scheint.

»Rufen Sie an, wenn Sie einen neuen Termin möchten. Ich bin nicht sicher, ob Paula bereit ist, sich hier zu öffnen, aber wir können es gerne weiter versuchen.«

»Ich überlege es mir.«

Auf dem Weg zum Bus nehme ich es an die Hand, mein geliebtes Eselchen. »Und«, frage ich, »was meinst du?«

»Doof«, sagt sie schlicht, und damit ist das Thema gegessen. Und: »Spielen wir das Gespensterspiel zu Hause?«

»Na gut. Aber nicht, bevor ich uns einen großen Topf Nudeln gekocht habe mit schön viel Speck und Parmesan!« Ob wir noch einmal zurückkommen oder nicht, weiß ich noch nicht. Aber diese Versorgungsunfähige-Schwalbe-Nummer kann ich nicht auf mir sitzen lassen.

10. März

Ich ziehe mir meine Mütze tief ins Gesicht und trete mit gemischten Gefühlen den Weg zur nächsten Chemo an. Gemischt, weil ich mich einerseits freue, in wenigen Stunden wieder einen Haken auf den Chemozettel an meiner Wand machen zu können, und mich gleichzeitig wieder fürchte vor der Entkräftung, der Übelkeit, dem ekelhaften Gefühl, wenn das Kortison mir die Hitze in den Kopf treibt. Ich gehe zu Fuß, Fahrrad fahren kann ich nach der Infusion nicht mehr. Als ich zur Abwechslung mal vom Asphalt aufschaue, überquert eine junge Frau mit einer großen Kunstmappe unter dem Arm vor mir die Straße. Es ist nicht die Mappe, die meinen Blick gefangen nimmt, auch nicht ihr bunt gemusterter Rock. Es ist das bunte Tuch, das sie um den Kopf trägt, und noch nicht einmal das. Es sind der kahle Nacken, die flache Stirn, die mir verraten, dass unter diesem Tuch kein Haar ist. Da ist also noch eine. Es hat noch eine getroffen. Was für eine arme Frau, denke ich, ein Krebskopf, der genauso aus der Welt gefallen ist wie ich. Jetzt trägt sie die Mappe unter ihrem Arm, vielleicht ist da ihr altes Leben drin. Vielleicht ist sie Künstlerin, und all die Menschen, die sie nicht vorher kannten, sehen nur eine Patientin, genauso wie sie in mir auch nur eine Patientin sehen und sonst nichts. Was für eine Ungerechtigkeit. Hallo, Schwester, was immer du hast, ich wünsche dir Glück. Schade, dass sie mich nicht bemerkt hat, ich hätte gerne ein wissendes Lächeln verschenkt und hätte auch gerne eins bekommen, bevor ich zwischen den Omis meinen Platz an der Nadel einnehme.

Und dann, eine Stunde später, bekomme ich es doch noch.

Denn als meine Selenase gerade durchgelaufen ist und Frau R. den Giftbeutel anstöpselt, steht sie plötzlich in der Tür.

»Das glaube ich nicht! Gerade habe ich dich auf der Straße gesehen und mir noch gedacht, ob du vielleicht genauso ein Pechvogel bist wie ich! Und jetzt bist du da.«

Sie heißt Linn, ist nur drei Jahre älter als ich, vierte Chemo, Vier-Zentimeter-Tumor, HER2 und Hormon negativ. Was man eben so als Erstes austauscht, wenn man sich in der Onkologie kennenlernt. Zwischen all den grauen Perücken sind ein paar leuchtend rote Lippen und ein junges Gesicht eine wirkliche Wohltat. Und während das Gift in uns hineinfließt, quasseln wir bei unserem grünen Tee heiter über Amputation, Kotzanfälle, Haarausfall. Weil Linns Tumor so groß ist, bekommt sie erst Chemo und wird dann operiert, sie muss auch keine Antihormontherapie machen, aber ihr Tumor scheint recht aggressiv zu sein, denn er ist sehr schnell gewachsen. Und auch wenn unser Thema hier fast ausschließlich der Krebs ist, so wissen wir beide, dass unter unseren Tüchern ein ganzes Leben versteckt liegt, und das tut gut. Bevor wir schließlich nach Hause wanken, tauschen wir Telefonnummern aus. Und sowenig ich ihr den Krebs wünsche, so froh bin ich doch, nicht alleine zu sein mit meinem Interesse an Lippenstiftfarben und attraktiven Assistenzärzten hier im Krebsland.

13. März

Was auch immer das da unter meiner Haut ist, es ist ganz weich, als wäre es aus Samt. Ein Blütenblatt, ich glaube, es ist ein Blütenblatt, in das ich mich gekuschelt habe.

Das Blütenblatt einer Tulpe vielleicht. Und warm ist es hier. Wunderbar warm, so ein rosafarbenes warmes Licht, das sich im Blütenkelch sammelt und mich wärmt, von innen und von außen. Der Blütenkelch, der mich umfängt, ist so gemütlich rosa-warm und süß, dass ich nie wieder aufstehen und irgendwo anders hingehen möchte. Aber wo ist das Baby? Ich weiß, ich müsste jetzt nach dem Baby schauen, aber ich kann mich nicht erinnern, wo ich es hingelegt habe, und außerdem ist das Blatt so weich und ich so schwer. Ich stupse mit dem nackten großen Zeh gegen die Blütenwand, so dass sich die Blätter einen Spaltbreit aufschieben. Kalt ist es da draußen und unheimlich. Und das Baby weint. Das Baby? Meine Augen suchen in der Dunkelheit. Da ist es ja. Liegt auf einem langen schmalen Laubblatt, ganz an der Spitze, hat sich eingerollt und schlummert friedlich. Aber Moment. Ist das nicht furchtbar gefährlich? Was, wenn das Baby sich umdreht? Dann fällt es vom Blatt herunter. Und wenn es aufwacht und schreit, weil es merkt, dass es ganz alleine ist?

Ich würde ja zu ihm gehen, aber ich kann nicht und ich will nicht. Das Blatt ist so weich und der Kelch so warm. Ich bin so schwer und die Ruhe so süß. So süß und nass.

Nass? Ja, nass am Rücken. Verdammt. Ich rutsche ein Stück nach rechts, aber da ist schon die harte Kante. Ich rutsche ein Stück nach unten, rolle mich ein wie ein kleiner Hund am Fußende, aber das ist auch nicht bequem. Das Baby. Das Baby wimmert irgendetwas und setzt sich plötzlich schlaftrunken auf, ist gar kein Baby mehr. »Nass, Mama.« Vorbei der Traum vom warmen Tulpenkelch, das Baby ist vom Blatt gefallen. Aber rühren kann ich mich immer noch nicht. »Mmmhpf.«

»Mama! Mein Nachthemd ist nass.«

»Mmmh. Gleich.« Vielleicht schließen sie sich ja noch einmal, die Blütenblätter, wenn ich einfach die Augen nicht öffne. Aber es ist zwecklos. Der feuchte Fleck hat mittlerweile meine Schulter erreicht und ist nicht einmal mehr warm. Aufstehen. Ich muss aufstehen. Komm schon, einfach bewegen. »Maaamaa!«

»Hhmm. Sssofort.« Noch einmal bis zehn zählen. Bis zwanzig, meine ich.

Das Baby, das kein Baby mehr ist, fängt jetzt wirklich an zu weinen. Gleich flucht die Nachbarin wieder. Also los jetzt, steh auf. Als Erstes Füße und Hände bewegen, dann ein paar tiefe Atemzüge nehmen, Kraft sammeln. Eins, zwei, drei. Ich stemme meinen Oberkörper nach oben, Hände in der Soße. Die Augen sind zugeklebt vom Blütenstaub und gehen nicht auf. Der Mund will auch nicht so recht. »Komm, zieh erst mal das Nachthemd aus.« Ich wiege hundert Tonnen. Nein, doch nicht. Ein einziger Arm, der angehoben werden will, wiegt allein schon hundert Tonnen. Ich taste nach dem nassen Stoff und zerre das klebrige Ding über zwei kalte, in die Luft gestreckt Ärmchen. Nicht auf die Dielen schmeißen, das gibt bleibende Flecken, habe ich schon gelernt. Und jetzt weiß ich auch, warum es so schön warm war. Weil mein Gesicht dank frisch verabreichtem Kortison blüht und glüht und pocht wie ein Saunaofen. Ich bin keine Jungfrau in einer hübschen weichen Blüte, sondern ein tonnenschwerer glühender Klops in einem klammen Pipi-Bett. Wie blöd, dass ich Paula gleich am Abend in meinem Bett habe einschlafen lassen. Sonst muss ich sie nachts nur aus ihrem nassen in mein trockenes Bett holen. Und jetzt? Ich kann unmöglich das Bett abziehen, ich bin viel zu schwer und zu schwach und zu müde. Wäre dann drunter sowieso noch nass, weil alle Pipi-Unterlagen in der Wäsche sind. »Komm, wir schlafen bei dir.« In Zeitlupe setze ich erst den einen, dann den anderen Bleifuß auf den kalten Boden. Es zischt, als würde ein glühendes

Hufeisen in ein Wasserbecken getaucht. »Du musst die Decke selbst mitnehmen, ich kann nur eine tragen«, lalle ich tonlos und versuche das steife Blechgestell ins Gleichgewicht zu bekommen. »Und Dumbo?«

»Müssen wir zurücklassen.« So viele Meter bis zum Ziel, mindestens zwölf, besser, wir gehen ohne unnötigen Ballast.

»Ich hab aber noch Durst!«

»Nein, das geht nicht. Du kannst morgen früh trinken.«

»Ich hab aber furchtbar Durst, Mama!« Pipi, Durst, Hunger. Los, Mama, die Grundbedürfnisse schaffst du! Küche? Viel zu weit. Bad? Ein bisschen näher, aber immer noch unerreichbar. »Ich kann nicht.«

»Du musst aber! Ich habe Durst!«

Ein Schritt vor den nächsten. Aua! Verdammt, Paula, was liegt dieses Playmobil-Pony hier rum? Wenn ich mehr Kraft hätte, würde ich vielleicht heulen, aber ich muss weitergehen. Eselchen braucht Wasser, also flieg, du ungelenker Bleivogel. Dann stößt kleiner Zeh gegen Bad-Türrahmen, noch mal aua, dafür immerhin angekommen. Wasser in Zahnputzbecher, zurückschwanken.

»Ihhh, das schmeckt nach Zahnpasta.«

»Trink einfach, aber nur einen Schluck, noch ein Bett haben wir nicht.«

»Mama, ich brauch noch ein Nachthemd.«

»Geht nicht. Du musst nackt schlafen.«

»Mit ist aber kalt.« Läuft das auch unter Grundbedürfnis? Ich fürchte, ja.

Sieben Schritte bis zum Schrank. Barbieschuhe und Dominosteine erfolgreich umtorkelt. Schluchzendes Kind wieder angezogen und zugedeckt. Jetzt wiegt der Arm schon zweihundert Tonnen und der Kopf noch mehr.

»Die Decke ist aber nass!«

»Hier, nimm meine.« Ich bin blind, die Augen gehen nicht

mehr auf. Hinlegen, ich muss mich sofort hinlegen. Aber wohin?

Lieber zarter Blütenkelch, wo bist du? Ich wickle mich so gut es geht, und es geht leider nicht besonders gut, in den trockenen Teil von Paulas Decke. Der Kinderzimmerteppich ist voller quälender Zwiebackkrümel, aber wieder zurück ans halbwegs verschonte Fußende meines Bettes schaffe ich es nicht mehr und in Paulas Bett ist kein Platz für zwei. Meine Hüfte tut weh, meine Knie und meine Knöchel, das ist das Gift. Mein Kopf glüht, und gleichzeitig ist mir furchtbar kalt. Wenigstens schnarcht das Kind wieder. Nicht von Wäschebergen träumen, denke ich noch, außer sie sind warm und weich. Und dann ist Gott sei Dank wieder alles schwarz.

16. März

Vier Zentimeter glitzersteinchenverzierte Nägel, Zehn-Zentimeter-Pfennigabsätze, fünf Quadratzentimeter Arschgeweih über der tief sitzenden strassbesetzten Jeans, zwanzig Zentner Make-up und kein einziges Quantum Hirn. Ich darf vorstellen: Babsie, klack, klack, klack, Haushaltshilfe die Erste. Nach überschwenglicher Vorstellungsrede tippelt sie ein paarmal den Flur entlang, schiebt ein wenig Staub von links nach rechts, hält sich ein Weilchen im Badezimmer mit dem Untersuchen von diversen Döschen und Fläschchen auf und bleibt schließlich, da ihr nichts Sinnvolles zu tun einfällt, vor den Schwangerschaftsfotos in meinem Schlafzimmer stehen. »Geile Bilder. Bist du das? Man erkennt dich ja gar nicht. Wow! Und so schöne Haare, da waren die Männer bestimmt verrückt nach! Stehen die ja drauf, haste echt Glück.«

»Hatte. Wenn, dann hatte ich Glück.«

»Wie bitte? Ach ja, sind ja weg. Wie schade aber auch!«

Ja, und schade auch, dass der liebe Gott nicht für jeden von uns ein Mindestmaß an Taktgefühl zu vergeben hatte. Bleibt zu hoffen, dass der Diakoniefuzzi sein Versprechen hält und das nächste Mal eine andere Dame schickt.

20. März

Sei doch nicht so haarfixiert!« Wir spazieren gerade in Richtung Schanze (von meinen Freundinnen verordneter Freigang), und wie so oft drehe ich mich nach einer Frau mit Kurzhaarschnitt um, als Margret diesen Satz zu mir sagt. »Haarfixiert? Ich will euch mal sehen, wenn ihr keine Haare habt!«

Wie aus einem Mund schießen meine Freundinnen zurück. »Ich würde nicht so ein Problem damit haben, keine Haare zu haben. So eitel wie du bin ich nicht.« Nadines felsenfeste Überzeugung trifft mich wie ein Vorschlaghammer und raubt mir für einen Moment den Atem. War das eine Anklage? Sind die Schmerzen, die ich ertragen muss, nicht groß genug? Reicht es nicht, wenn fremde Menschen durch ihre Reaktionen, ihre Dummheit und Unwissenheit immer wieder Salz in die Wunde streuen? Ich werde mich ja wohl noch nach einer Frau mit kurzen Haaren umsehen dürfen, um mir vorstellen zu können, wie ich in ein paar Monaten durch die Welt gehen werde. Ich lechze nach diesem Stück Zukunft, weil Haare Lebendigkeit sind und Gesundheit und Weiblichkeit und Schutz. Ist das so schwer zu verstehen? Es geht doch nicht nur um Eitelkeiten, es geht um Leben oder Sterben. Niemand kann sagen, wie er oder sie mit dieser Situation umgehen würde, das ist anmaßend. Niemand, der das nicht erlebt hat, weiß, wie es sich anfühlt. Warum hat man Frauen die Köpfe rasiert, um sie zu foltern? Weil es demütigend ist. Weil es den Menschen schutzlos macht und verwundbar. Haare sind wichtig, warum sonst biegen sich die Drogerieregale unter Tausenden von Pflegeprodukten, wartet an jeder Straßenecke ein Friseur? Mindestens jede dritte Fernsehwerbung soll uns überzeugen, Seidenprotein- oder natürliche Algenextraktshampoos zu kaufen. Warum, frage ich mich, wenn außer mir keiner haarfixiert ist? Diese Glatze ist schmerzhaft. Diese Glatze ist ein Symbol für Alter und Krankheit, für Zölibat und Tod, diese Glatze sagt, geh weg, schau mich nicht an, fass mich nicht an. Ja, ich bin haarfixiert, wenn ihr so wollt, ich habe aber auch allen Grund dazu. Ich will wieder angesehen werden, ich will keine Frau mehr sein, vor der Männer und Kinder instinktiv Reißaus nehmen.

»Ihr wisst es einfach nicht«, sage ich mit einem dicken Kloß im Hals. »Ihr könnt euch einbilden, es wäre anders, hätte es euch getroffen, aber ihr wisst gar nichts.«

22. März

Mama, ich wär gern wie Malin.«

»Was? Warum das denn? Du bist doch super, so, wie du bist.«

»Aber Malin kann schon ganz alleine einen Tee kochen für ihre Mama!«

»Wirklich? Das kann ich gar nicht glauben.«

»Doch! Wenn ihre Mama morgens nicht so gut aufstehen kann, dann kocht Malin ihr einen Tee, das stimmt.«

»Nicht schlecht. Aber bitte, Paula, komm nicht auf die Idee, mir einen Tee kochen zu wollen, das ist mir ein bisschen zu gefährlich.«

»Und wenn du nicht aufstehen kannst morgens?«

»Dann stehen wir eben später auf, und ich mache mir später einen Tee.«

»Und was soll ich dann machen?«

»Du sollst spielen oder malen oder Bücher angucken. Und wenn du mir ein bisschen helfen willst, dann spielst du einfach eine Weile alleine in deinem Zimmer, dann kann ich mich ausruhen.«

»Ich kann ja auch noch Zimmer aufräumen!«

»Ja, gute Idee. Weißt du, du hilfst mir schon ganz doll, weil du da bist und der beste Grund bist, ganz schnell gesund zu werden.«

28. März

Wenn ich nicht so unsäglich fett wäre, wäre das Leben nur halb so schlimm. Mittlerweile passt mir keine einzige Hose mehr, denn das viele Kortison und all die Medikamente haben mich aufgehen lassen wie einen Hefekloß. Man könnte natürlich annehmen, im Angesicht einer tödlichen Krankheit wären ein paar Fettwulste und ein paar hundert Liter eingelagertes Wasser in den Oberschenkeln kein Grund zum Heulen, schließlich ist man ja zu ungeahnter Reife und Tiefgründigkeit herangewachsen, von wegen nur die innere Schönheit zählt und so.

Aber welche innere Schönheit bitte sehr? Noch nicht mal die ist übrig geblieben, denn statt meiner schläft diese missgünstige, eifersüchtige, schlechtgelaunte Schabracke in meinem Bett und putzt sich mit meiner Zahnbürste die Zähne, wenn überhaupt, denn das ist jetzt auch schon egal. Warum hat der Krebs in puncto Figur nicht wenigstens gehalten, was er am Anfang versprach. Wo ist das blasse, elfenhafte Wesen mit dem spitzen Kinn aus dem Krankenhausspiegel? Meine Gesichtskonturen haben sich verabschiedet, genauso wie meine Wimpern. Das Wort »Frisur« ist schon lange nicht mehr als eine vage Erinnerung, und das nach wie vor bombenfest sitzende Beinhaar ist ein Hohn. Und wenn das Gesicht in den Tagen nach einer neuen Chemo-Kur dann zu einem heißen, knallroten Ballon anschwillt, muss man auch noch die Schmach der gutgemeinten Komplimente ertragen, die sagen, gut siehst du aus, gar nicht blass und krank. Denn nur wer blass ist, hat in Wirklichkeit das Recht, richtig krank zu sein.

Der Hauch, die Ahnung eines Wangenknochens ist doch nicht zu viel verlangt. Aber es ist ganz gleich, ob ich mich nur von Fallobst oder von Snickers ernähre, meine Fettproduktion scheint unbekannten, willkürlichen Gesetzen zu folgen. Ich musste mir aus Gründen der Symmetrie sogar eine neue Prothese anpassen lassen, weil das kleine Ding, das ich nach der Operation bekam, schon bald rührend mickrig neben der anderen, mitwachsenden Titte aussah. An Sport ist natürlich nicht zu denken, ich komme kaum die Treppen in den dritten Stock hoch, und in die Fitnesskurse, in denen ich noch vor kurzem herumgehopst bin, würde ich mich dank unberechenbarer Hitzewallungen und der im Anschluss drohenden Gemeinschaftsdusche nie im Leben trauen, selbst wenn ich die Energie dazu hätte. Manchmal holen mich meine treuen Freundinnen Gitty oder Nadine zu einem Spaziergang im

Schneckentempo ab (auch Pseudo-Joggen gehört mittlerweile der Vergangenheit an), aber das ist auch schon das höchste der Gefühle.

Wenn ich doch nur nicht so fett wäre! Mit einem vorübergehenden Schwabbelbauch könnte ich ja vielleicht noch leben, aber wenn dieser Schwabbel oben statt an sinnlich wogende Brüste auch noch an eine groteske Narbe stößt und unten kein einziges Schamhaar mehr an eine erwachsene, sexuell reife Frau erinnert, dann ist das für meine sowieso fragile Befähigung zur Liebe meines eigenen Körpers der Kopfschuss.

Wäre ich, wie landläufig gerne angenommen, bereits in eine höhere Sphäre des Bewusstseinszustands eingetreten, dann könnte ich diese Metamorphose zu einem kahlen Monster sogar als Kur gegen den Wahn betrachten, den sich die heutige junge Frau, eingeschlossen dem eitlen Fatzke, der ich selbst bin, unterjocht. Mein Bekannter Fritjof gab mir statt bedauernden Beistands in meiner Fett-und-kahl-Krise auf mein Genörgel vor ein paar Tagen die Antwort, eigentlich müsse man allen gutaussehenden Blondinen mal die Köpfe rasieren, damit die merken, was Phase ist. Vielleicht hat er ja recht, aber das hilft mir jetzt auch nicht weiter.

Ich hab wirklich schon versucht, mir die Kohlenhydrate zu verkneifen, aber Salat ohne ein Stück Knoblauchbaguette? Milchreis für Paula kochen und selbst an einer Stange Sellerie lutschen? Das gehört einfach nicht zu meinen angeborenen Begabungen, und letztlich sehe ich es auch bei allem Fettfrust nicht ein, mich auch noch der letzten Freuden im Leben alias Toffifee- und Kit-Kat-Junkies zu berauben, denn viel mehr Highlights sind nicht geblieben.

Die Tage schleichen dahin, gleichen einander wie ein Blatt dem anderen. Bonjour Tristesse am Sonntag. Bonjour Tristesse am Montag. Bonjour Tristesse am Dienstag. Bonjour du totes Leben. Und auch am Mittwoch wieder so ein Tag, der selbstverständlich beginnt, ungefragt, der grau dahinwabert, traurig und gleichgültig, keine Höhen, keine Tiefen hat. So ein Tag, den kein Mensch braucht und haben will. Mein Leben besteht aus Zeiteinheiten, ein vierzehntägiger Kreislauf aus Chemo, Übelkeit, Schwäche, Vitamin-Infusionen, Fernseher, Bett und wieder Chemo. Ausgehen und Tanzen sind zu schillernden Träumen einer längst vergangenen Jugendzeit verblasst, wie der Tanztee für meine Großmutter. Nicht nur weil ich außer Nickihosen mit Gummizug nichts mehr anzuziehen habe, sondern auch, weil mir schlichtweg die Kraft für alles fehlt, was über Schlafen, Fernsehen (vornehmlich Tierdokumentationen, am liebsten Unterwasserwelt, weil keine schnellen Schnitte oder komplexen Handlungen), Das-Kind-mit-dem-Nötigsten-Versorgen und Verbittertsein hinausgeht. Nur die Nahrungsaufnahme klappt wie gesagt noch unveränderlich gut. Und zwanghaftes Zeitzählen natürlich, mein neustes Hobby. Es vergeht kein Tag, an dem ich nicht mehrmals meinen Kalender aufschlage. Obwohl ich es ganz genau weiß, muss ich es immer wieder kontrollieren: wie oft noch, wie viele Wochen noch, wie viele Tage.

Und jeden Tag die obligatorische Heulstunde. Ich heule in meinem Bett, bis ich das Kopfkissen auswringen kann. Ich heule am Küchentisch, bis die Müslischalen wie kleine Boote durchs Zimmer schwimmen. Ich heule meine Badewanne bis zum Rand voll mit dicken, selbstmitleidigen Tränen. Dann setze ich mich rein, bade mich in meinem Unglück, hoffe mich darin irgendwann aufzulösen.

Sollte ich jetzt nicht dankbar für meine Zeit sein? Ist nicht ein Leben mit Chemotherapie und Cellulite-Bergen auch ein Leben? All diesen Kummer als Beweis begreifen, dass auch das Gegenteil dessen existiert?

Sollte ich jetzt nicht jeden Tag genießen, wo ich doch nun

weiß, wie kostbar das Leben ist? Und trotzdem. Ich wünsche mir nichts sehnlicher, als die Zeit vorandrehen zu können. Ich will doch einfach nur wieder in eine echte Jeans passen, mit Knöpfen und Reißverschluss.

29. März

Paula! Joschua! Was macht ihr da?« Über die erhitzten Köpfe zweier aufgedreht kreischender Vierjähriger segelt etwas Fleischfarbenes durch die Luft und landet mit einem klatschenden Geräusch auf dem Zimmerboden. Bevor ich danach hechten kann, patscht eine kleine Schwitzehand darauf, und schon segelt das Ding wieder durch die Luft.

»Ball spielen, siehst du doch!« Und weiter geht's im Slalomlauf zwischen den ausgekippten Legosteinen und Kaufladenutensilien hindurch. »Fang, Joschua!«

»Das ist aber kein Ball! Paula, gibt das sofort her.«

Jetzt steht die gutgläubige Mutter, die ihre Brust naiverweise mal eben auf einen Klamottenberg vor die Badezimmertür und sich selbst ein Viertelstündchen in die erkältungsbadgrüne Wanne gelegt hat, weil die Kinder so schön ruhig waren und ihr so kalt und elend, als Schweinchen in der Mitte. »Hergeben, sofort!«

»Juuudeeet, was ist das denn? Ein Nuckel?« Joschua hat gefangen, wundert sich wohl, dass sich die Alte so aufregt, und untersucht das Wurfgerät nun doch mal etwas genauer auf seine eigentliche Funktion.

»Ein Nuckel? Nein, natürlich kein Nuckel. Das hier ist meine Brust, und ihr spielt gefälligst nicht damit.« Der Junge wurde eindeutig zu lange gestillt.

»Aber was machst du damit, Juuudeeet?«

»Joschua-Kind, das geht dich eigentlich gar nichts an. Aber, na gut: Ich brauche sie als Ersatz, weil ich eben nur noch eine Brust habe, und jetzt her damit.«

»Ach so. Hier. Komm, Paula, wir machen was anderes.«

Ach so? Mehr nicht? Willst du gar nicht verstört gucken, ein bisschen losprusten vor Lachen oder noch ein paar peinliche Fragen stellen? Nein, Juuudeet, wenn das kein Nuckel ist, dann ist das auch wieder nicht so interessant. Da wickele ich Paula jetzt lieber in ein Bettlaken ein und spiele Wurst.

Kinder sind doch ein Geschenk.

Ich schleppe mich mit meiner Beute also wieder ins Bett, denn heute tun mir nicht nur die Knochen weh, ich bin auch schon wieder furchtbar erkältet. Der Nachteil von Kinderbesuch ist das anschließende Chaos im Kinderzimmer (in Joschuas Fall in der gesamten Wohnung) und dass man die doppelte Portion Fischstäbchen braten muss (in Joschuas Fall die dreifache). Der Vorteil allerdings, von unschätzbarem Wert: ein paar Stündchen mehr oder weniger ungestörte Ruhe, wenn man alle Türen zumacht und sich ein dickes Kissen über den Kopf legt.

Zur Strapazierfähigkeit eines Gummibusens lässt sich noch sagen, dass meiner diesen Härtetest nicht bestanden hat. Keine Ahnung, ob Paula und Joschua (er hat recht kräftige Lippen) noch etwas anderes damit angestellt haben, als ihn durch die Gegend zu werfen, zumindest schwimmen jetzt lauter Luftblasen unter der Oberfläche. Sieht so aus, als müsse ich die dritte Prothese innerhalb von vier Monaten beantragen. Gewichtsschwankung ist bei der Krankenkasse als Begründung ja noch durchgegangen, aber ob Kinderzimmer-Superbowl auch gilt?

30. März

Mein Name ist Frederik und ich helfe dir ab jetzt.« Nanu? Das ist aber keine Dame. Ein Hüne von einem afrikanischen Mann, in dessen riesigen Pranken der Putzeimer wie ein Fingerhut aussieht, steht heute statt der guten alten Babsie vor der Tür. Ich dachte mir schon, dass es nicht Babsie sein konnte, die da klingelte, denn damit hätte sie einen sehr unwahrscheinlichen und völlig atypischen Pünktlichkeitsrekord aufgestellt. Ich bitte den Guten also herzlich herein, es kann schließlich nur besser werden. Ein bisschen sieht er aus wie dieser Berg von Mensch aus »The Green Mile«, der mit den magischen Kräften und der blauen Riesenlatzhose. Und schnell steht fest, er sieht nicht nur so aus, es ist der Typ mit den Zauberhänden! Zumindest hält er sich für ihn, denn kaum hat er sein Eimerchen abgestellt, legt er mir auch schon die Pranken auf die Schultern und sieht mir eindringlich-hypnotisch in die Augen. »Ich weiß, was mit dir los ist. Ich sehe es in deinen Augen. Du hast großen Schmerz in deinem Herzen, das kann ich ganz deutlich fühlen. Aber glaub mir, die Zeit macht alles wieder gut. Die Zeit heilt alle Wunden.« Ich bilde mir ein, kleine grüne Teilchen aus seinem Mund strömen zu sehen, vielleicht sind es aber auch die Zytostatika in meinem Hirn, die mir einen Streich spielen. »Du musst nur ein bisschen Geduld haben, nur ein bisschen Geduld. Du bist eine gute Frau, das kann ich sehen, und deswegen wird auch alles wieder gut.« Sind das feuchte Augen? Wo bin ich hier eigentlich? »Und jetzt komm mal her.« Wie eine Falle schnappen seine gigantischen Arme zu, und ich finde mein Gesicht nach Luft ringend etwa in Nabelhöhe an einem stählernen Bauch wieder. »Äh. Ist schon gut. Es geht mir gar nicht so schlecht.«

»O doch, das kann ich sehen. Lass dich ruhig fallen. Jeder braucht mal eine Umarmung. Auch du brauchst eine Umarmung.« Einundzwanzig, zweiundzwanzig, neunundzwanzig, hundert.

»Schon gut, es geht wirklich wieder. Und die Küche muss ja auch noch gemacht werden.« Ist das wahr? Klemme ich hier wirklich in den Fängen eines afrikanischen Putzschamanen mit höherer Bestimmung? Die eine will es sich bei einem Pläuschchen im Wohnzimmer gemütlich machen, der andere will mich retten. Warum will nicht endlich mal jemand einfach nur das Nutella von den Schränken kratzen? Haben Kranke kein Recht mehr auf einen Individualabstand? Entweder kommen die Menschen viel zu nah, oder sie bleiben komplett weg. Das scheint zur alltäglichen Tumorphysik zu gehören, dass plötzlich alles Gefühl für Distanz verloren geht. »Frederik, bitte. Ich schwöre, ich werde wieder froh, aber lass mich jetzt los.«

»Na gut, aber wenn du einen Freund brauchst, ruf mich an. Ich bin hier.«

Ja, schon klar, vor allem wenn mir mal wieder nach einem gequetschten Brustkorb ist. Aber dann beweist Frederik nicht nur ein Gespür für das Leiden in der Welt, sondern auch für Wollmäuse und Angebranntes auf den Herdplatten. Nach zwei Stunden ist also nicht nur mein Bedarf an festen Umarmungen bis auf weiteres gedeckt, sondern sogar der Abendbrottisch in einer blitzblanken Küche. Irgendwie ja auch rührend. Und was ist das? Fliegen da kleine grüne Glitzerpartikelchen durch die Luft, wo eben noch Staub war? Sieht so aus. Und sieht so aus, als müsste ich Fuzzi morgen mal anrufen, wenn ich meine Rippen und Parfümfläschchen heil durch die nächste Woche bringen möchte.

2. April

Judith, hast du kurz Zeit?« Huch, das klingt aber ernst. »Klar.« Und zu Paula: »Geh noch mal in die Gruppe, ich muss noch was mit Anita besprechen.«

Seit ich krank bin, macht der Weg in den Kindergarten keinen Spaß mehr. Ich mag den Smalltalk mit den anderen Müttern und Vätern nicht, weil jeder fragt und keiner wirklich etwas wissen will. Mitleid und Zwinkerblicke hab ich mittlerweile einen Keller voll, das reicht, und vor den Kindern habe ich fast Angst. Die Reste des Mittagessens, die für hungrige Eltern in der Küche stehen, können mich nicht mehr locken, und ein fröhliches Kind springt mir in letzter Zeit auch nicht mehr entgegen. Keine wirkliche Freude also, eher wie Zähneputzen ist das, es muss eben sein.

»Setz dich doch.«

Wenn man in den Erzieherraum zitiert wird, hat das Kind in der Regel etwas ausgefressen. Oder man hat selbst in irgendeiner Form versagt. Turnsachen zum zehnten Mal vergessen, Spüldienst geschwänzt, irgendein elterliches Vergehen. Aber natürlich ist mir bereits klar, dass Paula niemanden verprügelt hat, und meinen Elternbeitrag habe ich auch pünktlich überwiesen.

»Wir wissen ja, dass ihr gerade eine schwere Zeit durchmacht, aber es ist wirklich schwierig im Moment mit Paula. Ich finde, das solltest du wissen. Sie weint bei jeder Gelegenheit und flippt grundlos aus. Sie macht nicht mit, wenn alle gemeinsam ein Spiel spielen, und sie sagt auch kein Wort im Morgenkreis. Ist sie zu Hause auch so? Ist irgendetwas vorgefallen, abgesehen von deiner Krankheit?«

Prompt steckt mir wieder ein Seeigel im Hals. »Davon abgesehen? Nein, nichts, aber das reicht doch, oder?«

»Ja, sicher, versteh mich nicht falsch. Es ist nur, dass wir langsam mit unserem Latein am Ende sind. Und wenn du sie mal eine Weile zu Hause lässt?«

Weil es euch zu viel ist? »Sorry, aber das geht nicht. Ich muss fast jeden Tag mindestens einmal zum Arzt, außerdem muss ich lernen.«

»Ich meine ja nur, vielleicht wäre es mal gut für sie.«

Für sie oder für euch? »Anita, ich gebe wirklich mein Bestes, dass Paulas Leben so normal wie möglich weitergeht, aber es ist eben nicht alles normal, und dass sie traurig und ängstlich ist, ist doch logisch. Wenn sie zu Hause ihrer Mutter beim Heulen und Schlafen zusieht, macht es das mit Sicherheit auch nicht besser.«

Während Anita sich die Frisur richtet, frage ich mich, um was es hier eigentlich geht. Macht sie sich wirklich Sorgen um Paula, oder ist ihr dieses Kind einfach nur zu anstrengend?

»Schon klar. War ja nur eine Idee. Heute zum Beispiel hat sie auf dem Spielplatz Panik vor einer Nacktschnecke bekommen, hat wie am Spieß geschrien und nicht mehr aufgehört. Das war wirklich extrem. Hatte sie irgendwann mal ein schlimmes Erlebnis mit einer Nacktschnecke?«

»Nein, natürlich nicht. Wenn ich anfange zu heulen, weil ich mir Ketchup auf die Hose geschmiert habe, dann geht es doch auch nicht um die Hose. Sie hat Angst, dass sie bald alleine auf der Welt ist, und wenn da gerade eine Nacktschnecke kommt, dann ist die Nacktschnecke eben das Monster.«

Und plötzlich wird mir ein bisschen übel. Vielleicht ist das wirklich zu viel verlangt von Anita und ihren Kollegen. Vielleicht wissen sie es nicht besser und können gar nicht umgehen mit diesem kleinen Mädchen, das von Ungeheuern verfolgt und von Schnecken bedroht wird. Sie nehmen sie nicht ernst, weil sie sie nicht verstehen.

Anita erhebt sich im selben Moment, in dem meine erste Träne kullert. Damit bin ich wohl entlassen.

»Wie auch immer. Es wäre gut, wenn du zu Hause mal mit Paula über ihr Verhalten reden könntest. Wir versuchen ja, sie hier aufzufangen, aber das ist eben nicht ganz einfach.«

»Ich weiß. Einfach ist gar nichts.« Und in den offenen Gruppenraum: »Kommst du, Paulchen? Ich bin fertig.«

3. April

Die Anmeldung für die Soziologieklausur ist abgegeben. Jetzt heißt es, das Leiden wieder durch Lernen anzureichern, denn am 20. April muss ich die Soziologie der sozialen Probleme in meinem Kopf haben, was auch immer das ist. Ich rechne mir genau aus, wie viele Tage mir bleiben, wenn ich den Taxol-Tag und die beiden anschließenden Tage, in denen ich voraussichtlich nicht aus dem Bett kommen werde, abziehe. Mehr als zwei Stunden am Tag werde ich bei meinem vollen Patiententerminkalender nicht aufbringen können, aber das wird schon reichen. Der Sammeltermin liegt neun Tage nach meiner zehnten Chemo, da müsste ich das Taxol so weit verdaut haben, dass ich mich ein paar Stunden aufs Schreiben konzentrieren kann. Bei der Vorstellung, zwischen all den gut vorbereiteten Soziologen mit gespitzten Bleistiften vor einem Stapel weißem Papier zu sitzen und mein Angabenblatt in der Hoffnung einer verständlichen Fragestellung umzudrehen, bin ich kurz davor, mich doch wieder auf meine Tiersendungen und mein Krankensofa zu verlegen. Vielleicht ist das Lernen auch nur eine Flucht und im Grunde eine völlige Überforderung, was weiß ich. Vielleicht versage ich ja diesmal und versaue mir mein Examen.

Trotzdem habe ich mich dazu entschieden und finde, ich habe mich damit auch für Zukunft entschieden, für Leben. Ich habe die Kontrolle über meinen Körper verloren. Ob ich wieder gesund werde, kann ich nicht wirklich beeinflussen. Ich kann auch nichts gegen diese Tortur der Behandlung tun, wenn ich weiterleben will. Ich muss mich ergeben und bin dabei so unfrei in meinem Körper und in meinem Fühlen, selbst in meinen Gedanken, denn die kreisen ständig um Krankheit und Tod. Aber ich kann bestimmen, diese Prüfungen zu machen und meinem Geist ein bisschen Futter geben, das nicht nach Krebs schmeckt. Ich kann mich festkrallen an einem Stückchen Normalität. Das verlangt zwar eine ziemliche Kraftübung, scheint mir aber das Richtige zu sein. Jetzt darf allerdings nichts dazwischenkommen. Keine unerwarteten Nebenwirkungen, kein Psycho-Einbruch, sonst schaffe ich das alles nicht.

Ich bringe also Paula morgens in den Kindergarten und vergrabe mich dann ein wenig in den Büchern, bevor ich zur Lymphdrainage oder zum Blutabnehmen muss. Und obwohl schon der Weg vom Schlafzimmer zur Küche manchmal unüberwindbar scheint und mir die Augen in der Regel nach drei Krimiseiten zufallen, hat mein Hirn zum Glück noch ein paar wache Momente. Gut zum Lernen sind die beiden Stunden, die ich bei meinem Vitamin-Doktor an der Nadel hänge. Hierher komme ich zweimal die Woche, um mir eine hochdosierte Vitamin-C-Infusion abzuholen. Bei der Gelegenheit setzt mir Dr. D. auch gleich eine Medivitan-Spritze, lässt mich ein bisschen konzentrierten Sauerstoff atmen und bestrahlt mich mit irgendeinem besonderen Licht. Ich zweifle zwar daran, dass mich das gesünder macht, aber ich wage es nicht, mich seinen Empfehlungen zu widersetzen. Am Ende sterbe ich, weil ich keine Lust hatte, immer beim Pieps ins Licht zu gucken. In diesem immer zu kalten und stinkigen Raum (wegen eines Rohrbruchs in der Wohnung darüber) auf die Nadel zu warten ist trotzdem alles andere als angenehm, und leider sind die Sprechstundenhilfen nicht begnadet im Umgang mit den Nadeln. Und auch heute geht wieder einiges schief. Nachdem die dicke Weißhose beim dritten Versuch endlich die Braunüle in meinen entzündeten Arm versenkt hat, bleibt zu hoffen, dass sie diesmal auch die Vene getroffen hat und die Flüssigkeit nicht wieder danebenläuft und meine Hand zu einem aufgeblasenen Gummihandschuh anschwellen lässt. Die Tatsache, dass ich ständig gestochen werde, mir ständig irgendwelche Zugänge gelegt werden, ist fast das Schlimmste an allem. Von wegen ein kleiner Piks. Es ist diese andauernde Inbesitznahme meiner Haut, meiner Adern, meines Körpers, die vielen kleinen schmerzhaften Momente, von denen ich schon vorher genau weiß, wie sie sich anfühlen werden, dieses Immerwieder und Immerwieder und Immerwieder der kleinen seelischen und körperlichen Grausamkeiten. Und jeder Stich ist schlimm. Jeder einzelne.

Diesmal scheint sie wenigstens die richtige Ader getroffen zu haben.

Das einzig Gemütliche hier ist die sonnengelbe Ikeadecke, die ich zum Zudecken bekomme, denn durch die Infusion wird mir immer noch kälter als sowieso schon. Vielleicht weil die Flüssigkeit so kalt ist. Ich weiß es nicht. Ich decke mich also so gut es geht mit einer Hand zu und schlage dann mein Buch auf.

Es ist nicht einfach, sich hier zu konzentrieren, denn ständig fallen mir vor Erschöpfung die Augen zu. Außerdem ist es schmerzhaft, mit der angestochenen Hand das Buch zu halten, und auf die Schläuche muss ich auch aufpassen. Braunülen im Handrücken sind noch viel ekliger als in der Armbeuge. Aber es geht. So furchtbar es hier ist, so wohltuend ist auch die Ruhe, sogar ein bisschen das Gefesseltsein an diese Liege, das mich zum Innehalten zwingt. Aber einfach die Augen zu schließen und eine Weile abzutauchen, kann ich mir nicht leisten. Meine ich zumindest, mir nicht leisten zu können, schließlich will ich diese Prüfungen machen, und dann ist da noch der Text, den ich für den Verlag bearbeiten muss. Ich bin froh, dass sie mich trotz Krankheit nach meinem Praktikum nicht abgeschrieben haben, und brauche auch dringend das bisschen Geld, daher habe ich den Auftrag angenommen. Vielleicht habe ich noch genug Kraft, wenn Paula im Bett ist, um mich an die Kürzung zu setzen, denn auch das ist Zukunft. Wenn ich mich einigermaßen gut anstelle, dann habe ich vielleicht trotz allem die Chance auf ein Volontariat. Ich wüsste nicht, was ich sonst machen sollte, ohne Haare kann man schließlich nicht zu einem Bewerbungsgespräch gehen, und ab jetzt muss ich nicht nur zugeben, dass ich alleinerziehend, sondern auch noch, dass ich behindert bin und deswegen um halb vier den Bleistift niederlegen muss, um mein Kind abzuholen, meine Tabletten einzuschmeißen und in einen komatösen Schlaf zu sinken, weil mein Akku schon seit zwölf Uhr leer ist. Das ist also aus der vielversprechenden Jungakademikerin mit den guten Noten geworden, der engagierten Schulsprecherin mit dem künstlerischen Talent, dem aufgeweckten Kind, das so gut Cello spielen und ultraschnell puzzeln konnte. Aber auch für ein abgewracktes Muttchen mit Look-Problem muss es einen Platz in der Gesellschaft geben, und vielleicht muss ich der Tatsache, dass der am Ende nicht vor einer laufenden Fernsehkamera oder in der »Spiegel«-Redaktion sein wird, langsam mal ins Auge blicken.

Nach der Infusion habe ich noch zwei Stunden, bevor ich Paula abholen muss, und weil ich meine, Luhmann zwischen Sauerstoffmaske und Spritze im Hintern gerade einen entscheidenden Schritt näher gekommen zu sein, schaue ich noch mal in der Bibliothek im Sozialwissenschaftlichen Institut vorbei. Schon auf der Treppe in den ersten Stock merke ich allerdings, dass ich viel zu schwach bin, um noch ernsthaft etwas in meinen Kopf zu bekommen. Aber ein paar Bücher könnte ich mir mitnehmen.

Wie immer ist fast jeder Platz besetzt. Lernwillige Studenten mit Kaffeebechern auf dem Tisch und Karriereplänen. Aufgeschlagene Wälzer, gesenkte Blicke, konzentrierte Stille. Die Glücklichen. Haben wahrscheinlich alle keinen Krebs. Ich brauche Ewigkeiten, um auch nur ein Buch zu finden, das entfernt mit meinem Thema zu tun hat. Der Schweiß steht mir bereits wieder knöchelhoch in den Stiefeln und läuft in einem Sturzbach zwischen meinen nichtvorhandenen Brüsten herunter. Ich muss hier dringend wieder raus. Und dann fällt mir ein, dass dies ja eine Präsenzbibliothek ist und das Ausleihen gar nicht möglich. Super, Judith. Als ich mein Buch gerade wieder ins Regal zurückschieben will, fällt mein Blick auf ein Schild an der Wand neben der Eingangstür. Ausleihe nur im Härtefall: für Schwerbehinderte, Examenskandidaten oder Alleinerziehende. Und als mir die vertrocknete Bibliotheksaufseherin zwei Minuten später milde und leicht verstört lächelnd mein Buch über den für sie viel zu hohen Empfangstisch reicht, trage ich den ersten kleinen Triumph des Tages davon: Wer erfüllt schon alle Härtefallkriterien auf einmal?

10. April

Als ich über den Parkplatz vor dem Krankenhaus laufe, ärgere ich mich ein wenig, dass ich keine Blumen oder sonst etwas besorgt habe, obwohl ich doch aus eigener Erfahrung wissen sollte, dass man sowieso in dem Zeug erstickt, wenn man erst mal auf einer Krebsstation liegt. Vor zwei Tagen ist Linn operiert worden. Diesmal komme ich als Besucherin. Ein seltsames Gefühl, irgendwie ein bisschen wie Nachhausekommen. Und auch das Krankenzimmer ist mir so vertraut, dass es sich fast normal anfühlt, dass hier eine Freundin liegt, die gerade ihre Brust verloren hat. Linn bittet mich herein, und ihre Stimme ist noch ganz schwach. Auch diesen süßlichen, antiseptischen Geruch kenne ich nur zu gut. Ich dachte immer, das wäre ich, aber vielleicht ist es das Zimmer oder die Krankheit, die so riecht. Ganz fahl ist sie, keine roten Lippen mehr und auch kein Tuch auf dem Kopf. Durch die blasse Kopfhaut schimmern blaue Adern, und ihre Augen liegen matt inmitten dunkelvioletter Schatten. Und bei diesem kläglichen Anblick ist mir auf einmal klar, dass sie sterben kann und zu einer gewissen Wahrscheinlichkeit auch sterben wird. Ich habe wenigstens meine Straßenklamotten an und bin mit dem Rad da, aber Linn? Wie sie hier so schutzlos liegt in ihrem Engelshemd, vielleicht sogar demselben, das ich noch vor kurzem anhatte, wird sie vielleicht sterben. Einfach so. Und ich weiß noch nicht mal, wie sie einmal ausgesehen hat. Bestimmt war sie eine hübsche Frau. Ich bete, dass sie nicht so enden muss, in einem solchen Bett, in einem solch demütigenden Aufzug, so bloßgestellt und verkannt von all denen, die ihr hier begegnen, die mit ihr sprechen, als hätte man ihr nicht die Brust, sondern das Hirn entfernt, und nie wissen werden, wer sie wirklich ist. Und trotzdem liegt sie da mit einem Lächeln und einem Scherz auf den farblosen Lippen. Klar, ich habe auch meist gelächelt, irgendeinen Grund zu lächeln gibt es schließlich immer, und wenn es eine Mitpatientin mit leeren Händen ist, die jetzt vor lauter Bestürzung, die sie sich nicht anmerken lassen will, anfängt ohne Punkt und Komma zu quasseln.

Ich führe meine Prothese vor, erzähle locker leicht, dass sich im Grunde wunderbar damit leben lässt, verschweige den Schmerz, weil ich ihr ein bisschen Mut machen will, und fühle mich trotzdem unzulänglich in dieser Situation, denn ich kann ihr gar nichts geben, was ihr wirklich helfen könnte. Und doch ist das hier völlig normal, verliert sich die Tragik in der Banalität dieses Krankenzimmers.

»Weißt du, Linn, irgendwann sitzen wir zusammen auf dem Balkon, es ist Sommer und unsere Haare wehen im Wind. Und dann lachen wir uns kaputt über unsere Gummititten und die dürren Hälschen, auf denen mal unsere kahlen Köpfe saßen. Irgendwann ist das hier vorbei.«

So hilflos haben sich vielleicht auch meine Freunde gefühlt. Wenn ich mir doch nur sicher wäre, dass dieser Moment kommt. Die Wahrscheinlichkeit, selbst nicht zu sterben, steht ja noch ganz gut, aber die Wahrscheinlichkeit, dass all die, die ich auf diesem Weg treffe, wieder gesund werden, schrumpft mit jedem neuen Krebskopf, den ich in mein Herz schließe. Bitte werde gesund, Linn. Lass dein Amazonenvolk nicht alleine.

15. April

Mama, Polly hat sich hingelegt und steht nicht mehr auf.«

»Was ist los?«

»Polly steht nicht mehr auf, die ist ganz schlapp.«

Da liegt es tatsächlich, das kleine Häschen, bewegungslos und in sich zusammengesunken auf Paulas Schoß.

»Was ist denn passiert? Gib sie mal her.«

Vor einer Woche hat der Osterhase Paulas neue kleine Freundin mitgebracht. Ein kleines lebendiges Wesen, das ihr Mut machen sollte, wenn die Angst kommt, das ihr zuhören sollte, wenn sie traurig ist, und einfach da sein, wenn sie sich alleine fühlt. Polly sollte Paula ein bisschen glücklicher machen, mit ihrem weichen Fell Balsam sein für ihre verstörte kleine Seele. Seit Wochen war ihr Bett keine einzige Nacht trocken geblieben, und auch im Kindergarten würde sie sich immer mehr zurückziehen, meinten die Erzieherinnen. Ich dachte, ein eigenes Tier könne ihr eine Stütze sein und sie froh machen. Und sie war so aufgeregt, hat sich so sehr gefreut, als sie entdeckte, dass in dem großen Käfig tatsächlich ein lebendiger kleiner Hase saß.

Ich habe Polly ausgesucht unter den vielen kleinen Karnickeln im Zoogeschäft, weil sie etwas Besonderes hatte. Ihre Augen sahen anders aus als die der anderen. Ich habe ganz lange vor der Glasscheibe gestanden, hinter der die Häschen herumhoppelten, und konnte mich nicht entscheiden, sie tatsächlich mitzunehmen, aus Respekt vor diesem Leben, das sich einfach so mit der EC-Karte erwerben ließ. Aber Paulas Freude und Stolz haben mir die letzten Zweifel genommen, und ich war sicher, ihr ein tolles Geschenk gemacht zu haben, eines, das ganz wertvoll für sie werden würde in dieser furchtbaren Zeit.

Als ich das federleichte Wesen jetzt in meine Hände nehme, schlägt mein Herz bis zum Hals. Irgendetwas stimmt nicht. Sie bewegt sich kaum, unter dem samtigen Fell fühle ich ihre zerbrechlichen, zarten Knochen, und ihr winziges Herz schlägt ganz schwach.

»Jörn, guck mal, ich glaube, Polly ist krank.« Und dann krampft sich der kleine Köper zusammen, ganz weit reißt sie die glänzenden dunkelblauen Knopfaugen auf und stößt einen fiependen Schrei aus.

»Wir müssen zum Tierarzt, ganz schnell, los, holt mal einen Karton und bring mir einer das Telefonbuch! Schnell!« Es ist Sonntag, und die einzige Tiernotfallpraxis liegt am anderen Ende der Stadt. Ich kann sie kaum ansehen, die kleine Polly, die in ihrem Heukarton ums Überleben kämpft. Das Taxi kommt, und ihr Fiepen ist schon ganz leise geworden, aber sie zuckt immer noch, als wir zu dritt und völlig aufgelöst (zumindest zwei davon) die Praxis stürmen. »Sie müssen unbedingt dieses Häschen retten, es ist ganz furchtbar wichtig!« Die Tierärztin nimmt mir das kleine Leben ab und setzt es auf den riesigen Untersuchungstisch.

»Tut mir leid, aber der Hase stirbt gerade, da kann man nichts machen. War wohl ein Herzfehler, das kommt ganz oft vor bei diesen überzüchteten Rassen.«

»Aber Polly darf nicht sterben! Das Mädchen da im Wartezimmer verliert vielleicht schon ihre Mutter! Sie müssen diesen Hasen retten, Sie müssen einfach!« Eine riesige Verzweiflung breitet sich in mir aus, eine bodenlose Verzweiflung angesichts dieses unausweichlichen Todes und meiner eigenen Hilflosigkeit. »Bitte tun Sie etwas, der Hase kann nicht sterben, das geht einfach nicht, das darf nicht geschehen!« Erschrocken über meine Hysterie und meine Tränen, fummelt die Ärztin eine minikleine Beatmungsmaske über das winzige Pollyköpfchen, aber da bewegt es sich schon nicht mehr.

Zehn Minuten später warten wir wieder auf das Taxi. Und ich glaube, hier ist er: der traurigste Moment in meinem bisherigen Leben. Denn hier sitze ich glatzköpfig mit meiner kleinen Tochter auf einem schäbigen Bänkchen zwischen Gartenzwergen vor einer Tierarztpraxis, den Karton mit der toten Polly auf dem Schoß, schluchzend und weinend, als gäbe es kein morgen. Ich habe diesem kleinen Wesen beim Sterben zugesehen. Beim verzweifelten Kampf um sein Leben. Ich weiß jetzt, wie sterben geht. Paulas Ärmchen klammern sich um meine Taille, mein Pullover ist schon ganz fleckig von ihren Tränen und ihrem Rotz. So verzweifelt habe ich Paula noch nie weinen sehen. Sie weint, wie man nur angesichts eines ungerechten, weil viel zu frühen Todes weinen kann. Und ich weine mit ihr. Um Polly, die ihr Trost und Freude hätte sein sollen, um mich, um sie, um die Tatsache, dass das Leben so schrecklich fragil ist und so unwiederbringlich, wenn es einmal vorbei ist. Ich bin nicht sicher, ob Paula das schon begreift, ob sie um Polly weint, ob sie weiß, dass es weg ist, das Leben ihres kleinen Häschen, dass nichts mehr ist in diesem Karton außer Fell, ein paar Knochen und Nagezähnchen. Ich denke, wenn ich gestorben wäre, sie könnte nicht trauriger sein in diesem Moment. Generalprobe? Und der doofe Zwerg mit seiner Miniaturschubkarre und der ausgebleichten roten Mütze grinst, weil auch er tot ist und ihm nichts etwas bedeutet.

»Wahnsinn. Sechzig Euro hat das gekostet.« Während Paula und ich, zu Hause angekommen, immer noch schluchzen, hat Jörn sich wieder den weltlichen Problemen zugewandt. Warum sagt er das jetzt? Schließlich ist jemand gestorben! Für ihn vielleicht nur irgendein Nager, aber Paula und ich, wir haben dem Tod bei der Arbeit zugesehen. Einfach so, ohne Vorwarnung, ohne Rücksicht auf die Gefühle eines kleinen Mädchens ist er gekommen und hat sich geholt, was er wollte, ein kleines unschuldiges Hasenherz, das noch nicht mal seinen ersten Löwenzahn gehabt hat.

»Was ist mit Polly passiert, Mama? Warum ist sie jetzt tot?« Wir sitzen auf den Stufen vor unserem Haus, während Jörn alle Utensilien für ein würdiges Hasenbegräbnis zusammensucht. »Ich weiß nicht genau. Ihr Körper war einfach nicht stark genug. Manchmal hört das Herz einfach auf zu schlagen, weil es nicht kräftig genug ist.« – »Wo kommt Polly denn jetzt hin, Mama?« – »Auch das weiß ich nicht, mein Schatz, aber ich stelle mir vor, dass sie aus dem kleinen Körper herausgeflogen ist, und jetzt ist sie auf dem Weg irgendwohin, wo es ihr bessergeht.« – »Im Hasenhimmel?« – »Ja, bestimmt im Hasenhimmel. Was glaubst du wie der aussieht?« – »Mit einer großen Wiese vielleicht und Löwenzahn. Und ganz viele andere Hasen sind da.« – »Massig Löwenzahn, würde ich sagen, der nie ausgeht, und Möhren und Klee und Feldsalat.« Immerhin ein kleines Lächeln. Aber dann tropfen auch schon wieder dicke Tränen aus Paulas rotgeweinten Augen. »Ich will zu Polly. Ich will nicht, dass sie tot ist.« – »Das will ich auch nicht. Aber weißt du was, vielleicht hat es auch einen Grund, dass ausgerechnet Polly zu uns gekommen ist und kein anderer Hase und dass sie gestorben ist. Ich stelle mir gerade vor, dass Polly vielleicht ein ganz mutiges Kaninchen war und dass sie uns ganz viel Glück gebracht hat. Vielleicht hat Polly mir etwas abgenommen. Meinst du, das kann sein?« – »Was abgenommen?« – »Na ja, das Sterben. War nur so eine Idee. Sag mal, willst du ihr einen Brief schreiben, den wir mit ins Grab legen? Du sagst, was ich schreiben soll, und dann malst du noch was als Erinnerung für sie, damit sie uns im Hasenhimmel nicht vergisst.« – »Vielleicht ›Liebe Polly, wie geht es dir? Ich finde schade, dass du gestorben bist. Ich hab dich sehr lieb, und hoffentlich scheint bei dir immer die Sonne. Ich vergesse dich nie in meinem ganzen Leben. Deine Paula.‹ Ist das gut?« – »Und wie. Das ist der schönste Brief, der je an einen Hasen geschrieben wurde. Damit kann Polly ordentlich angeben da oben. Das schreiben wir auf, und dann gehen wir in den Garten. Dort suchen wir einen guten Grabstein, auf den du ihren Namen malst, und dann sagen wir ihr tschüs.« – »Blumen pflücken nicht vergessen!« – »Natürlich nicht, aber vorher gib mir mal einen Kuss.« – »Und was machen wir dann ohne Polly?« – »Na ja, dann machen wir mit all dem weiter, was wir vorher auch getan haben, nur sind wir eben erst mal traurig dabei. Vielleicht können wir gleich zusammen in die Badewanne gehen oder kuscheln uns ins Bett und lesen was.« – »Erst Badewanne, dann kuscheln. Und Jörn soll uns vorlesen.« – »O ja, das will ich auch. Hauptsache, wir sind zusammen, dann wird schon irgendwie alles wieder gut. Und Polly kann bestimmt auch aus dem Himmel zuhören.«

17. April

All das, was ich gerade erlebe, dieser Blick in den Abgrund, das Balancieren am Abgrund, schreit förmlich nach Spiritualität. Nach Jesus, Buddha, einem Freund im Himmel, einem Freund in der Seele, nach Gott, wie auch immer man ihn nennen mag. Mein letztes Gebet habe ich geschätzt vor zwölf Jahren gesprochen. In der Pubertät hatte ich tatsächlich mal eine gläubige Phase. Das heißt, ich weiß gar nicht, ob ich wirklich an einen lebendigen Gott geglaubt habe. Aber ich bin damals gelegentlich freiwillig in die Kirche gegangen. Wahrscheinlich, weil es plötzlich so viele Fragen ans Leben gab, mich die eigenen aufkeimenden Gefühle überfordert haben. Plötzlich so viel Liebe und auch Hass, so viel Sehnsucht, Ekel, Rührung, Einsamkeit und Mitgefühl und Angst vor allem Möglichen. Ich war vom Leben berührt und von mir selbst und musste damit irgendwohin. Es hat mich beruhigt und mir ein bisschen Gleichgewicht geschenkt, in der kühlen Kirche zu sitzen und in dieser Ruhe ganz bei mir und meinen Gedanken zu sein. Und auch bei Gott, oder wie man sie nennen mag, diese unsichtbare Kraft, aus der das Leben entspringt. Zu beten hat etwas Erhabenes und gleichzeitiges Demütiges. Etwas Stärkendes und Reinigendes, egal, zu wem oder was man betet. Der Kontakt mit sich selbst ist wohl das Beruhigende, das Formulieren der Gedanken und die Hinwendung zu irgendetwas imaginär Beschützendem, zu irgendeinem Prinzip umfassender Liebe und Geborgenheit. Jetzt habe ich auch Sehnsucht nach einem Gott, irgendeiner Kraft, an die ich mich innerlich wenden kann. Ich konnte nach der Diagnose an gar nichts mehr glauben, nicht an mich, nicht an irgendeine Gerechtigkeit, an keinen Sinn mehr. Aber jetzt will ich mich wieder sammeln können, will ein Symbol, auf das ich meine Gedanken richten kann, wenn ich mir selbst ein bisschen Kraft geben möchte. Eigentlich geht es um diesen Freund in mir drin, der eine Gestalt haben soll, damit ich ihn leichter erreichen kann. Und ich will ihn wieder erreichen. Nach meiner Diagnose dachte ich, er wäre tot, habe mich so verlassen gefühlt, so verraten. Ich habe ihn auch gar nicht mehr gehört, wie früher manchmal. Aber jetzt spüre ich, dass ich mich wieder mit mir selbst verbinden muss, wenn ich weiterkommen will. Dass ich wieder in Kontakt treten muss mit meinen Gedanken und meinem Körper, der mich so sehr im Stich gelassen hat. Ich habe nun mal nur diesen einen Körper und auch nur diese eine Seele, und ich wünsche, dass ich sie wieder mehr spüren kann, sie wieder mehr annehmen kann. Und dazu brauche ich ein bisschen Hilfe. Ich brauche meinen Therapeuten, meine Medikamente, mein Umfeld und so weiter, das ist ja sowieso klar. Aber ich brauche mehr als alles andere das kleine Kerlchen in mir drin, das wieder mein Freund sein soll. Wieder vertrauen lernen, mich wieder lieben lernen, das muss ich selbst hinbekommen.

Heute habe ich mir einen Buddha gekauft. Einen schwarzen steinernen Buddha, ungefähr so groß wie eine Ananas und ziemlich schwer. Er kommt mir furchtbar bedeutungsvoll vor. Ich habe mich sofort in ihn verliebt, als ich ihn im Schaufenster gesehen habe, und dachte, genau den brauche ich. Er sieht so geduldig und stark aus, der kann sie aushalten, meine Wünsche und Gedanken. Ich hatte sogar ein bisschen Herzklopfen, als ich mit ihm zur Kasse dieses nach Räucherstäbchen duftenden Esoterik-Shops gegangen bin, und dann habe ich ihn nach Hause getragen wie ein Neugeborenes, das jetzt zu meinem Leben gehört. Jetzt steht er in meinem Schlafzimmer, wo er nur für mich da ist, und erinnert mich daran, dass ich ganz viel von der Liebe und der Kraft, die ich brauche, auch in mir selbst finden kann. Ich muss mir nur wieder selbst zuhören und meinem Körper verzeihen. Herrje, nicht dass ich irgendwann abhebe oder Tarotkarten legend mit sieben Katzen in einer Wohnung ende! Aber egal, jetzt mache ich mir erst mal einen schönen Yogi-Tee. Ommmmm.

21. April

Mit Gürtel oder ohne, wie ist es besser?« Es ist Samstagabend, und eine bildschöne kleine Schwester dreht sich prüfend in ihrem neuen lilafarbenen Fummel. »Weiß nicht. Beides gut. Mit, würde ich sagen.« Es ist Samstagabend, und die andere Schwester, die große, hässliche, die, über deren Hintern dieses lila Fähnchen zerreißen würde, hockt wie jeden Abend auf der Couch und zappt sich von einer einfältigen Reality-Soap zur nächsten. »Haare offen, oder?« Die kleine schöne Schwester öffnet ihren Haarknoten und lässt einen kupferblond leuchtenden, weichen Wasserfall über ihre Schultern bis fast hinab zur Hüfte regnen, schüttelt ein bisschen den Kopf und zupft sich ein paar goldene Strähnen um das feine Gesicht zurecht. »Ja, offen ist auf jeden Fall spektakulär.« Die große Hässliche schneuzt in ein bereits vollgerotztes Taschentuch, hustet sich einen Klumpen Schleim aus den entzündeten Bronchien und kratzt sich an der speckigen Glatze. Ein gewöhnlicher Samstagabend im Hause End. Die eine wird heute Nacht tanzen und fröhlich sein, die andere wird in geschätzten fünfundvierzig Minuten unglücklich und einsam ihre dicken Backen, die aussehen, als hätte sie für schlechte Zeiten je ein Milchbrötchen auf Vorrat eingehamstert, auf ihr Kissen betten. Die eine kann darauf heute mal keine Rücksicht nehmen, denn sie wird ihren neuen Schwarm treffen. Sie nimmt außerdem schon viel zu viel Rücksicht. Diese kleine Schwester hat es so sehr verdient, heute Abend unbeschwert und glücklich zu sein. Sie soll die schönste und fröhlichste kleine Schwester dieser Welt sein heute Nacht und keinen Gedanken an das dicke, gräuliche Exemplar verschwenden, das an der Polstergarnitur festgewachsen ist, und auch nicht an ihre bettnässende Brut. Und das könnte ihr zur Abwechslung sogar gelingen, denn heute ist ein besonderer Abend für sie, ein Abend, auf den sie sich schon die ganze Woche freut. »Ist nicht ohne Gürtel doch besser, oder macht das fett, so ganz ohne Taille?«

Aber wie schafft es die dicke Schwester, nicht wütend zu werden auf die schöne, wie schafft sie es, nicht vor Neid zu platzen? Und hier wird es traurig, denn sie schafft es gar nicht. Genau jetzt ist es geschehen mit ihrer Contenance und ihren gönnerhaften Vorsätzen. »Weißt du was, das ist dermaßen scheißegal, wie du das machst. Mach es einfach irgendwie und frag nicht dauernd!« Und schlagartig ist es auch vorbei mit der Freude und der Fröhlichkeit der kleinen Schwester. Entsetzt blickt sie die große an, ein dunkelroter Fleck breitet sich auf dem hübschen lila Stoff aus, denn in ihrem Bauch steckt ein Messer. Zielsicher versenkt. Die Kleine, Verletzte rauscht ab ins Bad, lässt die andere sitzen mit ihren hässlichen Pantoffeln und ihren noch hässlicheren Gedanken. Und die Große, ist die jetzt zufrieden? Nein. Ganz und gar nicht. Die Große schämt sich schon im nächsten Moment zu Tode, hasst sich noch mehr als sowieso schon und fängt an zu heulen.

Vier Taschentücher später: »Doro? Bist du im Bad? Hör mal, verzeih mir. Ich weiß, ich bin unausstehlich. Ich … es ist nur … du weißt schon, eben alles. Also, nimm auf jeden Fall den Gürtel! Ohne ist auch schön, aber mit bist du die Bombe heute Abend. Und lass die Haare offen. Und wie gesagt, es tut mir leid.« Eine schniefende kleine Schwester öffnet die Tür. »Tut mir auch leid. Aber irgendwie muss ich doch weitermachen. Ich kann mich doch nicht jeden Abend neben dich aufs Sofa setzen, nur damit du da nicht so alleine sitzt. Ich bin schließlich nicht krank!«

»Ich weiß. Sollst du ja auch nicht. Ich kann gerade nur so

schwer großzügig sein. Kauf dich frei, indem du mir das Eis aus der Küche mitbringst, und dann hau ab. Und ich will alles wissen morgen. Wer da war, wer was anhatte und so weiter. Ich erzähl dir dann auch, wer Millionär geworden ist oder Deutschlands Superstar oder was auch immer.« – »Abgemacht. Ach, und Judith, du hast mich mal gebeten, dir zu sagen, wenn dein Schlabber-Look unerträglich wird und du mal die Hose wechseln solltest. Ich würde sagen, es ist so weit. Und dein Eis kannst du dir eigentlich auch selbst holen.« – »O Doro, was würde ich nur tun ohne dich. Also morgen. Und nur dir zuliebe. Die Hose meine ich.« Es ist Samstagabend. Zwei ungleiche Schwestern nehmen sich fest in die Arme, bevor die eine aufgeregt in eine glitzernde Nacht abrauscht und sich die andere zumindest mal ein frisches Taschentuch nimmt, bevor sie schwer in ihre warme Sofakuhle sinkt.

23. April

Ich will zu Polly. Ich will einfach nur zu Polly!« Paula weint bitterlich in ihr Kissen.

»Aber, Schätzchen, was ist denn passiert? Nur weil du nicht fernsehen darfst?«

Herzzerreißendes Schluchzen. »Nein. Ich will eben nur zu Polly.«

»Ach, Süße. Du kannst nicht zu ihr. Du kannst an sie denken, du kannst auch mit ihr reden, aber zu ihr kannst du nicht.«

»Dann will ich auch tot sein!« Wie Bitte? Ich muss schlucken.

»Sag das nicht. Das stimmt doch gar nicht.« Meine hilflose Hand streicht Paula über den Kopf. Bis in die Haarspitzen ist alles tieftraurig in diesem Kind.

»Doch. Das stimmt. Dann bin ich wenigstens bei Polly.« Eine Vierjährige mit Todessehnsucht? Oder will sie mich provozieren?

»Und ich? Was soll ich dann machen, wenn du und Polly weg seid und ich hier?«

»Du kannst ja auch kommen.« Noch immer tropfen dicke Tränen von einem kleinen zitternden Kinn.

»Paula, hör mal. Wir sollten lieber froh sein, dass wir leben und dass du gesund bist und ich, na ja, auch wieder gesund werden kann. Wenn du einmal tot bist, dann bleibst du auch tot. Dann kann man nicht mehr zurückkommen. Das willst du doch nicht.«

Vorsicht, Judith, nicht sauer werden. Wer weiß, was das nun wieder zu bedeuten hat.

»Ich verstehe, dass du Polly vermisst. Ich vermisse sie auch. Vielleicht können wir ja bald ein neues Häschen haben. Aber dass du sterben willst, dass darfst du nicht sagen, Paula, da werde ich furchtbar traurig.«

Ein nasses Schnäutzchen wühlt in Dumbos Fell. »Aber wenn du stirbst, dann komme ich mit! Alleine bleibe ich nicht.«

Daher weht also der Wind. Ein eisiger.

»Schätzchen, auch dann kommst du nicht mit. Sterben ist schließlich nicht wie irgendwo hingehen. Sterben bedeutet, dass das Leben, das man jetzt hat, vorbei ist. Und das Leben ist doch schön, oder? Denk mal an Omi und an Doro und an deine Freunde. Denk mal an Ponyreiten und schwimmen gehen, an Erdbeerkuchen und Sommerwetter. Man sollte dankbar sein und froh, dass man am Leben ist. Bist du doch auch, oder?«

Ein kleinlautes »Ja«. Und eine großzügige Portion Rotz landet am Ärmel. Statt Tränen schlängelt sich nun ein kleiner salzgepuderter Weg Richtung Ohr. Gleich küsse ich ihn weg.

»Na also. Ich auch. Sehr sogar. Und deswegen wird auch nicht gestorben.«

30. April

Es ist dieselbe Welt, durch die ich noch vor kurzem so leichtfüßig und sicher gegangen bin, an der ich jetzt so schwer zu tragen habe.

Ich kann mich genau an das Gefühl erinnern, wie es ist, hübsch zurechtgemacht rauszugehen. Ich sehe mich die Treppen unseres Hauses herunterhüpfen, die Tür öffnen, und die Welt empfängt mich aufmerksam und mit offenen Armen. Aber wer bin ich jetzt? Wer bin ich, wenn nicht die strahlende Judith? Ich fühle mich wie ein Vogel, dem man erst all seine bunten, schillernden Federn ausgerissen und ihn dann in die Welt zurückgeworfen hat. Und außer einem nackten, pickeligen Körper ist nichts von ihm übrig geblieben. Schutzlos und hässlich. Ich muss mich neu finden. Statt auf meine Federn, muss ich wohl oder übel lernen, mich auf meinen Gesang zu verlassen. Die Menschen reagieren anders auf mich. Die Blicke der Männer, die immer selbstverständlich waren, suchen nicht mehr meine Augen. Hübsch und fröhlich sein, das kam mir immer wie eine Garantie dafür vor, dass mich die Welt nicht im Stich lässt und mir das Leben schon irgendwie gelingt. Und erst jetzt, wo ich das alles nicht mehr habe, fällt mir langsam, aber sicher auf, dass es mich tief in meinem Innern auch nicht glücklich gemacht hat, immer auf das nette blonde Mädchen abonniert gewesen zu sein, das das Leben auf dem kleinen Finger balanciert. Denn es war auch vor dem Krebs nicht leicht, das Leben, ich habe es nur nicht gemerkt.

Ich möchte lernen, glücklich zu sein, unabhängig davon, ob mir jemand auf der Straße hinterhersieht und ob mich auch ja alle liebenswert und witzig finden. Ich will mich wohl in mir fühlen, auch wenn ich in der Masse untergehe, und ich will geliebt werden für das, was man nicht von außen sehen kann. Ich will mich auch nicht mehr selbst von außen sehen. Meine Haare und mein Gesicht will ich zurück, denn ihr Verlust ist so schmerzlich, aber meine Eitelkeiten, die will ich nicht wieder. Ich will freier sein und hoffe, dass der Schmerz seinen Engel zeigt und mich wachsen lässt. Bisher allerdings wachse ich nur in eine Richtung, und das ist die Breite. Aber der Rest kommt mit Sicherheit auch noch, das kann ich bereits fühlen.

2. Mai

Komm jetzt, Mama!« In Badehöschen und Schwimmflügeln zerrt Paula an meiner Hand, nachdem ich sie und ihren Freund Joschua in einer schweißtreibenden Aktion endlich aus- und umgezogen habe. So schwer kann der Schritt aus einer Umkleidekabine heraus doch nicht sein! Wäre ich nicht zu stolz für den Gang ins Sanitätshaus gewesen, hätte ich jetzt wenigstens einen prothesentauglichen Badeanzug, wenn auch einen hässlichen. Habe ich aber nicht, und so bleibt mir nur: Augen zu und durch, wenn ich mein Kind nicht schon wieder enttäuschen will. Die Glatze lässt sich beim besten Willen nicht kaschieren. Ich könnte zwar mit

Tuch auf dem Kopf ins Bad gehen, aber das ist auch lächerlich. Schon mit dem ollen Sportbikini, den ich aus den Tiefen meines Kleiderschranks gebuddelt habe, hätte ich mich vor ein paar Monaten kaum zu zeigen gewagt. Jetzt steckt in dem altmodischen Ding aus den Neunzigern auch noch ein weißer Wabbel, bar jeglichen Sexappeals. Aber das Teil war das einzige, das einigermaßen hochgeschlossen ist und somit wenigstens die Narbe verdeckt. Im Grunde ist es auch völlig egal, was ich anhabe, der Inhalt spricht sowieso für sich und offenbart eine traurig anzusehende, todkranke Mutter. Vielleicht fühlen sich andere sogar belästigt durch meinen Anblick? Schließlich will man sich ja entspannen, Spaß haben, sich zerstreuen. Wenn dann Gevatter Tod statt eines prallen Busens aus dem Bikinioberteil der Mitbesucher spitzt, kann einem das schon die Stimmung versauen. Die Kinder watscheln Richtung Dusche, und ich fühle mich wie in einem dieser Alpträume, in denen man nackt zwischen lauter angezogenen Menschen herumlaufen muss. Und dann grapsche ich mir in verzweifelter Scham doch noch meine Gummibrust und fummle sie in mein Bikinioberteil.

Bis zum Becken kann man sich wenigstens in ein Handtuch wickeln. Ich denke, vor kurzem hätte dieser dickbäuchige Familienvater mir noch nachgesehen. Ja, Judith, das war, bevor du zu einem menschlichen Donut wurdest.

Als ich dann, eine kleine Patschhand zu jeder Seite, über den glitschigen Boden zum Becken tapse, sehe ich möglichst wenig nach rechts und links. Paula planscht noch vorsichtig mit den Füßchen im Wasser, während Joschua schon im Hündchenstil Richtung wasserspuckendem Plastikdino unterwegs ist. Ich stütze mich auf den Beckenrand und lasse mich ins Wasser gleiten. Mag sein, dass ich paranoid bin, aber ich spüre die prüfenden Blicken der glücklichen Familien und der aufgedrehten Teenies wie kleine Nadelstiche auf der

Haut. Doch während mein Oberkörper ins rettende Nass abtaucht, bekommt ein anderer Teil von mir plötzlich Auftrieb. Ehe ich reagieren kann, springt meine Prothese aus dem Bikini, saust in hohem Bogen davon und landet wie ein kleines Gummiboot auf der Wasseroberfläche, bevor sie vor etlichen erschrockenen Zeugen untergluckert. Mal wieder ist der Plan, mich so dezent wie möglich zu verhalten, gründlich schiefgegangen – und auch der tiefere Sinn eingenähter Taschen in Prothesenbadeanzügen erschließt sich mir schlagartig. Jetzt gilt es, meine Brust vor dem engagierten Rentner von Bahn zwei zu erreichen. Wie war das noch mit der Würde des Menschen?

Möglichst unauffällig klettere ich mit der Prothese hinter dem Rücken aus dem Becken und verpacke das gute Stück sicher in dem Handtuch, mit dem wir uns die letzte freie Holzliege zwischen den großen Kübeln mit tropischen Gewächsen gesichert haben. Ein Körperteil weniger, gebe ich mir die nächste Stunde alle erdenkliche Mühe, den Kindern einen schönen Nachmittag zu schenken. Wasserrutsche, fliegende Joschikugel, Pommes und wieder Wassertaxi, sprich durchs Becken hüpfen mit vier würgenden Kinderarmen um den Hals.

Und hier bin ich nun also. Sitze völlig erschöpft auf der steinernen Schildkröte im Kinderbecken, ohne Haare, ohne Brust, ohne lüsterne Blicke dicker Familienväter, das absolute Gegenteil einer vitalen Jungmutter, beobachte die Wasser spritzenden Knirpse, die sich gottlob endlich einmal alleine beschäftigen, fürchte mich schon vor der Anstrengung des dreifachen Umziehens und Föhnens, bin einfach nur traurig und kann wieder einmal nicht glauben, dass das mein Leben ist.

11. Mai

Okay, ich bin hässlich, aber was soll's. Es gibt manche, die stört es nicht. So ein Glück. Ich schlüpfe in meine Jogginghose, werfe das enge Tuch in die Ecke. Heute ist Carlos dran. Ich schnappe ihn mir und zerre ihn ohne Umschweife ins Bett. Wickle uns fest ein in die Decke und verschwinde mit ihm in eine andere Welt. Kurze Aufwärmphase, und schon packt er mich mit seiner Lebendigkeit. Verführt mich mit seiner Zartheit. Ich vergrabe mich in ihm. Versinke, -sinke, -sinke in ihm. Mal traurig, mal euphorisch, ein bisschen pathetisch, und immer nimmt er mich mit. Ganz tief hinein. Heule mit ihm, schmunzle mit ihm, tanze und hebe ab mit ihm.

Ach, Martin, du bist auch da. Nein, ich hab dich nicht vergessen. Leg dich zu mir, jetzt darfst du mich zum Lachen und Staunen bringen. Ich mag deine Virtuosität, die Tragik, die du im Komischen beschwörst, die Details. Aber lass noch Platz für Ian und Rob. Denn manchmal brauche ich es härter. Will gefesselt werden und in den Abgrund blicken. Den Abgrund der menschlichen Seele. Genieße das Bizarre, mag auch ein bisschen Schmerz, ein bisschen Blut, das Verstörende. Und wenn ich mit Ian fertig bin, erhole ich mich mit Rafik. Lasse mich streicheln, um den Finger wickeln, forttragen in Märchenschlösser oder nach Paris. Genau, nach Paris will ich. Komm, Anna, hilf mir, geh ein Stück mit mir. Ich liebe es, wie du die Stadt sprechen lässt. Deine Leichtigkeit, deinen Humor. Zeig mir die schönsten Winkel und iss im Bett ein Éclair mit mir, mit Karamellfüllung und dazu einen Café au Lait.

Gott, was wäre ich ohne euch, die ihr mein Fluchtweg seid, mich entführt und einlullt mit eurer Phantasie und euren Worten. Mir Flügel schenkt, wann immer ich sie nötig brauche. Was wäre ich ohne eure Geschichten, die Paralleluniversen, die mich auffangen, wegreißen, bergen, nicht mehr loslassen.

Und mit auf den Weg gibt's ein Gedicht. Mit Hermann oder Mascha lässt sich alles besser aushalten. Denn ihre Worte geben mir Kraft, machen mir Mut. Sie sagen für mich, was ich nicht auszudrücken vermag. Rühren mich an, lassen mich fühlen.

Und in meiner Abgeschottetheit von der Welt der Gesunden, hier in meinem Bett, meiner Insel, verdichten sich die Bilder, die Bedeutung der Worte, hier kann ich reisen, kann aus diesem schwachen Körper, kann mich vergessen im Traum.

Solange ich lesen kann, bin ich lebendig.

12. Mai

Das Sanitätshaus. Das wohl erniedrigendste Kapitel im Leben einer jungen, modebewussten Brustlosen. Ich möchte ja hineingehen. Wirklich. Aber irgendetwas hält mich von hinten am Gürtel fest. Schätze, es ist schon wieder mein Stolz oder aber auch ein vorausgeahntes Minderwertigkeitsgefühl in Erwartung meines mit einem überdimensionalen Omabadeanzug angetanen Spiegelbilds. Dabei ist die Auslage im Schaufenster durchaus vielversprechend: orthopädisches Schuhwerk, Gehhilfen, Stützstrümpfe. Prothesenunterwäsche ist zwar nicht ausgestellt, dafür diese Riesenhosen für Schwangere, die über den ganzen Bauch gehen. Warum hatte ich so was eigentlich nie? So ein Rollwägelchen zum Einkaufen scheint mir auch ganz praktisch, und da ist ja auch ein Fußmassagegerät! Alles würde ich jetzt lieber kaufen, als eine Bademodenberatung über mich ergehen zu lassen. Aber es hilft ja nichts. Bei drei schüttele ich das Klammerding hinter mir ab und drücke die bimmelnde Glastür auf. Die ältere Dame hinter der Kasse sieht mich etwas irritiert an, als ich nach kurzem Muttanken vor dem Fußpflegeregal mein Begehr vortrage. Doch dann zählt sie sichtlich Schirmmütze und Pausbäckchen zusammen und bittet mich diskret, ihr über die Treppe nach unten zu folgen. Was sich hier auftut, ist nicht etwa das erwartete fleischfarbene Schlüpferparadies für sexuell inaktive Rentnerinnen. Es ist fast noch schlimmer. Der Trend geht zu großen farbenfrohen Mustern. Gleich rechts steht der Bademodenständer, von dem mich riesige Blüten und Vögel auf noch riesigeren Anzügen schadenfroh angrinsen.

»Dann schauen wir mal«, lächelt die Sanitätsartikelfachverkäuferin, »da ist mit Sicherheit etwas Flottes für sie dabei«, und greift siegessicher nach dem Kakadu.

»Ich weiß nicht. Dschungelmotiv finde ich nicht so toll, und diese Raffungen an der Seite müssen auch nicht sein. Haben Sie auch etwas Schlichteres?«

Sie durchforstet den Ständer, zieht Schubladen auf, verschwindet im Lager und befördert ein Modell nach dem anderen hervor, die ich allesamt mit bedauerndem Kopfschütteln ablehne.

Zumindest ist sie hochmotiviert und nach einer Dreiviertelstunde stehe ich mit dem einzigen Teil in der Umkleidekabine, das ich bereit bin, wenigstens einmal anzuprobieren. Immerhin ein Zweiteiler, auch wenn selbst dieser so viel Stoff hat, dass H&M mindestens sechs Bikinis daraus gemacht hätte. Den richtigen Umgang mit dem Ding traut mir meine

Beraterin allerdings nicht zu und kommt vorsichtshalber mit in die Kabine, um die Prothese fachgerecht in die dafür vorgesehene Tasche zu stopfen und anschließend für den richtigen Sitz zu sorgen. Ich stehe also nackten Oberkörpers mit einer schätzungsweise knapp siebzigjährigen Bademodenexpertin auf einem halben Quadratmeter und lasse mir die Brüste zurechtzupfen und -drücken, wieder einmal nicht wissend, ob ich lachen oder weinen soll. »Na ja, ein bisschen groß vielleicht«, sage ich, als ich mich vor dem Spiegel drehe. Und jetzt bin ich auch sicher, dass Weinen der Situation angemessen wäre. »Diese Modelle führen wir leider erst ab Größe 40. Kleiner geht also nicht, aber lassen sie mich mal machen.« Und nachdem sie noch einmal beherzt an Trägern und Schleifen Hand angelegt hat, schlackert das Ding wenigstens nicht mehr, und die Gute schlägt mit einem entzückten Juchzen die Hände vor der Brust zusammen. Zumindest eine ist sichtlich zufrieden. Und da es wohl kaum einen Sinn hat, hier eine fruchtbare Modediskussion zu beginnen, füge ich mich schließlich diesem hochnotpeinlichen Schicksal in Form des größten Modefauxpas seit meiner Jeanshotpants-und-Body-drunter-Phase in den frühen Neunzigern. Um es beim Namen zu nennen: Ich stecke in einer wild gemusterten, zölibatär hochgeschlossenen Art Tankini mit überbreiten, rückenfreundlichen Trägern, doppeltem Körbchen für den besonderen Halt und Hose mit bequem tiefem Beinausschnitt und extrahohem Bund zum Verstecken des Damenbäuchleins. Ich nicke ein ergebenes, unglückliches Nicken, um endlich diesen Laden verlassen zu können, denn ohne Beute lässt mich die Verkäuferin niemals gehen, das ist so sicher wie meine neuen Stützträger.

Mein erster rezeptpflichtiger Bikini (oder wie man das Ding auch bezeichnen mag) wandert nun zusammen mit ein paar Pröbchen ätherischem Fußbalsam in eine Plastiktüte.

Immerhin komme ich günstig davon, denn für Brustlose ist die Blamage im Schwimmbad krankenkassensubventioniert und kostet gerade mal fünf Euro fünfzig. Wenn das kein Grund zur Freude ist.

26. Mai

Hey, Paula, komm mal ans Fenster und schau mal raus. Fällt dir was auf?«

»Was denn? Ich seh nichts.«

»Na da, an dem kleinen Baum.«

»Blätter.«

»Genau. Blätter. Und jetzt gib mir mal deine Hand. Fühlst du was?«

»Bisschen weich. Wie Polly so weich!«

»Siehst du! Was hab ich gesagt. Das Bäumchen hat wieder Blätter und Mutti ein Kaninchenfell auf dem Kopf. Tochter, zieh die Schuhe an, wir müssen feiern gehen!«

»Wo gehen wir denn hin?«

»Erst mal zu Budni, da kaufen wir feierlich ein Shampoo, und dann bestellen wir uns irgendwo einen großen Apfelkuchen mit Sahne!«

27. Mai

Immer häufiger kann ich den Schmerz und die Gedanken an die Krankheit wegschließen. Nicht vergessen, sondern für eine Zeitlang wegschließen in meinem Innern. Als gäbe es ein kleines Kämmerlein irgendwo unter meinem Rippenbogen mit einer sehr dicken Tür. Schalldicht. Und alle schlechten Gedanken kommen da rein. Was sie da drin treiben, weiß ich nicht und geht mich dann nichts mehr an. In bin mittlerweile in immer mehr Momenten vom Krebs befreit. Vom körperlichen und vom seelischen. Ich weiß immer, dass er da ist, aber immer häufiger muss er sich hinter verschlossenen Türen austoben. Wie dankbar ich um dieses Kämmerlein mit den dicken Wänden bin. Natürlich kommen sie immer wieder raus, die schlechten Gedanken und die Angst. Haben sozusagen Freigang. Aber bestimmt gelingt es mir irgendwann, das Kämmerlein noch ein wenig ausbruchsicherer zu machen. Mit Stacheldraht oder scharfen Wachposten. Ein Hochsicherheitstrakt. Aber selbst ein Pappkarton mit Deckel und Luftlöchern ist schon mehr, als ich noch vor wenigen Monaten zu erhoffen gewagt hatte.

Und noch ein Wunder ist geschehen. Vor sieben Tagen habe ich meine letzte Chemo bekommen, und obwohl das Gift noch durch meinen Körper fließt, sprießen seit der letzten Infusion winzige, zarte Härchen auf meiner Kopfhaut, ein wirkliches Wunder also. Man kann sie noch nicht sehen, sie sind zu hell und zu fein, aber man kann sie fühlen. Immer wieder streiche ich mir über den Kopf. Wie schön das ist. Meine Kopfhaut bitzelt ein wenig, und wenn ich die Handfläche nur ganz leicht über die Haarspitzen lege, bekomme ich eine Gänsehaut. Das sind meine Haare, das ist mein weicher Kopf, den man wieder streicheln kann. Und ich streichele ihn den ganzen Tag.

29. Mai

Die Bestrahlung wird ein Spaziergang angesichts dessen, was ich bereits hinter mir habe (sagt Dr. M.), also spaziere ich einigermaßen angstfrei in die radiologische Praxis. Schließlich baumelt mir die imaginäre Tapferkeitsmedaille der Onkologiestation um den Hals, und da heute sowieso nur Simulation auf dem Programm steht, die Generalprobe sozusagen, dürfte das ein Klacks sein für einen alten Krebshasen wie mich. Doch leider zu früh gefreut. Schon im Wartebereich spüre ich wieder, wie sich meine Brust verengt. Ein Spaziergang ist eben doch etwas anders als wieder eine neue unangenehme Station im Krebsparcours, wieder Zähne zusammenbeißen, wieder die Kontrolle abgeben, wieder meinen Körper buchstäblich in fremde Hände legen. Ich will gerade ein Tränchen abdrücken, da werde ich aufgerufen. Aber holla, was ist denn das? Es werden doch nicht seine Hände sein? Doch nicht die Hände, die zu dieser hochgewachsenen Gestalt, diesem verschmitzten Gesicht und den graumelierten Schläfen gehören? Na gut, ich denke, diese sieben Wochen werde ich auch noch rumbringen. »Komme schon!«

Sein Händedruck ist kräftig und vertrauenerweckend. Die Erklärungen leuchten mir ein, Lungenschäden können auftreten, eine durch die Reizung erzeugte Art Bronchitis wäre nicht unüblich, Kopfschmerzen vielleicht, ein dumpfes Gefühl auf jeden Fall, allgemeine Erschöpfung, was ja nichts Neues wäre. Wie schlau er ist, und diese Grübchen! Jetzt würde er sich noch gerne die Brust ansehen, bevor die Assistentin dann das Bestrahlungsfeld aufzeichnet und die Simulation übernimmt. Wie bitte? Die Brust sehen? Jetzt? Wo wir uns gerade erst kennengelernt haben? Das geht mir ein bisschen schnell. Können wir nicht lieber erst mal ein Fläschchen Rotwein aufmachen, vielleicht ein bisschen schöneres Licht als diese Neonröhre, vielleicht ein etwas wärmeres Ambiente als diesen Röntgenkeller? Und wie ist denn Ihr Vorname, Doktor?

»Es geht um die Wundheilung und die Wölbung Ihres Brustkorbs. Entsprechend wird der Bestrahlungswinkel berechnet, um Lunge und Herz so wenig wie möglich zu belasten.« Schon gut, ich mache ja schon. Das kann man aber auch ein bisschen romantischer sagen.

Ob mich jemals wieder ein Mann außerhalb einer medizinischen Untersuchung zum Ausziehen auffordern wird? Eine Berührung jenseits von Tastbefund ist kaum mehr vorstellbar. Das ist doch zum Verzweifeln. Die Unmöglichkeit, auch nur einmal seine weibliche Würde länger als zehn Minuten bewahren zu dürfen, ist einfach zum Verzweifeln. Wie viele Männer mich im letzten halben Jahr schon nackt gesehen haben! In anderen Zusammenhängen würden meine Freundinnen vor Neid erblassen. Aber auch dieses sexy Exemplar hier ist wieder nur rein professionell an meiner Anatomie interessiert. Es steht schließlich auch nicht jeder auf drei Millimeter Frisur, dabei sehe ich so torgefährlich aus, und der androgyne Schick hat doch auch eine gewisse Erotik, oder nicht? Wie schön das wäre, wenn wenigstens einer mal wüsste, mit wem er es hier wirklich zu tun hat, wenn mich wenigstens einer mal wieder mit einem Blitzen in den Augen ansehen würde, satt mit diesem trüben Mitleidslächeln. He, wissen Sie was, Doktor, Sie können jetzt gerne betreten zu Boden schauen beim Anblick meines zerschnippelten Oberkörpers, aber ich wette, letztes Jahr hätten Sie sich noch die Finger geleckt, also fühlen Sie sich mal nicht so sicher, Ihr Kleinjungencharme ist auch vergänglich.

»Alles in Ordnung bei Ihnen, die Naht sieht gut aus, Sie können sich wieder anziehen. Dritte Tür links jetzt bitte, und wir beide sehen uns dann nächste Woche.«

Wir beide? Na also, geht doch.

Kaum angezogen, muss ich mich gleich darauf wieder entkleiden, diesmal vor den Augen der jungen, überschminkten Assistentin. »Hier hinlegen bitte, Hände an die Griffe und auf keinen Fall bewegen. Toll machen Sie das!« Danke, Sie machen das aber auch toll, so überkandidelt, dass man fast seine Nacktheit vergisst. Nur der Grund meines steifen Daseins auf dieser Liege ist mir dummerweise wieder eingefallen, und außerdem gruseln mich diese Gipskörper, die hier von der Decke hängen. Halbe Oberkörper und hohle Köpfe. Sind das Abdrücke von echten Menschen? Ob die alle noch leben?

Ein riesiges rundes Gerät fährt um mich herum, und natürlich hat sich die Assistentin wieder hinter der Panzertüt verschanzt. Außer mir darf schließlich niemand auch nur in Berührung mit diesen hochgefährlichen Strahlen kommen, sind ja krebserregend, Simulation hin oder her. Todbringendes wird eben mit Todbringendem bekämpft. Und dann bekomme ich endlich mein Muster auf die Brust. Zweifarbig sogar, in Blau und Grün. Ich muss an ein Fadenkreuz denken. Ich bin eine wandelnde, lebendige Zielscheibe, auf die diese Roboter ihre giftigen Strahlen abfeuern. Ich sollte wieder daran arbeiten, meine Therapien als Verbündete zu betrachten, aber damit kann ich auch noch anfangen, wenn's richtig losgeht. Dann nenne ich sie Kriegsbemalung, diese Kreuz-und-quer-Linien auf meinem Oberkörper, mit denen ich nun sieben Wochen herumlaufen muss. Duschen jetzt also nur noch bis zur Hüfte und: »Ziehen Sie keine guten T-Shirts oder Blusen an, denn die Stifte färben ganz furchtbar und lassen sich nicht mehr rauswaschen.« Irgendwie ist das Strategie, dass einem als Krebspatient jede Chance auf ein würdiges

Aussehen genommen wird, und sei es, indem fies färbende Stifte erfunden werden, die nur noch Altkleideroberteile erlauben. Nach einer halben Stunde werde ich mit meinem Terminzettel und meinem Tattoo entlassen. Morgen also geht es los.

5. Juni

Bestrahlung Nr. 1.

Punkt 11 Uhr 25 reihe ich mich schicksalsergeben in die lange weiße Stuhlreihe zwischen die Gebeugten und Gebeutelten. In ein paar Tagen werden die, die wie ich täglich dran sind, bereits bekannte Gesichter sein, und ich werde wohl das ein oder andere Nicken verteilen müssen, bevor ich den Stapel Zeitschriften nach dem neusten Klatsch aus den Königshäusern und den Herbsttrends durchforsten kann. Dabei habe ich längst genug von Krebsgenossen und will endlich mal wieder unter Menschen sein, die nicht schon mit einem Fuß im Jenseits stehen. Ich will gar nicht wissen, wer hier was hat. Aber wegen Schnupfen wird nun mal keiner bestrahlt, weshalb sich mir beim Anblick des kleinen Jungen mit dem schmalen gelben Gesicht ganz am Ende der Reihe der Magen zusammenkrampft. Also, was ist jetzt mit den Gerüchten um Angelina Jolies erneuter Schwangerschaft? Die Lungenkrebsler sind besonders schwer zu ignorieren, wegen dieses schmerzhaften, rasselnden, ununterbrochenen Hustens. Und die Frau da gegenüber mit dem Hut hat auch noch die neue »Gala« gebunkert. Immerhin, ich muss nicht lange warten, bis ich aufgerufen werde. Kabine zwei ist meine. Ein Zettel an der Innenseite der Tür verrät mir, was zu tun ist.

Bestrahlungsfeld bitte frei machen, Kabinentür von innen verschließen und warten, bis man abgeholt wird. Nach zwanzig Sekunden bin ich ausgezogen, nach fünf Minuten werde ich abgeholt, reichlich Zeit also, um beim Studium meines neonbeleuchteten, eddingverzierten Oberkörpers im Türspiegel schlechte Laune zu bekommen. Ein kalter Spaziergang durch einen fünfzig Meter langen Kellergang. Wie bitte soll man auf Augenhöhe einen Smalltak mit der medizinschen Assistentin halten, wenn man bis zur Hüfte entkleidet ist? Und wohin währenddessen mit den Händen? Vor der Brust verschränken sieht ja aus, als schäme man sich furchtbar. Also sage ich lieber »Huch, ist das aber kalt hier«, bevor ich mich notdürftig bedecke, als wir am offenen Physikerraum vorbeikommen, wo zwei junge Burschen irgendwelche Winkel und Strahlendosen berechnen.

Und dann sind wir alleine: der Strahlenroboter und ich in diesem großen gekachelten Raum. Eine harte Metallliege unter mir, nicht bewegen, und die Hände müssen unbedingt an den Griffen über meinem Kopf bleiben. Vor meiner Nase schwingt das spiralförmige Schaltkabel hin und her. Als würde ich an einem Felsvorsprung hängen, klammere ich mich an den Griffen fest. Das Monster fängt an zu kreischen und fährt in einem Halbkreis um mich herum. Ich bekomme Gänsehaut. Nach vierzig Sekunden ist alles vorbei, und ich hatte gar keine Zeit für kriegerische Vorstellungen von kleinen Kampfrobotern, die mit ihren Laserschwertern graue Schwabbelzellen versengen.

»Tschüs dann, bis morgen«, wieder anziehen in der Muffkabine und ein tonloses »Wiedersehen« beim Gang an den Stuhlreihen vorbei.

6. Juni

Bestrahlung Nr. 2.

Punkt 11 Uhr 25 schicksalsergebenes Einreihen in die lange weiße Stuhlreihe zwischen die Gebeugten und Gebeutelten. Immer noch kein Nicken, dafür die neue »Gala«. Und täglich grüßt der Lungenkrebs. Schon wieder werde ich aufgerufen, noch bevor ich weiß, was sich bei Brangelinas Familienplanung tut, weshalb ich die Zeitschrift für morgen vorsorglich ganz unten im Stapel verstecke. Frau End in Kabine zwei, Frau End bitte. Den Zettelinhalt kenne ich schon und lese ihn trotzdem. Nach zwanzig Sekunden bin ich ausgezogen, nach fünf Minuten werde ich abgeholt, reichlich Zeit also, um beim Studium meines neonbeleuchteten, eddingverzierten Oberkörpers im Türspiegel schlechte Laune zu bekommen. Ein kalter Spaziergang durch den fünfzig Meter langen Kellergang. »Huch, ist das aber kalt hier«, vor dem offenen Physikerraum. Und dann sind wir alleine: der Strahlenroboter und ich in diesem großen gekachelten Raum. Eine harte Metallliege unter mir, nicht bewegen, Hände an die Griffe. Vor meiner Nase schwingt das spiralförmige Schaltkabel hin und her. Das Monster fängt an zu kreischen und fährt in einem Halbkreis um mich herum. Ich bekomme Gänsehaut. Nach vierzig Sekunden ist alles vorbei und ich hatte wieder keine Zeit für kriegerische Vorstellungen von kleinen Kampfrobotern, die mit ihren Laserschwertern graue Schwabbelzellen versengen.

»Tschüs dann, bis morgen«, wieder anziehen in der Muffkabine und ein tonloses »Wiedersehen« beim Gang an den Stuhlreihen vorbei.

14. Juni

Jeden Tag ein Déjà vu, und das Bestrahlungsfeld wird dreifarbig. Nicht mehr nur grüne und blaue Striche, jetzt auch leuchtend rote Haut. Kann sein, dass die Verfärbung der Haut nie mehr ganz verschwindet, aber das ist eigentlich auch schon egal. Dafür tut die Bestrahlung den Narben gut, die schon viel glatter geworden sind. Die Termine sind mittlerweile in den Abend verschoben, weil nachts die Matschbirne nicht so sehr stört, was meinen akademischen Bemühungen entgegenkommt. Ich wache also in der Regel mit einem leicht dumpfen Gefühl, aber mit funktionierendem Gehirn auf, so auch heute, am Tag meiner Prüfung in Medienkultur, der letzten. Wenn ich Paula heute Abend mit obligatorischem schlechtem Gewissen und ihrem Malbuch vor dem Bestrahlungsraum postiere (Problem von Behandlungsterminen außerhalb der Kita-Öffnungszeit) und auf meiner kleinen Metallliege niedersinke, dann bin ich ein fertigstudierter Mensch. Ein fertigstudierter Mensch mit wundervollem Kaninchenfell auf dem klugen Kopf. Eventuell begegne ich ja zur Feier des Tages auch mal wieder meinem strahlenden Doktor, und er wirft einen schnellen Blick auf meine Brust. Vielleicht überlegt er sich es ja noch mal, wenn er erst sieht, wie gesund und fast ein bisschen weiblich ich aussehe mit meinem Haar, das akademische Lächeln nicht zu vergessen.

Vorher muss ich allerdings noch Prof. T. überzeugen, dass ich bezüglich Luhmanns Medientherorie und Pedro Almodovars intermedialer Praxis im Bilde bin. Mein Fell verstecke ich zu diesem Zwecke vorsichtshalber noch einmal unter einem Tuch, auf Gesunde muss man immer ein bisschen mehr

Rücksicht nehmen, was die Zurschaustellung von Gebrechlichkeiten angeht. Und dann sitze ich hochnervös auf dem weichen Sofa Prof. T. gegenüber und rede mich um Kopf (den kahlen) und Kragen (den nichtvorhandenen). Ich hätte besser vorbereitet sein können. Hätte ich? Nein, hätte ich nicht, denn ich habe getan, was ich konnte. Hier ist Improvisationstalent gefragt, und ich bin nicht ganz sicher, ob mir nicht auch ein kleiner Krebsbonus zuteilwird, als mir Prof. T. am Ende meiner vielleicht verzweifelt eloquenten, aber fachlich mauen Vorstellung eine 1,3 schenkt. Und wenn schon. Warum sollte ich nicht einen kleinen Bonus bekommen? Wenn ich keine Krankheit zu bewältigen und kein Kind zu versorgen hätte, wäre ich höchstwahrscheinlich durchgestiegen durch die verqueren Gedanken von Luhmann und Co. Eigentlich gerecht, so eine kleine Schmerzzulage. Auch ihn werde ich vermissen, den verschmitzten Prof. T. und sein weiches Sofa. Er wünscht mir Glück, und ich ihm noch einen schönen Tag. Wieder ein Abschied. Wo ich Abschiede doch neuerdings so schlecht kann. Der nächste angstschlotternde Prüfungskandidat wartet schon vor der Tür. »Gar nicht schlimm und sofort wieder vorbei«, flüstere ich ihm zu, als wir uns die Klinke in die Hand geben, und dann jubele ich ganz still und leise und nur für mich, während ich ein letztes Mal die tausend Stufen des Philosophenturms hinunterhüpfe.

16. Juni

Mama, ich will nicht groß werden. Niemals.«
»Warum denn nicht?«
»Na, weil man da Du-weißt-schon-was kriegen kann.«

»Was denn?«

(Flüsternd) »Na, Krebs.«

»Hast du Angst, dass du auch Krebs bekommst?«

»Ja.«

»Schau mal: Es bekommt nicht jeder Krebs. Dass ich Krebs bekommen habe, war ein riesengroßer blöder Zufall. Stell dir mal vor, ein Hund kackt irgendwo in die Stadt. Tausende Leute laufen an diesem Tag durch die Stadt. Und einer ist vielleicht auch dabei, der in den Haufen tritt. Und ich, ich bin dummerweise unter all den tausend Menschen in den Hundehaufen getreten. Unter all den vielen Menschen habe ich den Krebs bekommen, das war reines Pech. Das heißt doch noch lange nicht, dass du auch Krebs bekommst, wenn du groß bist. Außerdem passen wir ganz gut auf dich auf und gehen regelmäßig zum Arzt. Ich bin mir sicher, du bekommst niemals Krebs. Ich glaube, ich hatte genug Pech für uns beide.«

»Ich will trotzdem nicht groß werden.«

»Aber wenn du nie groß wirst, dann kannst du ja auch nie Pferdepflegerin werden und auf einem Bauernhof wohnen. Und Fernsehen so lange du magst und eine Mama sein und so viele Kugeln Eis kaufen, wie du willst, kannst du dann auch nie. Und vor allem kannst du dich dann nie wehren, wenn ich dich durchkitzele, so wie jetzt gleich!«

»Kann ich wirklich mal einen Bauernhof haben?«

»Warum nicht? Wenn du dir das wünscht, kannst du bestimmt mal auf einem wohnen.«

»Okay, dann werde ich doch groß. Aber ich bleibe immer dein Kind, auch wenn ich erwachsen bin und du bleibst immer meine Mama.«

»Immer und ewig und noch viel länger. Das ist doch wohl klar wie Kloßbrühe.«

17. Juni

Aufgeregt rutschen wir auf der Rückbank des Taxis herum. Irena, Constance und ich. Mit High-Heels und klopfenden Herzen. Noch vor nicht allzu langer Zeit sind wir, zwar nicht mehr so häufig wie früher, dafür umso tanzwütiger, hocherhobenen Kopfes und im Glauben, die Königinnen der Nacht zu sein, in die Clubs hineinspaziert wie in unser Wohnzimmer. Und jetzt müssen wir vor Nervosität alle paar Minuten aufs Klo. Das erste Mal gehen wir alle drei wieder zusammen aus. Das erste Mal, seit Constances Sohn geboren ist, das erste Mal, seit Irena nach Berlin gezogen ist. Und das erste Mal, seitdem es endlich vorbei ist. Sechs Monate Chemotherapie sind vorbei. Ein halbes Jahr Kotzen, Heulen, Leiden ist vorbei, vorbei, vorbei, und das will nun endlich gefeiert werden. Noch ein paar Wochen im Krankenhauskeller, und ich bin wieder ein freier Mensch! Ein freier Mensch mit einem Examenszeugnis in der Hand. Und pünktlich kommt jeden Tag ein bisschen mehr das Leben in meinen Körper zurück trotz täglichem Beschuss aus der Strahlenkanone. Mit ein bisschen Quetschen passe ich endlich wieder in meine Jeans, denn das Kortison und all das andere Gift verschwinden nun Stück für Stück mit dem morgendlichen Bündel vollgeschwitzter Bettwäsche in der Waschmaschine. Ich trage mein weißes Tuch mit den Silberfäden auf dem Kopf. Dazu große silberne Ohrringe, die aus der Not einen ganz passablen Look machen. Ganz ohne wage ich es noch nicht. Meine Kopfhaut ist zwar bereits mit weichem silberblondem Flaum bedeckt, aber es sieht doch noch ein wenig pathologisch aus. Sogar meine kurzen Wimpernstoppeln habe ich zur Feier des Tages in schwarze Mascara getaucht.

Es ist Mitternacht, das Taxi hält. Riemchen festzurren, Rock glatt streichen, Freundinnen anschmunzeln, ganz tief einatmen. Tanzschuh küsst Kopfsteinpflaster beim Aussteigen.

Und dann sehe ich Ben. Er steht am Eingang und wartet auf mich. Ich habe ihn gestern angerufen, und er hat sofort zugesagt. Mein treuer Ben. Als ich noch keine Drehung richtig beherrschte, hat er mich schon mit Engelsgeduld übers Parkett geführt und mir die spitzen Absätze auf seinen Zehen verziehen, als ich mich noch im neunten Monat schwanger auf die Tanzfläche gerollt habe, war er der Einzige, der sich mir und meiner dicken Kugel angenommen hat. Jetzt schenkt er mir mit seiner festen Umarmung die Sicherheit, die ich brauche, um an den Türstehern vorbei in den Club zu treten.

Es ist noch früh, auf der Tanzfläche drehen sich erst wenige Paare, kurzes Warten an der Garderobe, Mädchen mit knappen Kleidern zullen Caipis mit kurzen grünen Strohhalmen, satte Bläsersätze zerschneiden die dicke Luft, eine dunkle Stimme singt von verzweifelter Liebe, meine Beine sind wabbelig weich. Ich denke, vielleicht wäre Ben jetzt lieber mit einem anderen Mädchen hier. Mit einem der dunklen Lockenköpfe neben mir oder dem blonden Zopf da vorne. Einem mit Frisur eben. Ich lächle unsicher, und er tut wie so oft genau das Richtige. Legt mir seinen Arm um die Schulter und drückt mich an seine Brust. Seinen dunklen starken Arm mit der weichen Haut, seine muskulöse Brust, die mich wie ein Schild vor allem Bösen dieser Welt beschützen würde. Constance und Irena haben sich schon an die Hände genommen und schwingen die Hüften zum Takt. Wie hübsch sie sind, wie eins mit den sich kräuselnden Wellen der Melodie, wie federleicht.

Und dann gibt es nur noch die Musik, die Lichter und uns. Sacht nimmt Ben meine Hand, zieht mich mit sich an den Rand der Tanzfläche. Hält mich vorsichtig und doch sicher, als könne ich zerbrechen und gleichzeitig von der Musik davongetragen werden, die jetzt ganz durch mich hindurchgeht und mich von Kopf bis Fuß mit Aufregung und Funkeln erfüllt. Nichts in diesem Raum steht mehr still, kein Bein, kein Glas, keine Locke, keine Rockfalte, keine Zelle, kein Molekül. Die Männer führen die Frauen eng an ihren Körpern vorbei, ein Wunder, wie die fliegenden Füße die freien Zentimeter auf der mittlerweile überfüllten Fläche treffen. Ich drehe mich immer sicherer. Keine fliegenden Haare, dafür ein fliegendes Herz. Nach kürzester Zeit läuft mir der Schweiß in Bächen den Rücken hinunter, und das Kopftuch klebt mir an der feuchten Stirn. Kreisende Hinterteile, sich weich biegende Rücken, zitternde Schultern, lachende Augen und Münder, schwitzige Hände, fest gegriffen. Wie ein Blitz fährt der Rhythmus in die Körper und entlädt sich in fließender Bewegung. Ein Stück Türkis von Constances Rock fliegt vorbei, eine Sommersprosse von Irena.

Irgendwann wird auch Paula so tanzen wie ich jetzt. Ich würde alles darum geben, wenn ich sie dann sehen könnte, wie sie später wohl aussieht, wie sie sich bewegt? Mein kleines Baby, irgendwann drehen wir uns vielleicht zusammen.

Die Luft scheint zu flimmern, mir wird ein wenig schwindelig. Ich drücke mich ein bisschen näher an Ben. Er versteht mein Zeichen, legt mir seine Arme tragend in den Rücken und wiegt mich ein paar erholsame Takte. Sein Hals glänzt feucht, er riecht vertraut und gut. Wie vor sechs Jahren mit Trampelfüßen, wie vor vier Jahren mit Riesenwampe, wie vor zwei Jahren, als wir uns die wenigen Male küssten, bis wir uns doch wieder nur aufs Tanzen verlegten. Wieder berührt werden. Das ist so schön. Meine Knie zittern wie die eines frisch geborenen Kälbchens, das sich zum ersten Mal aus dem klebrigen Stroh erhebt.

Ich brauche dringend eine Pause, lehne mich japsend an einen Barhocker und überlasse Ben großzügig einen Moment den Lockenköpfen. Er schäkert ein bisschen, kommt aber immer wieder zu mir zurück. Nimmt meine schwitzige Hand wieder in seine und ist ganz und gar bei mir. Trotz Krebskopf. Vielleicht sogar ein bisschen weil Krebskopf.

»Ich glaube ich kann nicht mehr. Ich brauch mal ein bisschen Luft um den Kopf.«

Ich löse mich von meinem Kavalier und falle mit meinen Mädels in die gerade frei gewordenen Korbstühle. »Nimm es doch ab, das Tuch! Du siehst so toll aus mit deinen kurzen Haaren.« Irena macht mir Mut. Mein Blick sucht Ben. Kaum habe ich mich gesetzt, wird er von einem blonden, langbeinigen Wesen bestürmt. Was, wenn er mich scheußlich findet? Was, wenn es ihm unangenehm ist, mit mir gesehen zu werden? »Vertrau uns. Wir würden das nicht sagen, wenn es nicht wahr wäre.« Na gut. Ein durchgeschwitztes Tuch auf dem Kopf ist auch nicht besser als ein fast kahler Schädel, und ich halte die Hitze wirklich nicht mehr aus. Bei drei! Ein paar Augenpaare von links, vier, fünf, ein paar von rechts, sieben, acht, und dann ist der Drops auch schon gelutscht. Und vom anderen Ende des Raums lacht mir eine strahlende Ben-Zahnreihe entgegen.

Ich spüre die klitzekleine Luftbewegung, die mir der wackelnde Ventilator an der Decke zuhaucht. Ich spüre sie auf dem Kopf, ja, ich spüre sie tatsächlich in meinem Haar! Übertrieben vielleicht, aber für mich ist es Wind in meinem Haar. Was für ein schmerzlich vermisstes Gefühl, was für ein Geschenk. Trotz des zustimmenden Kopfnickens meiner Freundinnen über die schwirrenden Töne hinweg, die jetzt ungebremst auf mein Ohr treffen und sich angesichts meiner neuen Kopffreiheit hoch bis unter die Drecke zu schrauben scheinen, muss der nächste Tanz wenigstens einen Blick in den Spiegel abwarten.

»Super Frisur«, ruft mir eine kleine Latina zu, die gerade dabei ist, sich die Lippen nachzuziehen, als ich die schwingende Toilettentür hinter mir zufallen lasse. »Wer, ich?«, frage ich verwirrt und schaue mich nach anderen Frisuren um. »Klar du. Das kann echt nicht jede tragen. Aber dir steht es super. Mutig. Würde ich mich nicht trauen.« Und tatsächlich. Aus dem Spiegel blickt mich gar kein kahler Krebskopf an, sondern ein Mädchen mit einer Millimeterfrisur, die nach präziser Friseurtechnik aussieht. Ich wische mir mit Papierhandtüchern den Schweiß von Stirn und Nacken und stopfe das Tuch in meine Handtasche. Mutig hat sie gesagt. Na ja, ein bisschen mutig bin ich vielleicht schon. Also los, schönes, mutiges Mädchen. Kopf hoch, Prothese raus, Bauch rein und zurück auf die Tanzfläche.

19. Juni

Mama und Papa End sind zu Besuch. Und die kleine Judith? Ist schon fast wieder volljährig! Mama hat natürlich wieder Quittengelee mitgebracht und Papa die obligatorische Lesetasche. Es gibt Dinge, auf die ist eben Verlass. Und in Sachen Lesetasche und selbstgekochter Marmelade kann sich die Welt fünfmal auf den Kopf stellen, sie sind und bleiben. Wundervoll beruhigend ist das. Auch das leicht unsichere, sorgenvolle Lächeln haben die beiden wieder im Gepäck. Völlig verständlich und völlig angemessen. Wer weiß, wie die Tochter aussieht, wenn sie gleich die Tür öffnet, und wer weiß, wie sie beisammen ist. Der psychische Zustand des Patienten ist schließlich die halbe Miete, das weiß zumindest Mama, die sich längst den ein oder anderen Ratgeber à la »Autosuggestion und Genesung« zugeführt hat. Aber Gott sei Dank, das Sorgenkind öffnet mit einem Strahlen, und sie sieht gar nicht so übel aus. Glücklicherweise ist sie ja der Typ, der fast jede Frisur tragen kann. Aber das Beste ist, sie bekommt nicht nur langsam wieder Konturen im Gesicht, sondern ist auch eindeutig auf dem Weg zurück ins Erwachsenendasein. Guck mal, Mama: Das Telefon klingelt, ich gehe selbst ran. Mein Terminkalender ist voll, und alles selbst ausgemacht. Die Küche ist dreckig, okay, dafür sind die Betten frisch bezogen.

Und dann gibt es doch noch eine kleine pubertäre Einlage, als plötzlich der Briefträger mit einem Einschreiben der Universität vor der Tür steht.

»Warum schreibt mir die Uni? Und dann gleich so wichtig. Papa, ich bin bestimmt durchgefallen!«

»Quatsch, das ist dein Zeugnis. Mach doch auf!«

»Ich kann nicht. Mach du.«

»Kind, das ist dein Brief. Mach es selbst.«

»Nein du.«

»Du.«

»Na gut, gib her.«

Mein Herz klopft, als läge die Entscheidung über Leben und Tod höchstpersönlich in diesem Umschlag. Wenn ich durchgefallen bin, was dann? Ich kann gar nicht durchgefallen sein, das ist völlig unlogisch. Aber was, wenn doch? Wenn ich erst mal mein Zeugnis in den Händen halte, dann ist alles vorbei, habe ich mir so oft gesagt. Dann ist die ganze schreckliche Zeit vorbei. Und hier ist es jetzt. Ist es vorbei? Nein, nicht alles ist vorbei. Aber vieles. Der große Brocken ist geschluckt. Liegt allerdings noch reichlich schwer im Magen.

Mit zittrigen Fingern fische ich ein Schreiben heraus. Oh Gott, da ist es, da steht es. Hat mit »sehr gut« ihre Magisterprüfung im Fach … und so weiter, und so fort. Erschrocken und erleichtert stopfe ich das Zeugnis schnell wieder in den Umschlag, genug gesehen. »Hier, Papa. Kannst lesen. Ich hab's geschafft.«

Hoppla, das sind ja Tränen in den Augen meines Vaters. Vor Rührung, vor Stolz? Weil vielleicht jetzt alles gut wird? Wehe, wenn nicht, und ich habe diesen ganzen Kack umsonst gemacht. Puhh. Durchatmen. Du bist eine Hochschulabsolventin, Judith. Fünf Minuten Freude sind erlaubt. Und dann drückt mich mein Vater fest an die Brust, und, ja, ich freue mich. Und, ja, Papa, vielleicht wird wirklich alles gut.

Für ein bisschen Feierlichkeit am Abend sorgt dann Mama mit ihrem Zitronenhühnchen an Gemüsecouscous nach Jamie Oliver. Mama kocht jetzt nur noch mit Jamie. Doro, Philip und Jörn sind eingeladen, und es schmeckt phantastisch, und es fühlt sich phantastisch an, und wir erzählen, und wir lachen und wir sind glücklich, beisammen zu sein.

Wenn ich es mir recht überlege, dann habe ich doch ziemliches Glück in diesem Leben.

28. Juni

Ich muss morgen noch einmal für ein paar Stunden ins Krankenhaus, Schnecke. Dauert aber nicht lang. Du bist mit Emmi verabredet.«

Paula reißt die Augen auf. »Warum denn? Hast du wieder einen Krebs?«

»Um Gottes willen, nein!«, das hättest du auch ein bisschen geschickter einfädeln können, Mama. »Im Gegenteil. Ich verabschiede mich jetzt von meinem Krebs. Morgen nehmen sie mir diesen Hubbel hier wieder raus. Den Port, durch den ich die Chemo bekommen habe. Das ist eigentlich ein Feiertag.«

Erleichtert wendet sich Paula wieder ihrem Malbuch zu. »Also, ich sag ihm nicht tschüs, dem Krebs, ich fand ihn gemein und blöd.«

»Ja, war der ja auch. Auf Nimmerwiedersehen sage ich ihm. Dass er auch bloß für immer fortbleibt.«

»Auf Nimmerwiedersehen, und lass dich hier nicht mehr blicken, du Scheißer, sage ich.«

»He, Paula, Scheißer sagt man aber nicht.«

»Man klaut auch nicht Haare.«

»Da hast du auch wieder recht.«

Was hab ich nur für ein kluges Kind.

30. Juni

Ich bahne mir einen Weg um die vollbesetzten Tische herum, an denen Jörns Freunde sitzen. Ich lächele bemüht den vielen Gesichtern zu, doch sie wenden sich desinteressiert ab. Ich suche einen freien Stuhl, aber da ist keiner. Ich will mich dazusetzen, keiner öffnet seinen Kreis. Als ich Jörns Freundin Linda anspreche, dreht sie sich demonstrativ weg und antwortet nicht. Die viele Rücken bilden eine undurchdringliche Mauer, und mein Hals wird trocken. Dann stehe ich plötzlich neben den Fahrrädern, will aufsteigen, als ich die Gruppe hinter mir spüre. »Sagt, könntet ihr nicht ganz so schnell fahren, damit ich auch mitkomme. Ihr wisst ja, ich habe Krebs«, sage ich ganz zaghaft. Sie fangen an zu lachen. Ein böses, kaltes Lachen, und dann ist es totenstill. »Du kannst jetzt aufhören mit dem Theater«, sagt Linda. »Wir wissen, dass du lügst. Du hast keinen Krebs. Du willst dich in den Mittelpunkt spielen und sonst nichts.«

Mein Herz fängt an zu rasen. »Aber das stimmt nicht. Ich bin wirklich krank.« – »Ach ja? Dann beweise es mal.« – »Ich habe eine Karte, da steht es drauf.« Ich krame verzweifelt in meinen Taschen und kann nichts finden. »Wirklich. Ich habe eine Karte, ich finde sie nur nicht.«

Triumphierend richtet sich Linda an die gesichtslose Meute. »Seht ihr, ich habe es gewusst. Alles nur gespielt.« Ich blicke mich hilfesuchend nach Jörn um, aber er ist nicht da. Wie eine würgende Hand legt sich die Angst um meinen Hals, dann schrecke ich hoch. Mein Kissen ist feucht, ich habe im Traum geweint.

Jörn hat heute Geburtstag und freut sich so sehr auf den Fahrradausflug mit seinen Freunden. Ich würde mich auch gerne freuen, denn die Sonne scheint und verspricht einen perfekten Tag, aber ich freue mich nicht, ich habe Angst. Ich habe Angst vor den glücklichen Menschen, die gleich mit ihren frisch aufgepumpten Rädern und strammen Schenkeln bereitstehen werden. Trotzdem wollte ich nicht absagen, weil ich Jörn nicht enttäuschen und auch weil ich nicht schon wieder alles verpassen wollte. Die Port-Operation gestern habe ich gut überstanden, das Teil ist draußen, die Naht mit einem stabilen Pflaster abgeklebt, so dass eine Fahrradtour zwar vollkommen unvernünftig, aber nicht unmöglich ist. Wenn mir Paula in ihrem Sitz zu schwer wird, findet sich mit Sicherheit jemand, der mit mir das Rad tauscht, und zur Not kann ich immer noch mit der Bahn zurückfahren, weshalb ich zwei Stunden später zwischen all den strammen Radlern stehe und alles genau so kommt, wie ich es erwartet habe.

»Hey, schön, dass du dabei bist. Gut siehst du aus!« Warum kann ich nicht auch einfach nett zu Linda sein? Sie bemüht sich so und hat mit Sicherheit keinen einzigen der schlechten Gedanken, die ihr mein Traum unterstellt hat. Die Einzige mit schlechten Gedanken bin ich. Doch auch wenn ich mir das hundertmal sage, es hilft nichts. Ich will keine Komplimente hören und schon gar nicht von einem Model mit ultragroßem Herzen. Ich bin neidisch. Punkt. Ich bin unglücklich. Punkt. Ich mag mich selbst nicht und kann nicht zulassen, dass mich sonst jemand mag, und deswegen halte ich fest an meiner Strategie eisiger Kälte. Ich bin eine Festung der Unnahbarkeit, denn ich bin eifersüchtig auf diese jungen Frauen, weil sie für meinen derzeitigen Geschmack eindeutig zu hübsch sind und auf eine Art am Leben teilhaben, die mir verwehrt ist. Als hätte ich als Einzige kein Stück vom Kuchen abbekommen und auch nicht vom Glück. Ich bin einfach draußen. Ich bin die Einzige, die schon nach wenigen Metern aus der Puste ist. Ich bin die Einzige, die alle paar Minuten antihormonbedingt in Schweiß ausbricht. Ich bin die Einzige, die ein Zwanzigkilokind im Kindersitz zu transportieren hat. Und ich bin die Einzige, die gestern eine Port-Operation hatte, am Ende trotz aller Folter vielleicht doch an Krebs stirbt und ein hilfloses Kind hinterlässt. Vor allem aber bin ich die Einzige, die hier schlechte Laune hat und konsequent auf ihrer Isolationshaft besteht. Ich könnte mich freuen, dass ich alles hinter mir habe, stolz auf mich sein, denn ich bin doch jetzt eine Uni-Absolventin. Ich könnte froh sein, dass ich überhaupt noch Fahrrad fahren kann und es Menschen gibt, die mit mir ihren Geburtstag verbringen möchten. Aber ich kann nichts von alldem fühlen, denn ich bin schon wieder das Mädchen, das nicht weiß, wohin sie gehen soll, wer sie lieben könnte, ob sie hässlich ist oder schön, ob sie dumm ist oder klug und wie sie die Zukunft meistern soll.

Ich bestrafe die Geburtstagsgesellschaft mit ihrem perfekten Zahnpastalächeln und ihren perfekten Leben, weil ich sie zum Kotzen finde, mit spürbarer Ablehnung. Dummerweise jetzt schon wissend, dass ich im Grunde nur mich selbst bestrafe. Ich will auch Jörn bestrafen. Dafür, dass er all diese Freundinnen hat, die Haare haben und lustig und glücklich sind. Und dafür, dass er nicht merkt, wie furchtbar anstrengend dieses Gestrampel für mich ist.

Ich fahre immer ein Stück hinter allen anderen. Nicht nur, weil das Teil meines Trotzes ist, sondern auch, weil ich nicht schneller kann, weil ich den Anschluss nicht mehr bekomme. Keinen Anschluss an das Hinterrad meines Vordermanns und noch weniger Anschluss an die Gespräche und Scherze der anderen. Ich kann keine Brücke schlagen, obwohl ich mir nichts mehr wünsche, als ein Teil von alldem zu sein. Ein zufriedener, glücklicher Teil des Ganzen. Ich bin aber nicht zufrieden, und ich bin nicht glücklich. Ich hasse Linda, und ich hasse mich selbst. Ich hasse den Krebs, und ich hasse diesen Tag. Was für ein Alptraum, was für ein beschissenes Gefühl.

8. Juli

Bastelanleitung für einen einerseits vorzeigbaren und andererseits prothesentauglichen Bikini:

Wir brauchen:

1. eine Bikinihose Größe 36 bzw. passend
2. ein Triangeloberteil mit Polstern Größe 42 bzw. viel zu groß, so dass die Brust jeweils komplett mit Stoff bedeckt werden kann. Wichtig ist hierbei die dreieckige

Form, denn nur so kann später die gesamte Prothese unauffällig im Bikini verschwinden.

3. eine Schere
4. Nadel und Faden oder eine Nähmaschine

Und so wird's gemacht:

1. Den kreischend hässlichen Feind aus dem Sanitätshaus tief in der Sockenschublade verstecken, damit man erst gar nicht auf den Gedanken kommt, ihn wirklich zu tragen.
2. Die eingenähten Polstertaschen des Triangeloberteils vorsichtig aufschneiden und die Polsterungen entfernen. Tasche rechts nur so weit aufschneiden, dass später statt des Polsters eine Prothese problemlos hineingesteckt werden, jedoch nicht wieder herausfallen kann.
3. Die Brücke zwischen den beiden Stoffdreiecken herausschneiden, die Dreiecke stattdessen vorne zusammen nehmen und mit Hand oder Maschine etwas fünf Zentimeter hoch zusammennähen, so dass ein festes Oberteil entsteht, das Narbe und fehlenden Brustansatz vollständig verdeckt.
4. Wenn nötig, Träger kürzen (am besten eignen sich im Nacken zusammenbindbare Träger, da man hier die Länge wunderbar variieren kann und nicht nähen muss).
5. Prothese in vorgesehene Tasche stecken, anprobieren, zurechtzupfen und sich mit ein bisschen Glück wie eine ganz normale Strand- oder Schwimmbadbesucherin fühlen.

10. JULI

Ich schlage behutsam das Buch zu, das ich gerade zu Ende gelesen habe, und streiche noch einmal über den Umschlag. Sie hätte ihr Leben in Anführungsstrichen gelebt, lässt Anne Enright ihre Protagonistin auf einer der letzten Seiten sagen. Bis ihr Bruder starb, hätte sich alles in Anführungsstrichen erledigt. Wäre »nach Hause« gefahren, hätte »Sex gehabt« und so weiter. In Anführungsstrichen leben beschreibt vielleicht den Schleier, der sich über das Gefühl legt, das nichts unmittelbar ist, immer etwas zwischen einem selbst und der Welt liegt. Eine Distanz, die man nicht bemerkt und die einen von den Dingen entfernt, wenn man das Fühlen nicht zulässt. Als würde man immer in einer unsichtbaren Blase durch die Welt gehen. Eben in Anführungsstrichen. Meine Blase löst sich auch mehr und mehr auf, das spüre ich ganz deutlich. Ich glaube, ich bin jetzt näher an den Dingen. Ich bin so tief gefallen. Gefallen, gefallen, gefallen wie Enrights Hauptfigur, und auch ich bin endlich dabei, in meinem Leben zu landen. Ich will ab jetzt ohne Anführungsstriche durch diese Welt gehen, und wenn ich dafür traurig sein muss, dann bin ich eben traurig, und wenn es mir gutgeht, fühle ich das Glück umso stärker. Das Buch kommt ins Regal an einen Ehrenplatz und die Anführungsstriche in den Mülleimer. Die Taucherglocke will ich nicht mehr. Ob es weh tut oder froh macht, ich will es fühlen, das Leben.

12. Juli

Bestrahlung Nr. 28.

Ich grüße freundlich, greife mir ein Bonbon aus der Schale am Empfangstisch wie jeden Tag, weil ich nicht nur ein Bestrahlungsfeld sein will. Und wie jeden Tag grüßt auch heute niemand hörbar zurück. Ein letztes Mal einreihen in die lange weiße Stuhlreihe, schicksalsergeben. Ein letztes Mal grüßt der Lungenkrebs und ab in Kabine zwei. Nach zwanzig Sekunden bin ich ausgezogen, nach fünf Minuten werde ich abgeholt, den Blick auf meinen neonbeleuchteten, eddingverzierten Oberkörper im Türspiegel spare ich mir heute. Fünfzig Meter Kellergang, und dann sind wir noch einmal alleine: der Strahlenroboter und ich. Nicht bewegen, Hände an die Griffe, das spiralförmige Schaltkabel ein letztes Mal vor der Nase. Vierzig Sekunden, dann ist alles vorbei und wieder nicht auf die Heilkraft der Strahlen konzentriert.

Doch nach dem Anziehen in der Muffkabine heißt es heute auf Nimmerwiedersehen, du Monster von Strahlenkanone. Auf Nimmerwiedersehen, Dr. Strahlemann, du Kostverächter, beim Gang an den Stuhlreihen vorbei. Ende der Bestrahlung. Ende der Behandlung. Noch alle vier Wochen eine Spritze in den Bauch, um meine Hormone weiter auf dem Stand einer Achtzigjährigen zu halten, und das war's. Endgültiges Ende und neuer Anfang von ich weiß nicht was. Vom Glück vielleicht.

17. Juli

Vor ein paar Tagen sind Paula, Jörn und ich in der Provence gelandet. Ich war so aufgeregt und habe mich so sehr gefreut. La Chanterelle, Jörns kleines Häuschen mitten in der französischen Pampa – hier war ich letztes Jahr mit meinen Freundinnen. Unbeschwert. Das war mein letzter Sommer ohne Krebs. Seitdem scheint mir ein ganzes Jahrhundert ins Land gegangen zu sein. Ich kann mein Glück gar nicht fassen, als wir aus dem Wagen steigen, das Häuschen vor mir. Der große afrikanische Baum, der wilde Wein über der kleinen Steinterrasse, die Kühe im Garten, der Duft, die frische Luft, die Wärme, die nackten Füße im stacheligen Gras. Das ist unbeschreiblich. Das ist die Freiheit, die ich so sehr vermisst habe, deren Verlust mich schier aufgefressen hat, während all der Monate an der Nadel und im verheulten Bett. Die Freiheit, sich gut fühlen zu dürfen. Einfach nur gut. Schmerzfrei. Panikfrei. Nicht hässlich. Wie habe ich mich gesehnt nach diesem Gefühl! Wie konnte ich nur leben ohne dieses Gefühl?

Das kleine weiße Häuschen mit der blauen Tür, das alte Steinhaus gegenüber, der Lavendel und die Hängematte. Alles noch da. Genau wie ich es in einem anderen Leben verlassen habe. Alles wie vorher. Außer mir.

Und ich bin nicht nur hier in La Chanterelle, es kommt noch besser: Mein Körper hat sich in den letzten Wochen tatsächlich von einem unnützen, weichen, weißen Schwamm wieder in etwas Ansehnliches und Brauchbares verwandelt. Ich habe wieder Formen, habe wieder ein Gesicht, habe schöne Kleider eingepackt, Shampoo und sogar einen Ladyshaver.

Okay, Letzteres mag übertrieben sein, aber es ist so schön, vielleicht bald einen Rasierer zu benötigen und mit meinem besten Freund in Frankreich Urlaub zu machen.

»Überbordend« ist vielleicht das richtige Wort. Ein Herz, überbordend vor Glück. Als schwappte ich gleich über vor goldenem Glück. Und ich muss es noch nicht einmal rausschreien. Keiner muss wissen, wie erleichtert und froh ich bin. Ich kann ganz einfach nur für mich glücklich sein. Nur für mich. Und das ist neu. Dass das Glück nicht kleiner wird, wenn ich es nur bei mir lasse, ohne es zu teilen, ohne es herauszuposaunen. Als würde ich mir zur Abwechslung mal selbst genügen. Was man nicht so alles merkt.

Das Wetter ist traumhaft, die Grillen in der Nacht das einzige Geräusch, der Ziegenkäse so gut wie nie.

Dieser Ort ist ein Stück vom Himmel. Mein Arkadien, meine Insel der Seligkeit. Zwischen diesem Ort und all den schlechten Gedanken und Gefühlen des letzten Jahres liegt ein endloser, tosender Ozean. Jeder Anflug von Unzufriedenheit erleidet in diesen Tagen erbarmungslosen Schiffbruch, lange bevor er unsere kleine Paradiesinsel erreicht. Dies ist mein Realität gewordener Sehnsuchtsort der letzten zehn Monate. Nirgends wäre ich jetzt lieber. Niemand wäre ich jetzt lieber.

Als Paula am Abend, völlig kaputt vom Rennen durch den Rasensprenger, Blaubeerensammeln und Grassuppekochen, friedlich schlummert, sitzen Jörn und ich in Decken gehüllt auf dem Sofa, das auf der kleinen Terrasse des alten Steinhäuschens steht. Der schwarze Nachthimmel ist übersät mit Sternen. Wir trinken Rotwein, kratzen Schoko- und Kuchenreste von einem gemeinsamen Teller, quatschen über Gott und die Welt und hören der Stille bei ihrem Gutenachtlied zu. Sie ist unglaublich, diese Stille. Diese Weite ist unglaublich. Früher hatte ich Angst, unter freiem Himmel in die Sterne zu gucken. Die Weite, die Unendlichkeit hat mich zu sehr erschreckt. Wenn ich in die Sterne geschaut habe, musste ich an den Tod denken. Ich hatte Angst, gleich fällt mir einer auf den Kopf, habe meine Winzigkeit auf so bedrohliche Weise empfunden.

Ich schaue jetzt das erste Mal seit Jahren in den Nachthimmel. In einen Himmel mit Abermillionen Sternen, unter dem ich zu einem mikroskopisch kleinen, unbedeutenden Staubkorn werde. Mit dem Unterschied, dass es mir diesmal keine Angst macht. In diesem Moment fühle ich mich geborgen in dieser Welt, in diesem Universum. Das ist irgendwie paradox, geborgen zu sein in der Unendlichkeit, aber das ist es. Ich bin ein Teil dieser Welt und aller anderen Welten, die es jemals gab und geben wird. Ein verschwindend kleiner Teil, nur ein kleines Zucken vielleicht, wenn überhaupt, aber doch ein Teil. Jetzt kann ich in dieses Firmament und gleichzeitig in mich hinein schauen. Mich selbst begreifen angesichts eines Universums.

Nein, ich habe nichts geraucht. Ein Joint wäre jetzt allerdings auch gut. Aber Jörn und Rotwein und Éclairreste reichen auch.

Wir kuscheln uns aneinander und schweigen schon seit einer ganzen Weile.

Habe ich schon mal so einen guten Freund gehabt? Habe ich schon einmal so einen guten Wein getrunken? Habe ich mich schon einmal so gut und lebendig gefühlt? So ruhig und ganz bei mir? Ich bin so verliebt in dieses Leben, so verliebt in diesen Augenblick. Als würde er ewig dauern und als käme nichts nach ihm.

»Judith?«

»Mmh?«

»Ich hab dich sehr lieb, das weißt du, oder?«

»Ja, weiß ich.«

»Ich will, dass wir zusammenbleiben, du und ich. Ich will das schon lange. Ich will nicht mehr nur der Nachbar sein.«

»Mmh, ich weiß. Ich glaube, ich will das auch.«

»Ich will mit dir schlafen, und zwar jetzt.«

»Mit dem vertrockneten Weiblein? Bist du sicher?«

»Das wollen wir erst mal sehen.«

»Was?«

»Ob du vertrocknet bist.«

»Dann streng dich mal an. Aber Vorsicht, ich glaube ich bin betrunken.«

Und er dauert ewig, dieser Augenblick. Es gibt keinen Raum mehr, keine Zeit mehr, nur tanzende Sterne und die Unendlichkeit.

»Für mich warst du schon immer die schönste Frau der Welt, und das wirst du immer bleiben, egal, was sie mit dir machen.«

»Ich bin asymmetrisch.«

»Asymmetrisch ist sexy.«

Wie ein heiliger Segen liegen seine warmen Hände auf meiner Brust und machen sie gesund. Auf einem unsichtbaren Faden balancieren unsere Wünsche und Gedanken wortlos zum andern. Zwei Staubkörner im Universum, die sich lieben. Die Erde ist weich und riecht nach Regen und Sonne und Leben. Und dann versinke, sinke, sinke ich, und es gibt keinen Grund, nur meine ureigene bodenlose Tiefe wie ein buntes Taumeln, leicht und schwer. Ich vergrabe mich in seiner Haut. Hier bin ich unter den Sternen, hier bin ich zu Hause. Und hier ist er. Immer nur er. Ewig und noch länger er und ich. Ewig und noch länger ich und er. Halt mich ganz fest, damit ich mich nicht auflöse. Ich kann den Wind fühlen und höre die Stille atmen. Ich höre mich atmen und ihn atmen, ich höre die Ameisen und Bäume atmen. Da, eine Sternschnuppe! Und dann berge ich ihn in meinen Armen, einen benommenen Krieger, und ruhe mich aus an seinem duftenden Hals, eine besiegte Amazone. Ich wische ihm eine Träne aus dem Gesicht. »Alles ist gut. Ich bin es. Ich bin bei dir.« Er fegt mir eine kleine Spinne von der Schulter.

Oh bitte, lass diese Wochen niemals enden.

15. August

Hinter einem riesigen Parkplatz türmt sich ein Gigant von Klinikgebäude vor einem trist-grauen Himmel auf. »Oh Gott, Doro, das wird bestimmt schrecklich. Hier sollen wir jetzt drei Wochen lang wohnen. Bitte fahr nicht gleich wieder weg.«

»Sorry, aber ich muss um zwei wieder in Hamburg sein. Jetzt kommt doch erst mal an.« Sie hilft mir noch, das Gepäck in den hallenartigen Eingangsbereich zu hieven, in dem die Rezeptionistin damit beschäftigt ist, eilige Kuriere anzuweisen, wo die schweren Koffer und Taschen abzustellen und einzusammeln sind. In gepolsterten Korbsesseln sitzen schon die ersten Flaumträgerinnen, die ich mir vorerst nicht genauer ansehen will. Als Doro mich zum Abschied in den Arm nimmt, spüre ich einen dicken Kloß im Hals. Das hier ist eine Klinik. Zwar ein Kurheim direkt am Strand, in dem mich keiner quälen, aufschnippeln oder sonst was will, aber es ist dennoch eine Klinik. Ein Krankenhaus, ein Haus voller Kranker, bedrückende weiße Wände, Behandlungs- und Anwendungspläne, ein kahles, unpersönliches Zimmer.

Paula winkt Doro mit Tränchen in den Augen hinterher, als hätte sie uns an einer Autobahnraststätte einfach stehen gelassen, Tür auf, Koffer raus, Mutter und Kind hinterher und tschüs. Mit uns reisen die ersten anderen Patienten an, manche mit kompletter Familie, Mutter, Vater, zwei, drei Kinder. Ich fühle mich allein, und mein Herz tut weh. Ich vermisse La Chanterelle. Jörn fehlt mir, seine Hände und seine Nähe, auch wenn ich bereits Angst habe vor dieser neuen Beziehung, in die wir uns im Gras hineingeträumt haben. Mir fehlen die Stille, die Sterne, der Geruch des kleinen Häuschens, die Brombeersträucher, die Kühe, die uns am Morgen mit ihren Pupsen geweckt haben. Ich will nicht hier sein. Ich will nicht unter all diesen Kranken sein, dabei hatte ich mir fest vorgenommen, mich auf diese Kur einzulassen, habe gekämpft für einen Platz in diesem Modellprojekt, das so vielversprechend, so vernünftig klang. Es gibt eine extra Brustkrebsmüttergruppe, die alle mit ihren Kindern kommen. Aber ich weiß nicht, ob ich schon bereit bin, zurückzukehren in mein Krebsleben. Ich bin eigentlich noch gar nicht wieder hier. Mein Herz liegt noch unterm Feigenbaum.

Hier stehe ich jetzt also vor diesem Klinikmonster, Tausende Kilometer entfernt von meinem kleinen Paradies, und sehe drei vollen Wochen Wassergymnastik, psychotherapeutischen Gruppengesprächen, Muschelbilder gestalten und Walking für Amputierte entgegen.

Um Paula mit meinem unguten Gefühl nicht anzustecken, versuche ich, die begeisterte Urlauberin zu geben. »Na komm, Schatz, jetzt gucken wir uns erst mal den Strand an und dann unser Zimmer. Riechst du das Meer? Das wird bestimmt super hier!«

Auf dem schmalen Pfad durch den kleinen Wald kommt uns eine beleibte, lockenköpfige Frau in überdimensionalem Windbreaker und praktischen Wandersandalen entgegen, gefolgt von zwei nicht minder dicken Kindern, ebenso wettertauglich angetan.

»Hobts ia a scho Steuna gfunda?«

»Wie bitte, was?«

»Hobts ia a scho Steuna gfunda?«

Das kann ja heiter werden.

»Weißt du was, Paula, wir beide, wir beide machen es uns hier schön, komme, was wolle.«

17. August

Schnell zeichnen sich unter den Kurpatientinnen zwei Typen ab:

Nennen wir den ersten ›die Abbrecherin‹: Hierbei handelt es sich um eine Sorte Frau, bei der sich nur sehr schwer sagen lässt, warum sie diese besondere Kur überhaupt angetreten hat, denn sie scheint sich von der ersten Sekunde an dafür entschieden zu haben, keinen Nutzen daraus zu ziehen. Sie echauffiert sich über die zu geringe Aufschnittauswahl am Abendbrotbuffet, die zu kleinen Zimmer, den zu vollen oder zu leeren Therapieplan, bevor sie auch nur die erste Scheibe Mortadella in den Mund stecken konnte. Sie wehrt sich mit Händen und Füßen, will nichts zu tun haben mit der ganzen Sache, lieber weiter die Augen zu. Gerne suggeriert die Abbrecherin auch ihren Kindern, sie fühlten sich in der Kinderbetreuung nicht wohl, die Matratzen seien zu hart und man sorge sich nicht ausreichend um ihr Wohl. In Gruppengesprächen verweigert sie Äußerungen bezüglich ihres Gefühlslebens vollständig, ja, es macht bisweilen sogar den Eindruck, sie habe keins. Nach einer guten Woche dann ist die Sehnsucht nach dem Gatten zu Hause, der ohne sie sowieso nicht zurechtkommt (was sie schon vorher gewusst hat), zu groß, und der Nutzen der Kur hat sich nachweislich nicht eingestellt, im Gegenteil, die Abbrecherin leidet an Schlaflosigkeit und anderen Stresssymptomen, weshalb sie sich dazu entscheidet, den Aufenthalt zu beenden. Ein Jammer ist das, denn sie verspielt so einiges, und zwar nicht nur die allabendliche Wurstplatte, für die die Hausfrau nicht einen Finger rühren muss, was allein schon ein himmlischer Luxus ist. Traut sie sich nicht? Will oder kann sie nicht hinsehen? Wenn Günther zu Hause keine gebügelten Hemden mehr hat, nimmt sie jedenfalls dankbar die Beine in die Hand. Schade ist nur, dass sie das Muschelkästchen nun nicht mehr hat fertigbasteln können.

Ganz anders ›die Gesunde‹: Dieser Typ Kurlerin genießt in vollen Zügen, der Aufschnitt schmeckt, und das Heim gefällt. Sie hat sich für gesund und die kommenden drei Wochen zu einem Wellness-Urlaub erklärt. Die Sorgen sind vorüber, die ersten Locken beweisen es. (Ein Hoch auf das Koffein-Shampoo!) Der Krebs kann ihr nichts mehr anhaben.

»Hast du etwa Bock auf Sterben?«, keucht mir die dynamische Irene zu, die Walking-Stöcke vor und zurück schleudernd. »Nein, natürlich nicht«, sage ich außer Atem. »Na also! Piccolöchen in der Friesenstube heute Abend um acht?« Und da wären wir bei einem weiteren Erkennungsmerkmal der längst Gesunden. Unermüdlich schmuggelt sie kichernd und natürlich gegen die Hausregeln (lass das bloß nicht Elsa von der Freizeit sehen!) kistenweise Prosecco und Tonnen von Chips und Knabbermix in den Aufenthaltsraum, um auf ein neues, selbstbestimmtes Leben anzustoßen, in dem nichts und niemand der Überlebenden etwas anhaben kann. Die Wassergymnastik am nächsten Tag wird dann zugunsten eines Extra-Crêpes an der Strandpromenade geschwänzt, wohingegen sie niemals nie auf ein psychologisches Gruppengespräch verzichten würde, dient es ihr und ihren Lebensfragen und Positiv-denken-Parolen doch als persönliches Forum. Am Wochenende wird dann das nächstgelegene Musicaltheater geentert und der Gatte ausgeladen. Herzlichen Glückwunsch dafür. Es handelt sich also um eine liebenswerte Halbverrückte, die das Leben zu schätzen weiß, bei der man aber kaum erahnt, wo sie mit ihrer Trauer und ihren Ängsten bleibt. Habe ich schon erwähnt, dass heute Mädelsabend in der Friesenstube ist?

Meine Zimmernachbarin Vera, denke ich, könnte eine Freundin werden. Sie ist mit ihrer sechsjährigen Tochter angereist, und glücklicherweise haben Leni und Paula sich schnell gefunden, was die Eingewöhnung in der Kinderbetreuung um hundert Prozent erleichtert hat. Vera ist nachdenklich, zurückhalten, aufgeklärt. Wir verabreden uns zum Strandspaziergang und zum Essen. Mit Piccolöchen ist bei uns beiden nicht viel, sie genießt die ruhigen, einsamen Abende auf dem Zimmer genauso wie ich. Auch Jana ist mir aufgefallen, hübsch, gebildet, eine taffe Karrierefrau im normalen Leben – stelle ich mir vor. Ihr Sohn Luis ist ein kleiner Charmeur, rührend besorgt um seine Mutter. Wenn er nur könnte, würde er ihr die schweren Koffer ins Zimmer tragen, würde ihr alle Last der Welt abnehmen. Agnes ist auch eine interessante Frau, ich denke, wir beide haben einiges gemeinsam. Und ihre dreizehnjährige Tochter ist ein Schatz, mit dem es sich wunderbar über die mitgereisten Jungs, Klamotten und die aktuellen Charts quatschen lässt. Ich bin nicht alleine hier. Natürlich drücke ich den Altersdurchschnitt massiv und trotzdem: Ich bin kein Randgeschöpf. Ob fünfzig oder fünfundzwanzig, ob mit Porsche auf dem Parkplatz oder Hartz-IV-Bescheid in der Tasche. Am Ende sind wir doch alle gleich. Einheitsfrisur und Einheitsüberlebenschance. Und nach und nach schließe ich sie alle ins Herz, weil wir verbunden sind, so oder so.

22. August

Langsam finde ich Gefallen an diesem Kurleben. Mit meinem Wochenplan in der Hand laufe ich von Termin zu Termin und sammle Unterschriften nach getaner Arbeit. Acht Uhr Frühstück, Paula zu den »Seepferdchen« bringen, neun Uhr Nordic Walking, zehn Uhr Schulter-Arm-Gruppe, halb zwölf Mittagessen mit Berit, Marnitz-Massage um halb zwei und vor dem Bewegungsbad um vier noch eine Viertelstunde Gruppenmeditation mit Elsa von der Freizeit. *Nehmen Sie eine bequeme Schneidersitzhaltung ein, die Hände vor dem Herzen zusammen oder auf die Knie legen. Schließen Sie die Augen, und suchen Sie sich ein Wort, das Ihnen Kraft gibt und Sie innerlich wärmt. Wiederholen Sie dieses Wort im Geiste, während Sie alle anderen Gedanken loslassen.* Mir gegenüber sitzt Sabine. Rechts Jana, links die muntere Irene. Ich denke »Liebe«. Liebe, Liebe, Liebe. Welches Wort denkt wohl Sabine? Kann ich noch wechseln? »Kraft«, denke ich, ist besser. Kraft, Kraft, Kraft. Oder ist »Gesundheit« das richtige Wort? Wirkt das auch, wenn man hin und her hüpft? »Kaffee« denke ich. Ich hätte Lust auf einen schönen Milchkaffee. Kaffee, Kaffee, Kaffee, Kraft, Liebe. Wie lang noch? Herrgott, wie soll das denn was werden, Judith, mit dem inneren Frieden und der Gesundheit, wenn du die Gedanken nicht loslässt, ziehen lassen wie Wolken am Himmel, wegschwimmen lassen wie Blätter auf einem Bach, das kann doch nicht so schwer sein. *Und bevor Sie gedanklich wieder in diesem Raum ankommen, kehren Sie zu einer erlebten Situation zurück, die Sie besonders stolz gemacht hat. In der Familie, im Job, wo auch immer, und nehmen Sie es mit, dieses Gefühl.* Stolz? Mal überlegen. Mir fällt nichts ein. Job habe ich keinen, Uni ist nun auch nichts Besonderes, Paulas Geburt? Mein schmerzverzerrtes Gesicht zwischen den riesigen Brüsten dieser fiesen Hebamme, die immer wieder wissen wollte, wo denn nun mein Mann sei? Den strahlenden Nimbus um den Kopf des Anästhesisten, als er mir nach zwanzig Stunden Wehen, des Wehentropfs wegen, doch noch eine PDA gesetzt hat? Das völlig verbeulte Etwas, das schließlich blau angelaufen aus mir herausgezogen und geschnippelt wurde? Also ich weiß nicht. Eine Glanzleistung sieht anders aus. Ich denke mal lieber ein bisschen bei Jana mit, sehe sie im schicken Kostüm ihre Beförderung entgegennehmen und stelle mir Sabine vor, wie sie tapfer und sauber ihre Zwillinge zur Welt bringt. So sieht Stolz schon eher aus.

»Weißt du eigentlich, dass du krumm bist?«, sagt Sabine beiläufig, nachdem wir uns alle wieder aufgerappelt haben und unsere Wolldecken zusammenfalten. »Krumm? Wie krumm?«

»Na, deine eine Schulter ist viel tiefer als die andere. Ich dachte bei der Meditation, du kippst gleich zu einer Seite um.« Ha, sie hat also auch geschummelt und heimlich ein Lid gehoben. Ich trete locker vor die Spiegelwand, um mich zu überzeugen, dass anatomisch alles im grünen Bereich ist, da sehe ich es auch. Ich bin krumm! Und zwar gewaltig.

»Hilfe! Leute, ich bin krumm!«

»Das liegt an der Amputation. Am Ungleichgewicht. Da verfällt man gerne mal in irgendwelche Schonhaltungen«, weiß Irene.

Na super. Ist man nicht schon genug gestraft? Muss ich jetzt auch noch schief durchs Leben gehen?

»Sport!«, sagt die Physiotherapeutin, die ich während der Massage ins Kreuzverhör nehme. »Körpergefühl stärken, ab und zu Kontrollblick und zurechtschieben.«

Körpergefühl? Da muss ich wohl bei null anfangen. Und

was böte sich dazu eher an als das freiwillige Abendangebot in der Turnhalle, heute mit einem besonderen Schmankerl: Squaredance-Kurs. Nein, das kommt nicht eindringlich genug. Noch mal: Square!-dance!-Kurs! Ich hüpfe also in Joggingklamotten zu den Anweisungen eines etwa siebzigjährigen cowboyhuttragenden Amerikaners und zu Countrymucke inmitten einer Damengruppe mit Wollsocken vor einer Spiegelwand auf und ab. Ich wünschte, das hier könnten meine Freunde sehen und nicht nur die glucksende pubertierende Brut der Mithüpfenden, die sich an der Scheibe zum Gymnastikraum die Nasen platt drückt. Das dürfte die Krönung in Sachen Einlassen und Loslassen sein. Wie Wolken am Himmel lasse ich mein Schamgefühl ziehen. Wie Blätter auf einem Bach schwimmt meine schon länger vergeblich verteidigte Coolness davon. Liebe, Liebe, Liebe, Kraft, Kraft, Kraft, Schritt, Schritt, Pferdchensprung. Das sind alles Erfahrungen, Judith, sage ich mir. Die hättest du ohne den Krebs nie gemacht. Keine Kicher-Ladys, kein Cowboy John. So ist es nämlich auch, das Leben. Eins, zwei, Doppelschritt und Yippee!

26. August

Paula hat ihre Jacke auf dem Spielplatz liegen lassen, also drehe ich vor dem Abendessen noch mal ein Ründchen um die Klinik. Auf die sieben Kinder, die sich an der Wippe verkloppen, kommen zwei Mütter, die gerade ihre Zigarettenstummel auf der Tischtennisplatte ausdrücken und lauthals zetern. Ihre Stimmen sind mir vertraut, denn unter meinem Zimmer steht das Raucherhäuschen. (»Dustin! Ball holen, oder ich bring dich um!«) Ich entdecke Paulas Jacke in einem kleinen Holzhäuschen und komme nicht umhin, in Hörweite dieser eindeutigen Supernanny-Fälle zu geraten.

»Dass so was erlaubt ist! Die benutzen tatsächlich dasselbe Schwimmbad wie wir!«

»Wer, etwa *die*?«

»Ja, *die*. Die Glatzengruppe!«

»Chayenne, Kevin, Justin, Dustin. Herkommen, sofort! Ich will keinen von euch nach dem Essen noch im Schwimmbad sehen. Verstanden?«

Bitte? Ich muss mich verhört haben. Ich greife mir die Jacke und muss mich erst mal einen Moment ins Häuschen setzen. So dumm kann doch kein Mensch sein. Nicht mal dieses kettenrauchende Ungetüm von Vierfachmutter. Was glauben die denn? Dass ihnen die Haare ausfallen, wenn sie unter derselben Dusche stehen wie wir? Oder womöglich, wir seien eine übergriffige Transvestitengruppe, der pädophile Gummibrustclub? Achtung, Dustin! Oder hat sie einfach Angst, die Halbtoten könnten ihr Pipi nicht mehr so gut bei sich halten? Was, zur Hölle, ist mit den Menschen los? Da halte ich es doch ganz mit Theodor W. Adorno, der angeblich mal gefragt hat: Was nützt einem die Gesundheit, wenn man sonst ein Idiot ist? Nix, Theo. Absolut gar nix. Ich für meinen Teil bin jedenfalls tausenmal lieber brust- als hirnlos.

2. September

Beim Gedanken daran, in ein paar Tagen meine Koffer zu packen und nach Hause zu fahren, wird mir flau. Hamburg ist so weit weg. Selbst meine Freunde sind ganz weit weg. Ich habe mit kaum jemandem gesprochen, seit ich hier bin. Wollte schon nach ein paar Tagen nichts mehr zu tun haben mit meinem Alltag. Und jetzt rast er viel zu schnell auf mich zu. Mein Volontariat, das schon eine Woche nach meiner Rückkehr beginnt, macht mir Angst. Ich weiß nicht, ob ich das schon schaffe. Die große Wohnung macht mir Angst. Selber fürs Mittagessen zu sorgen macht mir Angst. Wieder angerufen zu werden macht mir Angst. Jörn, der jetzt wer weiß was von mir erwartet, macht mir Angst. Auf die Straße gehen und Bekannte treffen macht mir Angst. Am liebsten will ich mich hier am Strand verbuddeln, vielleicht auch in der Crêpes-Bude anheuern. Bloß nicht nach Hause. Ich fürchte, ich habe nicht intensiv genug »Kraft, Kraft, Kraft« gesagt. Ich will nicht wieder hilflos werden.

2. Oktober

Seit zwei Wochen bin ich wieder zu Hause. Entlassen nach erfolgreicher Kur. Und jetzt? Dumme Frage, na was schon: Leben! Gestern habe ich angefangen zu arbeiten, bin offiziell wieder ein nützliches Mitglied dieser Gesellschaft. Aus die kranken Tage. Die Zeitblase, in der ich das letzte Dreivierteljahr dahingewabert bin, ist geplatzt, und ich bin auf dem Hintern im Alltag gelandet. Unsanft, weil alles so schnell geht, weil die Treppen so hoch sind, die Buchstaben auf dem Bildschirm so klein, die Nächte so kurz und die Tage so lang. Was, wenn ich einen Fehler mache? Darf man das als behinderte Halbtagskraft? Was, wenn Paula oder ich gleich wieder krank werden? Vögelchen hat Höhenangst. Da nützen auch die neuen Federchen nichts.

Wie geht das noch mal, das Leben der Gesunden? Ich hab's vergessen.

Egal. Ich gehöre wieder dazu, habe die Seiten endgültig gewechselt, das zählt. Ich bin zurück auf Los und fange noch mal an.

Na gut, eigentlich kann ich auch gleich revidieren. Wenn auch widerwillig. Seitenwechsel ist übertrieben. Irgendwo in between ist wohl eher mein Platz, und ich kann mir nicht verkneifen zu stöhnen: schon wieder! Zwischen Kindergarten und Party, zwischen Krankenhaus und Büro, zwischen blondem Engel und röchelndem Glatzkopf. »Judith – ein Leben dazwischen« könnte ich meine Memoiren nennen. Im Moment allerdings befinde ich mich in einer ziemlich kleinen Ritze, der zwischen dem Gipfel der Erschöpfung und Koma. Nicht viel Platz also, um ein neues fabelhaftes, weil chemofreies Leben zu entfalten.

Ich stehe morgens auf, was schon eine beträchtliche Qual ist, schlucke zum Frühstück eine Batterie Vitamine (Orthomol – nach Jörns Freund Julian der Mercedes unter den Nahrungsergänzungspräparaten), wecke und versorge das Kind, befördere es in den Kindergarten und hetze in den Verlag. Wenn ich im Büro ankomme, bin ich im Grunde schon völlig fertig mit der Welt und müsste mich erst mal ein Stündchen aufs Ohr hauen (da sehnt man sich fast die gute alte Chemozeit wieder herbei). Geht aber nicht, schließlich muss man ja arbeiten, wenn man zu den Normalen und Gesunden gehören will, Therapienach- und -nebenwirkungen hin oder her. Und Chefs gibt es ja auch noch, die zwar schon ein gewisses Maß an Dankbarkeit verdienen, denn schließlich haben sie sich der Randgruppenproblematik gestellt, aber ein Verlag ist ja nun keine Sozialstation, und das können die Angestellten schon merken. Pünktlich um sechzehn Uhr muss ich wieder vor der Kita stehen, sonst gibt es Ärger mit Anita, also Hintern zusammenkneifen und Arbeitspensum abreißen, egal, ob der Kopf dröhnt oder pocht und wie viel eingepinkelte Wäsche zu Hause vor der Waschmaschine wartet.

Schon nach dem zweiten Tag als berufstätige Alleinerziehende in der Krebsrekonvaleszenz wünsche ich mir nichts sehnlicher, als dass ein verhutzeltes Weiblein mir einen Apfel schenkt, mit dessen Hilfe ich hundert Jahre schlafen kann. Ich kann mich nicht entscheiden, welchem Zustand ich die Goldmedaille in der Königsdisziplin »Judith über den Rand der Erschöpfung hinaustreiben« umhängen soll. Diesem hier oder den endlosen Taxol-Tagen. Und das, wo ich doch ab jetzt jede Sekunde in Dankbarkeit und voller Energie genießen will und soll – sagen die Krebs-Bücher und sage ich! Wenn mein Körper nicht schnellstens auf den Gesund-Modus umschaltet, dann habe in ein paar Wochen schon Burnout. Also mach schon. Gesund, gesund, gesund, das ist ein verdammter Befehl!

12. Oktober

Mama, willst du Jörn jetzt hochzeiten?« Ken und Barbie reiten wildromantisch hintereinander auf Glitzerschweif durchs Zimmer.

»Was?« Mein Kaubonbon rutscht mir in den Rachen, flutscht gen Luftröhre und nimmt gerade noch rechtzeitig die Abzweigung in Richtung Magen. Husttränen steigen mir in die Augen. »Nein, Paula. Wie kommst du denn darauf? Nein, will ich nicht.« Noch mal Luft schnappen.

»Und warum? Ihr habt euch doch geküsst.« Ken schiebt die steifen Arme von hinten an Barbies Wespentaille vorbei, kippt ungelenk nach vorne und verpasst ihr eine Kopfnuss.

»Nur weil man sich mal küsst, muss man doch nicht gleich heiraten. Da muss man sich schon ganz sicher sein, dass man mit dem anderen ewig zusammen sein möchte.«

Jetzt stürzt Barbie vom Pferd und verheddert sich mit ihrem Tüllrock in den Steigbügeln.

»Willst du nicht mit Jörn sein?«

»Doch schon, aber vielleicht auch nicht so, was weiß ich. Vielleicht will ich auch nur mit dir sein. Können wir über was anderes reden?«

»Na gut.« Ken fliegt mit hohem Bogen in die Kiste. Glitzerschweif mit der halb entkleideten Barbie kopfüber am Sattel hängend hinterher. Aus der romantische Traum.

15. Oktober

Als Zertifikat für überstandene Leiden steckt in meinem Portemonnaie seit neuestem ein großer grüner Lappen mit meinem blassen Konterfei: der Schwerbehindertenausweis. Ich musste mir für dieses überdimensionale Ding sogar ein neues, größeres Portemonnaie kaufen. Warum bekommt man nicht wenigstens eine schicke Plastikkarte statt dieses ledrige Vieh. Das sieht wahrscheinlich nicht behindert genug aus. Da steht es jetzt also schwarz auf weiß: Grad der Behinderung sechzig Prozent. Ich bin ein bisschen neidisch, denn Linn hat achtzig Prozent bekommen, dabei ist ihre Prognose kein bisschen schlechter als meine, wenn schon, denn schon, finde ich. Aber gut, auch für sechzig Prozent wird es ja wohl irgendetwas geben. Und so versuche ich unermüdlich, mit Hilfe meines neuen Begleiters mal einen Nachteilsausgleich zu erwirken, wie es so schön heißt. Nur irgendwie mag es mir nicht gelingen. Parken darf man schon mal nicht auf den Behindertenparkplätzen, da bräuchte man einen Rollstuhl, und auch sonst gestaltet sich die Sache eher schwierig. Zieht man das gute Stück an der Kinokasse, gibt es nur Ermäßigung für Studenten, will man vergünstigt ins Schwimmbad, gilt das nur für Rentner, was schon schwer einzusehen ist. Aber dann kommt der Behinderte an eine Zookasse, zückt stolz und voller Erwartung auf einen kleinen Erfolg seinen grünen Freund, und es passiert Folgendes:

»Hier müsste noch ein Buchstabe stehen. Steht aber nix, für einen Rabatt sind Sie also nicht behindert genug.« Das muss man sich mal auf der Zunge zergehen lassen. Das fehlende Ätschi-bätsch hat die Kassiererin zwar verschwiegen, aber geguckt hat sie es. Ich schwanke zwischen Entsetzen und Erstaunen und entscheide mich dann für amüsiertes Erstaunen. »Na ja, hat ja auch sein Gutes«, sage ich, und zu Jörn, der sich angesichts dieser schamlosen Bemerkung ebenfalls das Lachen verkneifen muss: »Merk dir das, das muss ich mir unbedingt aufschreiben. Das ist doch der Kracher. Für einen Rabatt bin ich nicht behindert genug!« Na dann mal ab ins Affenhaus.

25. Oktober

Dass der Berufseinstieg kein Zuckerschlecken sein würde, war mir schon klar. Bei meinen Startbedingungen schon gar nicht zu erwarten. Aber wie sollen wir von fünfhundert Euro Volontärsgehalt leben? Ein Nebenjob ist ausgeschlossen, ich krieche ja jetzt schon auf dem Zahnfleisch, und auf Unterhaltszahlungen für Paula warte ich auch seit Jahren vergeblich. Es bleibt also nur das Unvermeidliche zu tun: den Gang zur Agentur für Arbeit antreten, und zwar zu einer ganz bestimmten – der für arbeitslose Schwerbehinderte. Glaubt man das? Der Klassenschlaubi? Nein und nochmals nein, man findet und findet und findet sich einfach nicht ab. Ein schwerbehinderter Arbeitsloser ist ein schwerbehinderter Arbeitsloser, aber ich bin Judith End und eine … ja, was eigentlich? … na gut, dann eben eine schwerbehinderte Arbeitslose. Aber nur für heute. »Etwa so um die dreihundert Euro Unterstützung zum Lebensunterhalt können wir Ihnen gewähren«, überschlägt die zuständige Sachbearbeiterin nach stundenlangem Rumsitzen und hinter einer Zeitung Verstecken in der Wartehalle (für den Fall, das irgendein Bekannter seinen gehbehinderten Großonkel hierher begleitet). Und das ist noch nicht alles: vierundzwanzig Euro im Monat zusätzlich bringt mir mein Behindilappen ein. Spezialnahrungszuschlag. Ex-Krebslern kann schließlich nicht wie all den anderen Hartz-IV-Empfängern zugemutet werden, sich nur von Toastbrot zu ernähren. Vierundzwanzig Euro nach dem Motto »an apple a day keeps the doctor away«. Da will ich mich mal nicht beschweren und fülle geduldig den Fragezettel aus, auf dem ich meine eigene Kompetenz in Verbindung mit scheinbar unzusammenhängenden, dem Wortfeld »Arbeitsmarkt« entspringenden Schlagwörtern einschätzen soll. Medien: 1, Sauberkeit: 1, Englisch: 1, Teamfähigkeit: 1. Man soll sein Licht ja nicht unter den Scheffel stellen, auch wenn man sich schon sehr gezielt an sein Abitur erinnern muss, um sich den Behindi-Dummbatz-Schuh nicht anzuziehen, der einem hier zugeschoben wird. Ich hab doch einen Job, verdammt! Ich reiße mir den Arsch auf! Ich gehöre hier nicht hin, genauso wenig wie ich ins Chemo-Zimmer oder zwischen die Unterwäscheständer im Sanitätshaus gehöre. Langsam wird es wirklich Zeit, dass ich wieder in eine andere Gewichtsklasse aufsteige, nur wie?

»Sieh es mal so«, sagt Doro, als ich mich am Abend bei ihr ausheule, »du kannst dich zumindest als so etwas wie die ›Miss Schwerbehindert Hartz IV‹ bezeichnen. Ich finde, das ist doch ein ganz ansehnlicher Titel.«

Schon klar. Danke auch.

30. Oktober

Ich hab Sehnsucht, kann ich rüberkommen?«

»Ach, Jörn, ich weiß nicht. Ich gehe lieber gleich schlafen.«

»Du gehst seit Wochen lieber gleich schlafen.«

»Ich bin auch seit Wochen schon um acht todmüde. Das wirst du ja wohl verstehen.«

»Das ist aber doch nicht alles. Das weißt du doch auch. Wir könnten in die Badewanne gehen, ich lese dir was vor, einfach zusammen sein, was ist daran anstrengend?«

»Alles ist anstrengend. *Paula, du sollst schlafen! Geh zurück ins Bett.*«

»Du willst nicht mit mir schlafen, das ist es. Gib es wenigstens zu.«

»*Paula, los jetzt, ab mit dir. Ich komme gleich noch mal zum Zudecken.* Nein, das stimmt nicht. Ich bin nur müde.«

»Ich komme jetzt.«

»*Paula! Ich werde gleich sauer!* Wenn du meinst, aber nur eine Stunde, dann muss ich schlafen.«

»Ja, ja. Zieh dich schon mal aus.«

»Ha ha.«

(…)

»Hi.«

»Hi.«

»Schläft Paula?«

»Ja, endlich.«

»Komm her.«

(…)

»Du kannst hier liegen, aber du sollst meinen Bauch nicht anfassen.«

»Ich mag deinen Bauch aber.«

»Ich aber nicht, also lass ihn.«

»Du magst einfach nicht, dass ich ihn anfasse. Warum redest du nicht mit mir?«

»Ich rede doch. Ich bin müde.«

»Um mit deinen Freundinnen auf Partys zu gehen, bist du aber auch nicht zu müde. Du willst mich einfach nicht.«

»Ich habe den Hormonhaushalt einer Achtzigjährigen, schon vergessen? Außerdem habe ich den ganzen Tag gearbeitet, und in ein paar Stunden muss ich schon wieder Betten beziehen.«

»In Frankreich waren die Hormone auch nicht das Problem, du redest dich raus.«

»Das war anders. Das war Garten Eden.«

»Und in welchen Apfel hast du gebissen, dass jetzt alles anders ist?«

(…)

»Dann bis morgen.«

»Ja, bis morgen. Schlaf gut.«

»Nicht sauer sein, ja?«

»Schwierig.«

»Ich hab dich lieb.«

»Ja, ja.«

2. November

Das Leben schwappt über mich, jeder Tag ist eine donnernde Welle, und ich strample wie verrückt mit den Beinen, um über Wasser zu bleiben, und japse nach Luft. Arbeit. Elternabend. Kaffeetrinken. Party. Lustig sein. Gesund sein. Ach, lasst mich doch alle, will ich sagen, lasst mich einfach schlafen, und dann will ich wieder bis zum Morgengrauen tanzen und die Welt mit Liebe und Dankbarkeit überschütten. Schließlich bin ich dankbar. Immerhin, ich lebe, was gibt es da zu mosern? »Kommst du mit, heute Abend? Du bist doch wieder gesund!«, »Kannst du vielleicht noch dieses und jenes Projekt zusätzlich übernehmen, der Krebs ist ja nun ausgestanden!«, »Los, Baby, lass uns das Leben feiern!«

Ich gehe mit, ich übernehme das Projekt, ich feiere das Leben. Gesund? Gesund! Die Beine sind schwer und die Buchstaben zu klein, immer noch. Egal. Ich habe eine Art Frisur, und Frisur ist das Synonym für »Alles ist gut«.

Das Leben ist doch kein Hospiz. Na ja, vielleicht ist es im Grunde schon ein Hospiz, alles ist ein Hospiz, weil am Ende ja doch nur Sterben kommt, egal, was man macht und wie schnell man gerannt ist. Egal, wie schnell man gerannt ist? Einsicht? Nö. Ausgehen trotz Gliederschmerzen und bombastischer Hitzewallungen, und zwar heute Abend!

Schon steigen wir die Treppen zu Susannes Atelier hinauf, wo heute gefeiert wird. Doro wacht über Paulas unruhigen Schlaf, ich bin also sorgenfrei. Ich fühle mich ausgesprochen gut in meinem kurzen Rock, der endlich wieder passt. Fast wie ich. Wir treten durch die geöffnete Tür in einen großen Raum voller Menschen, und mit einem leisen Kribbeln macht sich mehr und mehr Sicherheit in mir breit. Wir, das sind Maggi und ich. Zwei Freundinnen, die wieder da sind, denen es gutgeht, die die Welt umarmen könnten. Eine Ladung Aspirin komplex, die Wunderwaffe gegen Erschöpfungssyndrom und Knochenschmerzen, pulst sanft und erlösend durch meine Adern. Mein Blick streift durch den Raum und trifft andere Blicke. Ich spüre einige Augenpaare. Das ist Freiheit und Glück, ein lang vermisstes Glück. Eine dicke Marihuana-Säule steht im Raum und erinnert mich an ein fast vergessenes Gefühl von Leichtigkeit. Wir kämpfen uns zur Bar, ich begrüße lächelnd ein paar Menschen, die ich von früher kenne, von vor dem Krebs. Hinter den Turntables wippt mein Freund Olli. Mein Herz geht auf, als ich ihn sehe. Wie gern ich ihn habe! Spätestens jetzt ist klar: Es ist so ein Abend. Ein Abend der Abende. Die Musik schickt Freudenwellen durch meine Brust, und wir tanzen. Alle paar Minuten schauen Margret und ich uns ins Gesicht und lachen laut auf. Alles ist wie früher, und doch ist alles ganz anders und neu. Es ist etwas zwischen uns, zwischen mir und meiner Freundin, zwischen mir und dem Rest der Welt, zwischen uns beiden und dem Rest der Welt. Etwas Gewachsenes. Ich tanze und fühle mich sicher dabei, bin bis oben angefüllt mit Musik. Big up, Judith!, lässt Olli seinen Kompagnon durchs Mikro sagen, und dann ist er da. Der perfekte Moment. So ein Moment, der nur ganz selten kommt und ganz schnell wieder geht. So ein Moment, der einen klitzekleinen Blick offenbart auf alles, was sein könnte, auf eine flüchtige ideale Welt, in der sich alle liebhaben und es kein Sterben gibt, der ultimative Moment. Ich schaue zu Margret, und ich schaue zu Olli. Hundert tanzende Füße zwischen uns und doch keine zwei Millimeter. Die Luft ist schwer und verbraucht und ist gleichzeitig pure Lebensenergie. Dieses Lied darf nie zu Ende gehen, denn ich will ewig leben. Krebs war gestern, nein vorgestern. Und wenn er sich in meinen Kopf schleicht, mach ich schnell die Augen zu. La, la, la, I'm alive. Aber es ist nur ein Lied, nur ein Lied.

7. November

»Keine Angst, Paula, es dauert gar nicht lange. Ich muss mir nur eine kleine Spritze geben lassen, und dann sind wir sofort wieder draußen.«

Na? Da beruhigt sich wohl eher jemand selbst, denn das Kind tapst still und brav hinter mir die Treppen zur onkologischen Ambulanz hinauf. Schon wieder sind vier Wochen vergangen, und die Zoladexspritze wartet auf mich. Zehn Minuten Krebsleben, mehr nicht, ein Klacks, sollte man meinen, und doch zieht es unangenehm in meinem Bauch. Wenn diese Nadel, die mir das kleine Implantat in den Bauchspeck schießt, nur nicht so fett wäre. Ich bin froh, dass Paula dabei ist, das lenkt mich ab. Wenn Paula dabei ist, fühle ich mich stärker, weil vollständiger.

Der Raum ist vertraut. »Schön, Sie zu sehen! Gut sehen Sie aus, Frau End. Den Haaren kann man ja zusehen beim Wachsen!« Gewohnte Herzlichkeit und immer neue Krebsgesichter. Der Nachschub geht wohl nie aus. »Na, Paula, magst du eine Spritze für die Badewanne mit nach Hause nehmen?« Altes Blutabnahmeritual. Zur Chemo war Paula nie dabei, aber beim Blutabnehmen einige Male. Und zur Belohnung gab's immer eine grüne Plastikspritze.

Dann wollen wir mal. Ich folge Frau R. in einen der Räume und mache schon mal meinen Bauch frei, als Paula plötzlich ganz blass wird.

»Mama, mir ist schlecht.«

»Gleich fertig, Schatz, guck einfach weg.«

Mit einem kräftigen Ruck fährt mir die dicke Nadelspitze unter die Haut. Klick, wird der Stoff abgeschossen.

»Aber mir ist wirklich …« Platsch, übergibt sich mein Kind auf den guten Oma-Stuben-Teppich, würgt und schluchzt noch ein paarmal in die blitzschnell dargereichte Nierenschale und blickt mich so hilflos und verzweifelt an, dass sich auch mir beinahe der Magen umdreht.

»'tschuldigung, Mama. Da war so ein komischer Geruch.« Ich hebe meine weinende Maus hoch, die jeden Tag schwerer wird und die ich schon kaum mehr tragen kann, und schleppe sie aus dem Gebäude heraus. Ich weiß, Paula. Ich hab's auch gerochen. Es riecht nach Traurigkeit da drin und nach Angst. All die Frauen, die an ihren Tropfen hängen, die blöde grüne Plastikspritze, mein verängstigtes Fiepen beim Anblick der Nadel. Ein Wunder eigentlich, dass sie nicht schon auf die Treppe gekotzt hat.

Was mute ich dieser kleinen Seele eigentlich alles zu? Habe ich wirklich gedacht, durch die paar Chemolöckchen auf dem Kopf wäre alles wieder gut? Irgendwo in mir sitzt noch die Angst, deswegen hat Paula Angst. Irgendwo in mir sitzt noch die Traurigkeit, deswegen ist Paula traurig. All die vielen Male, die ich gestorben bin, ist auch sie gestorben. Mein kleines Spiegelchen, ich muss wieder besser auf uns aufpassen. Auf uns beide.

16. November

Müde. Müde. Müde. Sonst nichts. Außer einer dunklen Ahnung: Normalität spielen funktioniert nicht. Kein bisschen.

Mein neues Leben als strahlender Phönix aus der Asche ist ein schlechter Witz. Ich fühle mich wie ausgekotzt. Was, wenn man dem Krebs doch nicht je schneller, desto besser davonlebt? Was, wenn der Tod gar nicht verschwindet, nur weil ich die Augen erst kunstvoll schminke und dann zukneife?

2. Dezember

Und dann kommt der Brief von Jörn. Natürlich nicht unerwartet, natürlich nicht ohne Ankündigung, nur jetzt eben nicht mehr zu ignorieren. Ich habe seine Traurigkeit ignoriert, seine Wünsche und seine Sehnsüchte. Habe mich stumm und taub gestellt, weil ich wollte, dass alles bleibt, wie es ist. Nicht, weil es besonders gut war, sondern weil ich zu große Angst vor dem hatte, was sonst kommen würde. Etwas schwarz auf weiß Geschriebenes ignorieren, das gelingt selbst mir nicht.

Liebste,
das Reden ist immer so schwer, aber das Nichtreden ist es auch, daher hier ein Brief. Ich habe mich in den letzten

Tagen wieder erschrocken, wie groß meine Gefühle zu Dir sind. Es gibt kein Versprechen zwischen uns, und ich stehe der Situation so hilflos gegenüber. Warum kannst Du Dich nicht genauso in mich verlieben wie ich in Dich? Aber natürlich weiß ich, wie unvernünftig so ein Vorwurf ist. Aber unvernünftig ist auch, was ich momentan mache. Ich möchte etwas anderes, und ich bekomme nicht genug von Dir. Du sagst mir, Du hättest mich lieb, aber das reicht mir nicht. Genauso fühlt es sich auch an: Du hast mich lieb, ich soll immer da sein, mich kümmern – Du vertraust mir. Aber es heißt auch, Du begehrst mich nicht, und manchmal respektierst Du mich, glaube ich, gar nicht einmal mehr. Wenn wir uns jetzt treffen, sind viele unserer Momente schön, und ich genieße sie sehr. Mich Dir vertraut zu fühlen, mit Deiner Tochter, Deiner Schwester, Deinen Freundinnen zusammen zu sein ist sehr schön, und das Alltägliche daran stört mich nicht im Geringsten. Ich sage Dir ja auch oft, dass ich Dich will, Dich schön finde, und oft verkneife ich es mir sogar noch, um es nicht abzunutzen. Doch ich fühle mich oft nicht schön in Deiner Nähe. Es ist, so fürchte ich, ein zu großes Ungleichgewicht vorhanden, als dass eine Beziehung möglich wäre. Ich will das alles nicht mehr, und ich kann das auch nicht mehr. Du weißt, wie sehr ich mir eine funktionierende Beziehung wünsche, dass ich das mit Dir nicht haben kann, bricht mir das Herz, aber dann möchte ich es mit einer anderen Frau haben. Ich möchte nicht mehr alleine sein, und mit Dir bin ich es. Ich habe auch Angst vor den Konsequenzen, wenn ich gehe, aber noch größere Angst habe ich davor, mich selbst zu verlieren und nicht auf mich aufzupassen. Du bist nicht bereit für uns, und ich denke, die Zeit ist jetzt reif, um loszulassen.

Ich werde immer an Euch denken, und in einiger Zeit

können wir bestimmt Freunde sein, für alles andere haben wir zu viel miteinander erlebt. Bitte versuche mich zu verstehen und mich nicht zu hassen. Lass uns erst mal Abstand nehmen.

Viel Liebe
Jörn

Er hat mir die Welt zu Füßen gelegt, und ich konnte sie nicht nehmen. Dabei bietet er mir genau das, was ich mir so sehr wünsche. Ich renne und renne und renne und sehne mich nach nichts stärker als nach einem Ort, an dem ich mich ausruhen kann, der mich schützt und birgt, meine Fröhlichkeit und meine Furcht. Bei ihm und mit ihm gibt es diesen Ort. Weil ich weiß, dass er mich liebt und alles Schöne mit mir teilen und alles Schwere mit mir tragen will. Weil ich vertraue. Er würde mit uns durchs Leben gehen. Das hat noch niemand so gewollt, und es ist schön und tut gleichzeitig auch weh. Wie soll ich weitermachen, ohne den Platz in seinem Herzen, ohne unsere Gespräche, ohne meine Tränen an seiner Brust lassen zu dürfen, ohne dass er mir die Einkäufe in die Wohnung trägt, wenn ich keine Kraft habe, ohne seine Zuversicht, wenn ich keinen Mut habe, ohne seine Hände, wenn ich mich selbst nicht spüre.

Noch eine Amputation.

Und trotzdem kann ich nicht ja zu ihm sagen. Es wäre so einfach. Ich müsste nur zu ihm laufen und dieses kleine Wort sagen. Aber ich kann, kann, kann es, verdammt noch mal, nicht. Ich kann nicht nehmen, mich nicht verschenken, nicht loslassen, nur auf der Stelle stehen, gelähmt. Weiß nicht, was ich will, weiß nicht, wie mein Glück aussieht, weiß nicht, wer ich bin. Ich habe Angst, dass er mich vergisst. Gibt es mich dann überhaupt noch, wenn er mich vergisst?

Noch nie habe ich mich so verstanden und geliebt gefühlt wie in Jörns Nähe. Wenn ich mich doch selbst so verstehen würde, lieben würde. Könnte ich jetzt zu ihm gehen, müsste ich nichts verlieren und Paula hätte einen tollen Ersatzpapa, wir würden wieder zusammen in Frankreich sein, ich wäre angekommen. Dennoch fühlt es sich nicht richtig an. Wie ein Ankommen auf halber Strecke. Was, wenn das Leben an einer anderen Stelle einen Schatz für mich vergraben hat, den ich nur finden kann, wenn ich ihn alleine suche? Ich habe solche Angst vor dem Loch in meinem Herzen, vor den Abenden, an denen ich ihn nicht anrufen kann, vor den Ratschlägen, die er mir nicht mehr gibt, vor den Berührungen, die er mir nicht mehr schenkt.

Wie war das noch? Liebe wird aus Mut gemacht. Vielleicht fehlt mir einfach der Mut. Wahrscheinlich aber fehlt mir noch viel mehr.

»Sei alles, nur kein Feigling, kein Heuchler, kein Schwindler in Gefühlsdingen, keine Nutte: Ich hätte lieber Krebs als ein unehrliches Herz«, sagt Capotes Holly Golightly. Mir reicht auch eins von beidem. Ich will zurückgeben können, was ich bekomme. Ich will mir selbst treu sein, und um zu wissen, was das bedeutet, muss ich noch eine ganze Menge herausfinden. Ich habe ihn so gern. Wenn es einen Knopf geben würde, mit dem man die Liebe anknipsen könnte, dann hätte ich sie schon ganz lange für ihn angeknipst.

Gestern Abend haben wir stundenlang geweint und geschwiegen am Telefon.

»Woran denkst du?«, hat er gefragt, als es schon längst nichts mehr zu sagen gab und wir den Hörer nur aus Angst vor dem Danach nicht aus der Hand legen konnten.

»Daran, wie traurig das Aufwachen morgen früh sein wird«, habe ich geantwortet. »Einschlafen, das geht irgendwie. Aufwachen, das ist der wirklich schwere Part.«

7. Dezember

Ihhh, ein Wurm! Da schraubt sich ein Wurm in meinen Arm. Ein kleiner, fadenartiger Wurm. Ich will ihn am Schwanz packen (haben Würmer Schwänze, oder wie nennt man das?) Ich will ihn mit spitzen Fingern in den Pinzettengriff nehmen, aber da ist er auch schon in meinem Fleisch verschwunden. Kein Loch, aber der Wurm ist drin. Scheiße, da ist ja noch einer! Mein ganzer Arm ist voller Würmer, meine Beine auch! Tausend kleine Parasiten, die in meinen Körper wollen, die durch meine Haut auf- und abtauchen wie Fischchen im Meer. Es juckt entsetzlich, ich muss mich kratzen. Den ein oder anderen erwische ich und ziehe ihn raus, aber da sind auch schon wieder hundert neue. Dabei muss ich doch an den Strand, weil gleich der Tsunami kommt! Der Tsunami kommt, das ist ganz sicher, alle sind schon weg. Paula spielt noch am Strand. Ich muss sie holen, aber ich muss vorher diese Würmer aus meinem Körper ziehen, diese widerlichen Dinger. Und kratzen muss ich, kratzen, kratzen. Noch drei muss ich kriegen. Paula, ich bin gleich bei dir. Was ist gefährlicher: Würmer unter der Haut oder der Tsunami?

»Nass, Mama!«

Scheiße, ich komme zu spät. Es juckt so. Noch zwei Würmer brauche ich.

»Mama, neues Nachthemd.«

Was? Wo bist du?

»Mama! Augen auf!«

Und wenn ein Wurm aus dem Auge kommt? Sind die Würmer da? Es juckt so.

»Alles ist nass, wach auf!«

Nass? Der Tsunami? Nein. Echtes Nass. Pipi-Realität wie jede Nacht. Wann hört das nur endlich auf. Wahrscheinlich nicht, bevor ich die Würmer im Griff habe. Also los, aufstehen, und kratz dich nicht so, es war doch wieder nur ein Traum.

20. Januar

Manchmal glaube ich, es wäre einfacher, etwas wirklich von Herzen zu wollen und nicht zu bekommen, als diese ewige Qual der Unentschlossenheit. Diese ständige Sehnsucht nach Ich-weiß-nicht-wem und Ich-weiß-nicht-was. Dieses Verlangen, das kein Ziel hat. Mein Herz ist obdachlos.

Jetzt habe ich es nicht mehr ausgehalten. Nach sechs Wochen Abstinenz habe ich gerade Jörns Nummer gewählt. Zwei Stunden lag ich im Bett mit dem Telefon in der Hand und habe gezögert und überlegt. Ich weiß nicht, warum ich mich nicht zusammenreißen kann und ihm seinen Frieden lassen. Ich weiß nur, wenn das so weitergeht, ist mein Herz bald ausgeblutet und stirbt am Ende vollkommen ab. Ich habe wie ein Teenager meine Nummer unterdrückt, da ich befürchtete, er würde sonst nicht ans Telefon gehen. Ich weiß nicht, was das ist. Ich vermisse ihn einfach. Vor allem in diesen Momenten. In Momenten, in denen es mir nicht gutgeht. Gestern bei der Arbeit habe ich es schon gespürt. Ich konnte mich nicht konzentrieren, und meine Glieder schmerzten. Eine schreckliche Hitzewallung folgte der nächsten. Endlich war es halb vier, und ich konnte den Stift weglegen. Im Nieselregen radelte ich zum Kindergarten, wo mich Paula mal wieder mit vollgepinkelten Hosen und der freitäglichen Ich-geh-nicht-zum-Ballett-wenn-Malin-nicht-geht-Haltung begrüßte. Der Schweiß lief mir den Rücken hinunter, als ich sie endlich umgezogen, in Schneehose und Anorak verpackt und auf den Fahrradsitz gehievt hatte. Ich war sauer, weil sie sich weigerte, alleine zum Ballettunterricht zu gehen. Sauer, weil sie sich so wenig zutraute, wieder so ängstlich und verschreckt war und sauer, weil ich merkte, wie mich mein Körper wieder im Stich ließ.

Sechs Wochen hatte ich durchgehalten. Ohne Krankheit, ohne Erkältung. Trotz Arbeit, Stress und Wintereinbruch. Aber jetzt hatte sich mein Immunsystem letztlich doch geschlagen gegeben. Zu Hause angekommen und nach weiteren Diskussionen und Heulereien konnte ich Paula zumindest überreden, zum Kindergeburtstag des Nachbarmädchens zu gehen. Völlig erschöpft fiel ich aufs Sofa und konnte die Tränen nicht mehr aufhalten. Ich spürte meine schmerzenden Glieder, meinen schweren Kopf und fühlte mich plötzlich wieder so hilflos. So ausgeliefert und machtlos. Ich konnte nicht mehr aufhören zu weinen. Als hätte sich eine dicke schwarze Gewitterwolke in mein Hirn geschoben. Mit den Schmerzen fiel es mir wieder ein. Dass ich Krebs habe. Dass ich vielleicht immer noch Krebs habe. Plötzlich bin ich wieder eine Insel, und die Welt dreht sich ohne mich. Alles Schöne der letzten Woche ist wie weggeblasen. Rixa und Olli, mit denen ich beim Stadtparkkonzert im Backstage-Bereich getanzt habe, Margret, Gitty, Nadine und Lisa, mit denen ich einen so schönen Abend hatte. Nichts ist mehr da. Ich kann das Schöne nicht mehr sehen, und das Leben tut einfach nur weh. Es sind diese Momente, in denen ich es kaum aushalten kann, dass Jörn nicht da ist. Ich will mich so gerne anlehnen. Oder einfach nur seine Stimme hören, das würde schon reichen. Ich will, dass er mich zurückholt ins Leben, ich glaube nicht daran, dass ich den Weg alleine finden kann. Ich glaube überhaupt nicht mehr an mich.

»Hallo?«

Einatmen. Schlucken. »Hallo.«

»Wer ist da?«

»Ich.«

»Oh, Judith.«

»Es tut mir leid. Entschuldige. Ich konnte nicht anders. Ich habe meine Nummer unterdrückt, damit du auch rangehst.«

»Du hast recht, ich wäre nicht rangegangen.«

Pause.

Etwas Schweres, Brennendes drückt auf meine Luftröhre. »Ignorier mich doch nicht so.«

»Ich ignoriere dich nicht. Du ignorierst mich. Du ignorierst meine Entscheidung. Es ist gerade außerdem schlecht, ich bin unterwegs.«

»Oh. Na gut. Können wir später reden?«

»Lieber nicht. Ich muss jetzt auflegen. Mach's gut.«

Klick. Tuten.

Das Traurigste am Weinen ist der Moment, in dem eine Träne auf dem Untergrund zerplatzt, auf den sie gefallen ist.

Ich möchte doch nur wissen, wie es ihm geht. Ich möchte meinen Freund zurück, meinen Vertrauten, meinen Seelentröster. Ich will erzählen, wie es mir geht. Wissen, was er so macht.

Warum bin ich nur so unentschlossen, warum merke ich denn nicht, was ich will, was gut für mich ist? Ich habe ein Kind, das bald eingeschult wird, eine tödliche Krankheit überstanden und benehme mich immer noch wie eine Dreizehnjährige, die sich nicht entscheiden kann. Ich habe sie einfach noch nicht wiedergefunden, die Judith, die weiß, wer sie ist und wo die Schleifspur hinführen soll. Ach, Junior, mein tapferer Freund, was würdest du jetzt machen? Weitersuchen, schätze ich.

7. Januar

»Und warum musst du mit dem Flugzeug fliegen morgen?«

»Weil ich einen Arzttermin in einer anderen Stadt habe, Paula. In Frankfurt. Du kannst aber bei Doro bleiben, und abends gehst du dann noch zwei Stunden zu Margret.«

»Was macht der Arzt?«

»Der macht mir vielleicht einen neuen Busen. Aber erst mal guckt er sich an, ob das gut geht, und die Operation kommt dann später.«

»Du hast doch einen guten Gummibusen. Warum brauchst du dann einen neuen?«

»Das weiß ich auch nicht so genau. Vielleicht werde ich wieder glücklicher, wenn ich wieder ganz bin. Wenn ich mehr aussehe wie früher.«

»Ach so. Kann ich dann den Gummibusen zum Spielen haben, wenn du ihn nicht mehr brauchst?«

»Klar. Den kannst du dann haben.«

8. Januar

Meine Hände hinterlassen einen feuchten Fleck, als ich die verchromte Türklinke der Frankfurter Praxis herunterdrücke. Prof. C. ist angeblich *die* Koryphäe der ästhetisch-plastischen Chirurgie, und ich bin zum Zerbersten nervös. »Wenn«, hat Vera gesagt, »dann nur er.« Und hier bin ich. Meine Nerven liegen blank, frei präpariert, und schon bei der Anmeldung kullert die erste Träne über meine Wange. Wo kommt das alles denn plötzlich her? Krebs war gestern, schon vergessen? Und ich wollte diesen Termin schließlich so dringend. Eigentlich sieht doch alles sehr beruhigend aus hier. Ein riesiger Strauß exotischer Blüten auf dem Tresen und die Wände voller gerahmter Zertifikate und Auszeichnungen. Strahlendes Zahnarzthelferinnenlachen und tolle Brüste, vielleicht ja vom Chef persönlich. »Meine Güte, noch ganz jung, was?« Ja, ja, noch ganz jung. Warum kann sich das nicht mal jemand verkneifen? Immerhin, sie reicht mir ein Taschentuch. »Nehmen Sie noch ein paar Minuten Platz. Es geht gleich los.« Und dann noch ganz großzügig: »Ich weiß, das ist aufregend.«

Die Marmortischchen im Wartezimmer sind mit Beautymagazinen gepflastert, drei große Rattansessel mit weißen Polstern stehen sich gegenüber, und auf dem großen Flachbildschirm plätschert ein Unterwasserweltvideo, dessen beruhigende Wirkung allerdings kläglich an der Frequenz meines Herzschlags scheitert. Espressoautomat, kleine, silbern verpackte Pfefferminzbonbons, ein goldener Buddha, gealtertes Mannequin mit Chiara-Ohoven-Lippen samt goldgeschmücktem Gatten gegenüber. Denken sich wohl gerade, was das junge Ding mit den schäbigen Turnschuhen und der Kleinjungenkrause hier will.

Als die gigantischen Wasserschildkröten zur Paarung ansetzen, werde ich aufgerufen.

Prof. C. begrüßt mich mit festem Händedruck und lässt mich im ebenso ausgesucht eingerichteten Behandlungszimmer Platz nehmen. Ein sympathischer Mann, freundlich, professionell distanziert, klarer Blick. Wenn, denke ich, dann er.

Ohne Umschweife setzt er nun an, seiner mit der Fassung kämpfenden Anwärterin auf einen neuen Busen in gerade noch verständlichem Medizinerjargon die in ihrem Fall einzig mögliche Operationsmethode zu erklären: Aus Eigengewebe und Haut aus dem Hintern – am Bauch sei augenscheinlich nicht genug zu holen – werde eine neue Brust geformt, die dann mikrochirurgisch auf die Brustwand gepflanzt werde. Ja, eine recht große Narbe würde entstehen, denn man müsse ein größeres Stück Gewebe entnehmen, um sicherzustellen, dass es auch wieder anwächst. Die andere Pobacke könne dann mittels Fettabsaugung in die gleiche Form gebracht werden. Narben würden verblassen und die tätowierte Brustwarze sähe ganz natürlich aus. Kleines Risiko, großer Schritt in Richtung Selbstvertrauen. Wieder Frau sein. Ein neues Körpergefühl. Und tatsächlich, die Fotos, die er mir in Anschluss vorlegt, zeigen einwandfrei nachgebaute Brüste. Und ganz nebenbei werden hängende Exemplare zu jugendlich straffen, so dass fast alle auf dem Nachher-Bild nicht nur zu zweit, sondern auch schöner sind. Verlockend und beängstigend zugleich, denn dem neuen Busen geht eine siebenstündige Operation voraus und der vermeintliche Verlust der halben Arschbacke. Und trotzdem, der Gedanke daran, zum Unterwäschekauf nicht mehr ins Sanitätshaus gehen zu müssen, sondern in ein Dessousgeschäft, lässt ein paar Narben mehr oder weniger auf meinem Schlachtfeld Körper plötzlich nebensächlich erscheinen. Spaghettiträger, schulterfreie Tops, Triangelbikinis. Vor meinem inneren Auge hüpft eine Sexbombe mit gestähltem Körper, sanft gerundeten, vollen Brüsten und wallendem Haar über den Bildschirm. Vielleicht sogar einen Hauch von Gummibootlippen à la Wartezimmer. So lässt es sich einigermaßen ertragen, dass Prof. C. jetzt mit routiniertem Griff den Gewebetest an meiner Brust macht, sie mit einem Maßband vermisst und sich dann ebenfalls kräftig zugreifend einen Eindruck vom Volumen meines Spendergewebes verschafft.

»Bevor wir einen Operationstermin machen, müssen wir noch die Vorher-Bilder von Ihrer Brust und Ihrem Po schießen«, reißt er mich schließlich aus meinen Gedanken. »Wenn Sie sich angezogen haben, den Gang entlang zweite Tür rechts.«

Na gut. Alles hat eben seinen Preis. Und die Fahrt zurück in mein altes Leben ist nun mal kein Schnäppchen. Ich nicke ergeben und schlüpfe schnell in meinen Prothesen-BH und mein T-Shirt. Vor Scham heulen kann ich auch noch später. Irgendwann werde ich mich vielleicht mal daran gewöhnen, dass meine körperliche Würde mit der feindlichen Übernahme durch den Krebs scheinbar unwiederbringlich verloren ist.

Hinter der zweiten Tür rechts liegt eine kleine Fotokabine. Weiße Wände, helles Licht, ein kleiner Bildschirm auf dem Tischchen in der Ecke, der die geschossenen Bilder zeigt.

Und zu allem Überfluss ist es nicht die erwartete Praxishelferin, sondern, wie sollte es auch anders sein, ein junger, durchaus gutaussehender Assistenzarzt, der mit der Digitalkamera um den Hals um die Ecke biegt. Netzunterhosen und arschfreie Krankenhauskittel sind eine Sache. Bis zum Knie runtergelassene Hosen und eine auf den blanken Hintern gerichtete Kamera in den Händen eines attraktiven Jungarztes aber sind der Siedepunkt auf dem Thermometer der Demütigung. Erst nachdem die Detailaufnahmen von Busen und Hintern, gnadenlos ausgeleuchtet, im Kasten sind und Prof. C. noch einen kurzen prüfenden Blick auf die denkbar unvorteilhafteste Präsentation dessen geworfen hat, was einmal meine weiblichen Reize waren, fällt mir auf, dass ich mir mein bemühtes Lächeln in die Kamera hätte sparen können.

Mit Infomappe, Kostenvoranschlag und dem wichtigen Hinweis, ich solle die Kompressionsunterhose fürs Krankenhaus nicht vergessen, entlässt mich die freundliche Empfangsdame mit den strahlenden Zähnen.

Mein Flieger nach Hamburg geht erst in vier Stunden, und so schleiche ich noch eine Weile durch die Frankfurter Innenstadt und blättere in einem Café zu einem großen Stück New-York-Cheese-Cake ein paar Frauenzeitschriften nach prallen, verführerischen Dekolletés durch. Hat einfach was, so ein zweiter Busen. Und trotzdem. Als ich nach meiner ästhetisch-plastischen Reifeprüfung endlich wieder im Flugzeug sitze, hat die Vorstellung von einer neuen Brust schon etliche Glamourpunkte eingebüßt. Superbusen abzüglich Hinternnarbe, Op-Schmerz, ungewissem Ergebnis, Po-Fotos, Herzflattern, Kompressionsunterhose und so weiter. Was kommt da raus? Vielleicht ja auch ein Minuswert.

Am Abend, nachdem ich Paula bei Margret abgeholt habe, stehe ich vor dem Spiegel und teste knetend meine Fettreserven. Für ein mittleres B-Körbchen dürfte es reichen. Aber meinen Po mag ich eigentlich ganz gerne, und das kann ich nicht mehr über viele Stellen meines Körpers sagen.

»Was machst du da, Mama?«, fragt Paula.

»Ich habe dir doch erzählt, dass ich vielleicht einen neuen Busen bekomme. Ich gucke nur, ob mein Po groß genug ist.«

»Warum denn der Po? Können die den Busen nicht besser neben den anderen machen?«

Oh süße Paula. Du hast ja recht. Das ist auch nicht zu verstehen, dieser seltsame Busen-Po-Deal. Wenn ich eine Brust will, muss ich meinen Hintern opfern. Egal, wie ich es drehe oder wende, irgendwas fehlt immer, irgendwas geht oder bleibt verloren. Und je länger ich darüber nachdenke, desto mulmiger wird mir bei dem Gedanken an diese Operation, an dieses abermalige Ausgeliefertsein. Was, wenn ich mich nach der Operation gar nicht besser fühle? Ob ich zwei Brüste habe oder eine, es würde mich nicht gesünder machen, und auch mein altes Leben würde ich nicht wiederbekommen. So verlockend die Vorstellung ist, die Krankheit lässt sich nicht ungeschehen machen. Sie war nicht nur gestern. Sie ist heute, und sie ist morgen, und sie gehört dazu. Unweigerlich. Vielleicht fiele es mir leichter, mich vor anderen auszuziehen, vielleicht hätte ich wieder mehr Spaß daran, mich hübsch zu machen. Jörn hat sich nicht gestört an meiner fehlenden Brust, aber Jörn ist weg, und ich habe Angst, dass nach ihm keiner kommt, der mich so nimmt, wie ich bin. Vielleicht könnte ich unbefangener mit Männern zusammen sein, hätte ich wieder zwei Brüste. Meine Geschichte ist und bleibt aber eine andere. Die Verletzung meiner Sexualität heilt mitunter nicht durch ein bisschen Fleischverpflanzung. Was, wenn ich am Ende noch weniger weiß, wer ich eigentlich bin, was ich eigentlich fühle, wie ich weitermachen soll? Eine Perücke versteckt die Glatze, aber es ist und bleibt eine Perücke. Ein neuer Busen wäre genauso unecht wie mein aschblonder Fiffi, mit dem ich mich immer verkleidet gefühlt habe, der mich nicht wiederhergestellt, sondern mich von mir selbst entfernt hat. Was, wenn ich am Ende eine Brust zu viel habe?

Als Paula endlich eingeschlafen ist, liege ich im Bett und streiche über meine Narbe. Das ist das erste Mal, dass ich es wage, sie wirklich zu berühren. Ein fremdes, stumpfes Gefühl auf der vernarbten Haut. Schmerzsensibel und unempfindlich zugleich. Ich streichele mit der flachen Hand einmal über den gesamten Brustkorb. Das ist so seltsam, dass hier tatsächlich nichts mehr ist. Ganz glatt und weich fühlt sich meine Brustwand an. Endlich verheilt. Ich denke, ich könnte mich daran gewöhnen. Noch im Dämmerschlaf nehme ich mir vor, morgen Prof. C. anzurufen. Die Seite mit meinen Nachher-Fotos wird wohl vorerst leer bleiben. Vielleicht verheilt die Wunde in meiner Seele ja auch irgendwann so gut. Und zumindest bis dahin will ich ihn nicht, den Superbusen.

27. Februar

Als mich Vera gestern anrief und mir sagte, es sei etwas Schlimmes passiert, war ich wie blockiert. Vor wenigen Wochen erst habe ich einige der Kurdamen beim Mädelstreffen in Hamburg wiedergesehen, und wir haben reichlich neuste Befunde ausgetauscht. Doch jetzt, als ich Veras gebrochene Stimme hörte, hatte ich nicht die geringste Idee, was passiert sein könnte. Obwohl ich seit Monaten wusste, dass Jana, unsere taffe Jana, im Sterben lag, fiel mir nichts ein. Vakuum im Kopf. Janas Tod war so fern. So unvorstellbar. Und dann hat sie es gesagt: Judith, gestern früh ist Jana gestorben. Kein Gefühl. Ich sagte »Mein Gott, wie schrecklich«, und fühlte gar nichts dabei, außer dass mein Herz ganz aufgeregt schlug. Vera sprach davon, dass die Metastasen in Janas Gehirn ihr Sprachzentrum gestört hätten, so dass sie kaum noch kommunizieren konnte am Schluss. Sie sagte, sie habe so gekämpft, um die Einschulung ihres Sohnes in ein paar Monaten noch miterleben zu können, aber es war einfach zu weit weg. Sie sagte, sie wollte doch so gerne leben.

Heute bin ich aufgewacht und war immer noch wie betäubt. Habe gefrühstückt und nichts geschmeckt, habe Paula weggebracht und ihr nicht zugehört, habe gearbeitet ohne Gefühl, gelacht, ohne etwas lustig gefunden zu haben, sogar geweint, ohne traurig gewesen zu sein, gegen Mittag habe ich Kopf- und Gliederschmerzen bekommen, angefangen zu frösteln. Bin mit dem Fahrrad nach Hause gefahren. Hysterisches Hupen. War wohl rot. Und habe eine heiße Badewanne eingelassen.

Und jetzt, endlich, kommen die Tränen. Endlich kommt

mein Gefühl. Ich halte die Luft an und tauche ab in die Stille. Nur noch Rauschen. Nur noch Jana und ich.

Du wolltest so gerne leben, Jana. Du wolltest genauso gerne leben wie wir alle. Wie ich. Du hattest dieselben Hoffnungen, die gleichen Zweifel, dieselbe Angst und denselben Mut. Ich denke an Luis, an einen kleinen Jungen, der nach dem Sommer seine Schultüte ohne seine Mutter auspacken muss. Ich denke an Paula, wie sie auf der Bühne der Schulaula stehen und meinen Blick suchen wird. Sicherheit und Vertrauen in meinem Blick suchen wird. Wohin wird Luis blicken? Was denkt er? Versteht er, dass seine Mutter nicht wiederkommt? Dass er sie niemals wiedersehen wird, ihr Gesicht in seiner Erinnerung verschwimmen wird?

Oh Jana, was hat dieser schreckliche Krebs mit dir gemacht? Warum hat er dich nicht leben lassen? Du wolltest so gerne leben. Warum bist du gestorben, warum nicht eine andere von uns? Warum nicht ich? Wer wählt uns aus? Wer spricht den Abzählreim?

Zwei von zehn. Das sind die Spielregeln. Das sagen die Statistiken. Du bist eine von zweien. Die Erste. Aber was heißt das? Können andere leben, weil du gestorben bist? Vielleicht bist du auch für uns alle gestorben. Vielleicht bist du gestorben, damit acht andere leben können. Und ich? Bin ich eine von acht? Bin ich eine von zweien?

Ich muss an dein Gesicht denken, an deinen kleinen sportlichen Körper. Vor allem sehe ich immer wieder das Bild, wie du mit Luis im Schwimmbad getobt hast. Wie du mit deinem Sohn getaucht und geschwommen bist. Luis war so glücklich.

Was hast du nur gedacht, als dir klarwurde, dass du diesen hinterhältigen Krebs nicht besiegen kannst? Als dir klarwurde, dass du gefangen bist in einem unaufhaltsam zerfallenden Körper? Dass du dein Kind verlassen musst? Mir macht der

Tod so große Angst, ich musste mich schon übergeben bei dem Gedanken daran, dass ich vielleicht diejenige bin, die es nicht schaffen wird. Aber es war nicht ich. Es war nicht mein Körper, der das Leben losgelassen hat. Du konntest nicht mehr. Dein Körper hat kapituliert. Ich frage mich immer wieder, was du gedacht hast. Welchen Gedanken du hattest, als das Leben aus deinem Körper gewichen ist. Konntest du überhaupt klar denken, oder war dein Verstand vernebelt von all den Medikamenten, vom Morphium.

Ich stelle mir vor, du hattest den Gedanken an Luis, an dein Kind, an die größte Liebe in deinem Leben. Ich hoffe, du bist mit dem Gedanken an Luis gegangen.

Ich stelle mir auch vor, dass es eine Erlösung war. Dass du befreit wurdest, als du die Grenze überschritten hast. Befreit von Schmerzen, von der Angst vor dem Tod, von einem unvorstellbaren Leiden, vielleicht von dem Druck, leben zu müssen, das Leben um allen Preis festhalten zu müssen. Das Ende eines Kampfes.

Ich stelle mir vor, dass du die Augen geschlossen hast und gespürt hast, dass der Moment zu gehen gekommen ist. Ich stelle mir vor, dass du plötzlich ganz leicht geworden bist und dein Gewicht nicht mehr gespürt hast. Dass du deinen tumorzerfressenen Körper nicht mehr gespürt hast, keine Schmerzen mehr. Nur Leichtigkeit. Bis du dich vollständig aufgelöst hast. Bis du deinen Körper zurückgelassen hast und reiner Geist geworden bist. Reiner Geist wie ein hauchzarter Kondensstreifen ohne Gewicht und ohne Materie.

Ich stelle mir vor, wie dein Geist sich entfernt, immer weiter entfernt von deinem Sterbebett, von der Klinik, ein leeres Gebäude hinterlassend. Und dann löst auch er sich auf. Verflüchtigt sich in alle Winde und kehrt zurück ins Alles und ins Nichts. In alle Materie und in alles Dunkel. Ein traumloser ewiger Schlaf. Ganz leicht und gleichzeitig die Summe allen Gewichts dieser Welt und aller anderen Welten. Wo bist du nur hingegangen, Jana?

Ich weiß nicht einmal, ob du alleine warst, als du gestorben bist. Vielleicht war dein Mann bei dir. Wie groß muss sein Schmerz jetzt sein!

Du wolltest so gerne leben, aber du durftest nicht. Luis durfte seine Mama nicht behalten. Claas durfte seine Frau nicht behalten. Ich will auch so gerne leben. Vielleicht bist du auch für mich gegangen. Vielleicht hast du uns den Tod abgenommen. Vielleicht bist du unser Engel.

Ich denke an dich, Jana, ich vergesse deinen Kampf nicht, ich vergesse deinen Willen und deinen Mut nicht. Es ist auch mein Kampf, mein Wille, mein Mut. Ich hoffe, du bist mit Liebe im Herzen gegangen. Ich hoffe, du bist mit dem Gedanken an dein Kind gegangen.

Leb wohl, Jana.

Leb wohl, Soldatin.

Ich weine noch immer, als ich meine verschrumpelte Haut abtrockne. Ich weine noch immer, als ich Paula in Empfang nehme, und ich weine noch immer, als ich abends an ihrem Bett sitze.

Gestern ist Jana gestorben. Gestern hat Luis seine Mutter verloren. Ein sechsjähriges Kind. »Ich kämpfe weiter für einen Moment, in dem auch ich sagen kann, ›jetzt ist endlich alles gut‹«, hat Jana in ihrer letzten E-Mail geschrieben. Ich hoffe so sehr, dass sie ihn gehabt hat am Ende – diesen Moment.

»Warum bist du traurig, Mama?« Paula schlingt ihre Ärmchen um meinen Bauch.

»Ich bin traurig, weil jemand gestorben ist, den ich kannte und gerne mochte.«

»Wer denn?«

»Ach, kennst du nicht.«

»Warum ist der denn gestorben?«

»Sie. Es war eine Frau. Weil sie sehr krank war.«

»Was hatte sie denn für eine Krankheit?«

»Hmm. Ich weiß auch nicht so genau. Eine schlimme.«

Sie drückt mir einen kleinen Schmatz auf die Schulter.

»Na ja, ich hab dich dafür lieb, Mama. Ob traurig oder fröhlich, hab ich dich lieb. Mit deinen inneren Schätzen hab ich dich lieb, wie du bist!«

»Äh …, Paula? Wo hast du das denn her?« Das erste ehrliche Schmunzeln an diesem Tag.

»Ach, aus einem Buch, und jetzt gute Nacht.«

Ja, gute Nacht, mein Engel.

7. März

Seit Janas Tod fühlt sich das Leben anders an. Ob ich durch die Straßen gehe oder bei meinen Freunden bin, ich fühle mich anders als vorher. Zurückgeworfen. Weniger zugehörig. Gebrandmarkt durch die Krankheit, die mein Schicksal ist. In den banalsten Alltagssituationen fühle ich mich wie abgekapselt. Als wäre ich aus der Zeit gefallen. Als würde ich durchs Leben irren wie durch eine dichte Nebellandschaft und mein Zuhause nicht mehr finden. Ich lache mit meinen Freundinnen, bin da und doch allein. Ich beneide sie um ihre Freiheit und ihr Glück. Eine Freiheit, die sie selbst gar nicht empfinden und die auch ich erst jetzt sehe, da ich sie selbst nicht mehr besitze. Frei sein vom ständigen Gedanken an Krankheit und Tod, das ist ein Luxus, den ich nicht mehr habe. Es sind oft die fröhlichsten Momente, in denen ich diesen Verlust spüre. Nicht, weil mir meine Fröhlichkeit abhandengekommen ist, sondern weil die schönen und lebendigen Momente mir zeigen, wie kostbar das Leben ist.

Und doch beschleicht mich mitunter ein ganz anderes Gefühl. Ein vages, vorsichtiges Gefühl, das mir in manchen Momenten einen seltsam befreienden Frieden schenkt. Es gibt diese leisen, einer Ahnung gleichenden Momente, in denen ich mich sogar mehr zugehörig fühle. Ich gehöre nicht mehr nur zu denen, die Glück haben und Freude erleben. Ich gehöre auch zu denen, die Leid spüren und Angst kennen. Nicht mehr nur zu allem Gesegneten, sondern auch zu allem Bedrohten. Zum Jetzt und zur Ewigkeit. Zu allem Lebendigen und Toten.

28. März

Sie hat ganz viel gekämpft in den letzten Tagen, und heute Morgen um sechs ist ihr die Kraft ausgegangen, hat sie beschlossen zu gehen.« Immer wieder lese ich diese Zeilen. Immer wieder. Sabine hat beschlossen zu gehen. Wie beschlossen? Was heißt das? Es ging ihr doch gut! Jetzt schon die nächste? »Ich kann nicht klagen«, hat sie noch vor ein paar Wochen beim Piccolöchen gesagt. Wie habe ich sie bewundert für diese Worte, für ihre Dankbarkeit für das Leben, ihre Fähigkeit, trotz der Metastasen in ihrer Leber zu sagen: »Ich kann nicht klagen.« Es ist doch noch gar nicht lange her, dass sie alle hier in Hamburg waren. Dass wir gemeinsam über die Reeperbahn geschlendert sind, dass ich den Mädels in Paulas Kinderzimmer ein Matratzenlager bereitet habe. Dass wir uns kaputtgelacht haben, als wir eine nach der anderen vor dem

Schlafengehen im Badezimmer verschwanden und eine wie die andere mit einer Brust weniger am Körper wieder herauskam. Sabine wollte doch unser Treffen im nächsten Jahr organisieren! Sie hat doch eben erst geheiratet. Was, zum Teufel, soll das heißen, sie hat beschlossen zu gehen?

Jana ist gestorben, weil sich der Krebs in ihrem ganzen Körper ausgebreitet hatte, ihn besetzt und zerfressen hatte. Ein Jahr lang haben ihre Ärzte alles erdenklich Mögliche getan, hat Jana alles Erdenkliche erlitten und ertragen, um den Tod, der sich nicht mehr abwenden ließ, hinauszuzögern. Gierig nach jeder Minute Leben.

Aber wie ist Sabine gestorben? Ich verstehe das einfach nicht. Ich kann das nicht begreifen. So schnell geht das doch nicht. Oder hat sie uns nicht alles erzählt? Ging es ihr viel schlechter, als sie zugab? Aber sie hatte doch so viel Kraft!

Mein Gott, Sabine, was ist dir passiert? Warum hast du nichts gesagt?

Und warum haben wir nichts gesagt? Ich wusste doch von ihren Metastasen, warum habe ich nicht weiter nachgefragt? Sie hat so überzeugt gewirkt, so tief überzeugt, dass sie noch lange leben würde. Wie naiv kann man sein? Ich weiß doch, dass man an Lebermetastasen stirbt. Im Grunde sind wir darüber hinweggegangen. Haben über Plastiktitten, Eierlikörpralinen, Frisuren gequatscht und haben ignoriert, dass Sabine sterben wird. Ich habe ihr Sterben geleugnet, wie meine Freunde mein mögliches Sterben geleugnet haben. Wie einsam muss sie sich gefühlt haben zwischen uns.

Ich hätte ihr sagen können: Ich wünsche dir einen leichten Tod, eine intensive verbleibende Zeit, erträgliche Angst, Hoffnung auf Ruhe und Erlösung an einem anderen Ort. Was für ein pathetischer Scheiß, das hätte ich natürlich nicht gesagt. Warum sind Worte nur so unzulänglich? Aber ich hätte wenigstens mit ihr weinen können oder ihr einen

Jamie-Oliver-Brownie-Cheese-Cake mit dicken Pekannüssen schicken können. Ich hätte ihr schreiben können. Hätte sagen können, lass bloß den Staubsauger stehen, ärgere dich nicht über motzende Opas auf der Straße, du hast mich inspiriert mit deiner Courage, deinem beherzten Wesen. Aber ich habe sie ignoriert. Ich habe ihr Sterben geleugnet, wir haben ihr untersagt, über ihre Angst und ihre nicht vorhandene Zukunft zu sprechen. Ich hätte stärker sein können als die Menschen um mich herum, denen ich vorgeworfen habe, die Augen zu verschließen. Ich war es aber nicht, war von Angst überwältigt, habe die Tragweite dieser Information verdrängt. Und jetzt kann mich Sabine nicht mehr hören.

Die Nachricht kam von ihrer Schwester. Ich denke an Doro. Wie furchtbar muss die Zeit sein, wenn man seine geliebte Schwester verloren hat. Festhalten will und loslassen muss. Weiterlebt, isst, schläft, aufwacht, duscht, arbeitet, über die Straße läuft, und die Schwester ist nicht mehr da und kommt niemals wieder. Ein Vakuum stelle ich mir vor, eine dumpfe Leere, ewiger Kopfschmerz, ewiger Übergang in ein anderes, ärmeres Leben.

Warum tut das nur so weh? Wem gelten meine Tränen eigentlich? Ihr? Mir? Und warum nehme ich mich überhaupt wieder so wichtig? Hätte ich in den letzten wertvollen Tagen meines Lebens Briefe lesen oder Torten essen wollen, die weitläufige Bekannte zur eigenen Beruhigung schicken? (Na gut, die Torte vielleicht.) Du nimmst dich zu wichtig, Judith, sie hat dich nicht gebraucht, nicht an dich gedacht, also beruhige dich. Das schlechte Gewissen einer Überlebenden?

Ich bin so traurig und weiß gleichzeitig gar nicht, um was es hier geht, um wen es hier geht. Ich hab sie wirklich gerngehabt. Was für ein unwürdiger Tod, was für eine Desillusionierung. Ich wünschte, ich könnte so um sie weinen, wie ich um Jana geweint habe. Aber die Tränen wollen nicht kommen. Morgen vielleicht, wenn ich wirklich verstanden habe, was passiert ist.

Wenn ich begreife, dass Sabine tot ist. Eine Mutter, eine Schwester, eine Tochter, eine Geliebte, eine Freundin, ein lachender Mensch tot ist. Ihre Fröhlichkeit und Lebensfreude, alles weg ist, irgendwo im Universum verpufft, sie nicht mehr atmet und auch keine Tränen mehr hat. Dabei hat sie ständig geweint. Keine einzige unserer Psycho-Stunden in der Kur verging, ohne dass Sabine nicht nach kürzester Zeit die Tränen über die Wangen liefen, auch oft über lächelnde Wangen liefen.

Sie hat sich immer berühren lassen. Selbst das kleinste Beben hat es bis tief in ihr Herz geschafft. Schon im Sommer, als noch nicht die Rede vom Sterben, von irgendwelchen Metastasen war, hat Sabine angefangen zu weinen, wenn sie über ihre Kinder sprach. Jeder Gedanke an ihre Kinder, an Trauriges, an Schönes hat sie angerührt. Mit einem Lächeln hat sie ihre Tränen jedes Mal weggewischt. Hat den Kopf geschüttelt und gesagt: »Schon gut, ich bin eben nah am Wasser gebaut.« Aber Sabine war nicht einfach nur nah am Wasser gebaut. Es waren ihre Angst, ihre Liebe, ihre Fürsorge, die sie jedes Mal überwältigt haben. Ihre Gefühle waren so stark, ihr Herz so schutzlos, als trüge sie es offen vor der Brust, baumelnd an einem Silberband. Wir anderen haben auch viel geweint in dieser Zeit. Aber nicht wie Sabine. Ihre Tränen kamen aus einem Brunnen ganz tief in ihrem Innern, hatten eine Farbe, die mehr als Schmerz und Trauer ausdrückte. Ihre Tränen waren auch pure Zärtlichkeit, pure Liebe für ihre Kinder, pure Demut vor dem Leben. Diejenigen, die heute noch leben, haben nicht die Tränen geweint, die Sabine geweint hat. Keine Abschiedstränen.

Sie hat auch geweint, als sie sich in Hamburg von uns verabschiedet hat. Niemals hätte ich geglaubt, dass dieser Abschied endgültig sein würde. Ich habe nicht gemerkt, nicht gespürt, dass ich sie nie wiedersehen werde, dass ihre Tränen auch in diesem Moment Abschiedstränen waren. Warum hat sie es nicht gesagt? Warum hat sie uns nicht erlaubt, ihr beizustehen? Welcher Stolz, welch stoische Würde.

Trotzdem frage ich mich, was das heißt »sie hat beschlossen zu gehen«, heißt das, sie ist freiwillig gegangen? Das ist so beschissen absurd und verlogen. Sie wäre doch niemals einfach gegangen. Sie war eine Löwenmutter. Sie hätte ihre Kinder mit ihrem Leben beschützt. Niemals wäre sie einfach gegangen.

Ich bin verwirrt. Meine Gefühle wollen sich einfach nicht ordnen. Ich muss wissen, was passiert ist. Marie und Sebastian sind sechs Jahre alt. Sabine wird ihnen keine Kaugummis mehr aus den Haaren friemeln, nicht Ronja Räubertochter vorlesen, keine Handys verbieten, keine Pickelcremes kaufen, keine Meerschweinchen mit ihnen begraben. Sie wird ihre Kinder nicht aufwachsen sehen.

Wenn ich doch nur an die Wolke glauben könnte, auf der sie jetzt beide sitzen, Jana und Sabine. Eine große flauschige Wolke für uns Verkrüppelte, von der aus wir auf die Erde und unsere Kinder runtergucken könnten und Eierlikörpralinen futtern. Hoffentlich sitzt sie entgegen aller Vernunft auf dieser Wolke und weint und lacht ein bisschen. Gleichzeitig, wie nur sie es kann.

Gute Reise, wohin auch immer, tapfere, besiegte Sabine.

10. April

Und wieder hat es mich erwischt. Seit einer Woche bin ich krankgeschrieben. Es fühlt sich gar nicht an wie eine übliche Erkältung oder ein Virusinfekt. Ich fühle mich, als hätte sich eine zähe, gallertartige, graue Masse geballter Erschöpfung des letzten Jahres über mich ergossen, wäre mir bis ins Mark gekrochen, hätte meinen Körper gelähmt und meine positiven Gedanken unter seinem giftigen Schlamm begraben. Seit einer Woche sitze ich in einem dunklen Loch. Jede Gelegenheit bringt mich zum Weinen, ich fühle mich unproduktiv, gelangweilt, einsam. Ich könnte immer nur schlafen. Die Boulevardsendungen, die ich mir, anstatt zu arbeiten, in den Vormittagsstunden reinziehe, öden und ekeln mich an.

Und dabei habe ich auch noch ein furchtbar schlechtes Gewissen, weil ich so wenige Wochen nach meinem Arbeitsantritt schon wieder aussetzen muss. Ich frage mich, ob das jemals besser werden wird? Ob ich mich jemals wieder länger als drei Wochen am Stück gesund fühlen werde? Wie soll ich mit diesen ständigen Infekten denn einen normalen Alltag führen? Ich wollte sie nie wieder fühlen müssen, diese Hilflosigkeit und Schwäche, doch sie kommt immer und immer wieder, um mich daran zu erinnern, wie zerbrechlich ich bin. Wenn mein Immunsystem nicht einmal stark genug ist, sich gegen ein paar Viren und Bakterien zu wehren, wie soll es dann gegen die Krebszellen ankommen, die sich vielleicht in diesem Moment wieder in mir zusammenrotten? Wo sind die kampflustigen Amazonen auf ihren weißen Pferden? Ich will einfach nur stärker werden. Ich muss stärker werden, um das Leben zu führen, das ich gerne führen möchte, ich muss stärker werden, um überhaupt zu überleben. Wahrscheinlich muss ich geduldiger sein mit meinem Körper und meinen Kräften. Liebevoller und geduldiger. Aber das ist so schwer.

Also gut, dann versuche ich es noch mal: Tous les jours, à tous points de vue, je vais de mieux en mieux! Tous les jours, à tous points de vue, je vais de mieux en mieux!

12. April

Hallo, Mama, ich bin's. Sag mal, kannst du mir ein bisschen Geld leihen? Ich halte es gerade nicht mehr aus hier. Ich muss einfach mal weg. Nur ich und Paula.

Ja? Das ist toll. Ich danke dir tausendmal.

Nein, du musst es mir nicht schenken. Ich kann es bestimmt irgendwann zurückgeben. Du bist die Beste.

Eine Woche Malle, last minute, Billigflieger, Bettenburg, Halbpension, alles egal, nur weg. Ich will mein Baby wieder einmal richtig fröhlich sehen. Mein Baby soll mich einmal wieder richtig fröhlich sehen. Jetzt ist der Behindilappen doch zu etwas gut. Eine Woche Sonderurlaub im Jahr, und der wird jetzt eingereicht.

»Paula, ich muss dir etwas Tolles erzählen!«

»Was denn?«

»Wir machen Urlaub. Wir beide ganz allein fliegen in die Sonne und wohnen in einem Hotel, wo wir uns um nichts kümmern müssen, nur um uns selbst.«

»Echt?«

»Ja. Ganz echt. Noch acht Mal Schlafen.«

15. April

Mal wieder hänge ich am Fenster und spähe verstohlen in Jörns Studiofenster, um zu sehen, ob er da ist. Das Licht ist an, und ich sehe seinen Rücken vor dem Bildschirm. So ein Glück. Er arbeitet. Ich bin erleichtert. Erleichtert, dass er nicht mit einer anderen Frau im Café sitzt oder sonst was treibt.

Was arbeitet er da? Komponiert er ein Liebeslied? Denkt er an mich? O bitte, dreh dich doch mal um. Ich will so gerne dein Gesicht sehen.

Was ist das nur? Warum habe ich so eine Sehnsucht? Das ist so erbärmlich. Zum dritten Mal an diesem Tag mache ich nun Paulas Bett, um von ihrem Zimmer aus kontrollieren zu können, was mein Nachbar macht, der so sehr in mich verliebt war, mit uns eine Familie sein wollte und bei dem ich immer Angst hatte, er könnte nicht gut genug für mich sein. Und jetzt stehe ich in meinem Schlabberpulli und meiner Minipli-Frisur am Fenster und drücke mir die Nase platt. Und nicht nur mein Herz sehnt sich. Es sind nicht nur die Gespräche und seine Unterstützung, die mir fehlen. Mir fehlen auch seine körperliche Nähe, die Berührungen, sein Begehren. Auch wenn ich mich oft gegen seine Zärtlichkeit gewehrt habe, so waren es doch seine Hände, die die Wunden an meinem Körper und die Wunden meiner Seele weniger schmerzen ließen. Dass da jemand ist, der mich und meinen Körper so aufrichtig begehrt hat, voller Vorsicht und Zärtlichkeit meine Narben berühren wollte, das grenzt doch an ein Wunder. Und ich war so achtlos mit diesem Wunder. Ich kann mich immer noch nicht gut selbst berühren. Vielleicht muss ich das erst mal wieder lernen, um auch Berührungen anderer zulassen zu können. Ich bin so tief traurig. Mir fehlen Jörns heilende Hände. Ich möchte so gerne berührt werden.

Gestern hätte ich mir vor Einsamkeit beinahe ein Kaninchen gekauft! Heute tendiere ich eher zu einem silbernen Glitzerkleid, das man zu keiner einzigen Gelegenheit tragen kann. Aber was soll ich schon damit anfangen, und mein Hartz-IV-Budget erlaubt das schon gar nicht. Ich habe so eine große Lücke in meinem Innern, ich bin ganz hohl; wenn man mir auf die Brust klopft, spüre ich nichts, es macht nur ein dumpfes Geräusch. Ich laufe von rechts nach links, finde die Mitte nicht, finde meinen Platz nicht. Mein Navigationssystem ist kaputt.

»Ach, Mama, es wird sich schon noch entscheiden, wen du mal hochzeiten wirst«, hat Paula gestern Abend tröstend gesagt. »Aber erst mal müssen deine Haare wieder schön lang werden.«

»Aber, Paula, Was hat das denn mit meinen Haaren zu tun?« Typisch, diese eitle kleine Göre.

»Na ja, es sieht eben schöner aus beim Hochzeiten!«

22. April

Atme mal ganz tief ein … gut, oder?«

»Jaaa, guuut.«

Wie ein steiler Zahn ragt der wildzerklüftete Felsen fast dreihundert Meter hoch aus dem Meer. Ich halte Paula ganz fest, damit sie mir nicht davonweht. Unter uns tost indigoblau der Ozean. Wir müssen fast schreien, um uns zu verstehen, denn das Donnern von Wellen und Wind schluckt jeden Laut. Winzig stehen wir inmitten dieser gewaltigen Natur, zwei Staubkörner, und staunen, wie klein ein Menschenleben ist.

Es ist so schön, mit Paula hier zu sein. Wir schlafen zusammen im Doppelbett, freuen uns jeden Morgen diebisch über das Frühstücksbuffet und starten dann nach einer Runde Minigolf zu unseren Ausflügen in die Umgebung.

In Pollença gestern sind wir den Kalvarienberg hinaufgestiegen. Eine zypressengesäumte Steintreppe, von kleinen Häusern und Gärten flankiert, die ihre Zitronen- und Orangenbaumäste über die Zäune strecken. dreihundertfünfundsechzig Stufen. Eine Stufe für jeden Tag. »Kannst du noch, Paula?«

»Du?«

»Ich, ja.«

»Dann ich auch.«

Eine Stufe für jeden Tag des vergangenen Jahres und eine Stufe für jeden Tag des Jahres, das noch kommt. Oben angekommen, schwitzig und stolz, fiel Paula in freudiges Juchzen über die vielen Katzen, die um die kleine Kapelle schlichen. Ob Katzen wirklich sieben Leben hätten. Glaube schon, habe ich gesagt. Hundertfünfzig Katzenfotos und ein sagenhafter Blick über die Altstadt bis hin zur Bucht. Wieder unten, gab's Eis und Kuchen im Straßencafé, viele Sonnenstrahlen ins Gesicht und obendrauf ein gigantisches Glücksgefühl. Jeden Abend das Trappeln im Bademantel zum kleinen Hallenbad, aber nicht zu lange, schließlich gilt es dann, sich eine gute Startposition fürs Buffet zu sichern.

Kleine Füßchen im warmen Sand vergraben, Muscheln sammeln und Ponyreiten am Strand. Paula ist glücklich. Und ich bin glücklich. Keine Alpträume und siehe da, kein Pipi im Bett.

Noch einmal tief einatmen. Die Möwen spielen unter uns mit dem Wind. Einatmen und mitnehmen, was geht, bevor es morgen zurück nach Hamburg geht. Einatmen und so viel wie möglich mitnehmen vom tröstlichen Wissen, dass alles relativ ist und dass die Welt auch morgen wieder, komme, was wolle, aufs Neue beginnt.

2. Mai

Mein Handy piept, und an dem kurzen Flattern meines Herzens spüre ich, dass es zur Abwechslung mal keine Tarifinfo ist. Hallo, Judith. Würde gerne mit dir sprechen. Kann ich vorbeikommen? Jörn. Mein Gesicht wird heiß und meine Beine schwach. Drei Monate sind vergangen seit unserem missglückten Telefonat. Drei Monate, in denen ich gehofft habe, er denkt noch an mich, in denen ich sehnsüchtig darauf gewartet habe, dass er sich endlich eine Freundschaft vorstellen kann und zurückkommt.

Als ich den Türsummer drücke, zittern meine Hände. Als ich seine Schritte im Treppenhaus höre, muss ich vor Freunde unweigerlich grinsen, und als er dann vor mir steht, wird mir schlecht, weil ich plötzlich weiß, was er mir sagen wird.

»Aber, Judith, das wolltest du doch. Du wolltest doch, dass ich glücklich werde und dass wir wieder Freunde sein können!«

»Aber ich wollte nicht, dass du mich austauschst, dass du einer anderen jetzt all das gibst, das du doch für mich bestimmt hattest!« Ich will nicht weinen, will nicht, dass meine Verletztheit an meinem Stolz kratzt. Und ich kann auch nicht weinen, denn ich bin leer.

»Du wolltest mich doch nicht! Jetzt haben wir wieder eine Chance. Du bist mir wichtig. Gib mir mal deine Hand.«

»Geh weg! Du kannst jetzt jemand anderen angrabbeln. Und ich schaue mir das bestimmt nicht an. Lass mich alleine.« Ich bebe vor Wut. Meine Schenkel zittern, weil dort gegenüber der Mensch sitzt, den ich so schmerzlich vermisse, und ich nicht mehr seine Liebste bin. Meine Schenkel zittern, weil ich mir seine Hand auf ihrer vorstelle und genau weiß, wie sie sich anfühlt. Meine Schenkel zittern, weil er geschafft hat, was ich nicht geschafft habe und vielleicht nie schaffen werde. Meine Schenkel zittern, weil ich plötzlich wieder Angst habe, alleine zu sterben.

3. Mai

Ich weiß, es ist nur ein Traum, ich glaube zumindest, es ist nur ein Traum, aber es beruhigt mich nicht, dieses Wissen. Ich sehe die Sonographiebilder vor mir. Schwarz-weißes Gegriesel, dennoch deutlich zu erkennen meine Leber. Und noch deutlicher zu erkennen, die zwei kleinen blasenartigen Abkapselungen. Eine etwas größer als die andere. Wie damals die Frucht in meinem Unterleib, die nicht pulsieren wollte. Jetzt sind es Zwillinge. Eine todbringende Zwillingsfrucht. Schon hat sie sich in meine Netzhaut geätzt. Es ist sicher und unausweichlich, dass ich sterben werde.

Ich bin nicht überrascht. Es war schließlich zu erwarten bei so einem frühen Krebs. Bald werden es Vierlinge sein, dann Sechslinge wie bei Sabine. Ich weiß, dass jetzt eine Reise beginnt, eine kurze Reise, und das Ziel ist die Ewigkeit. Ich bin halb ohnmächtig vor Angst, und dennoch weiß ich, ich kann es schaffen. Ich kann nicht wieder gesund werden, aber ich kann es schaffen, am Ende in Frieden zu gehen. Loszulassen.

Wenn ich jetzt beginne, daran zu arbeiten, kann ich es schaffen. Ich muss ja nur sterben. Sterben ist leicht. Sie geht los, die Reise, und ich trete sie an.

Mama, ich habe zwei Metastasen in der Leber. Ich sterbe. Meine Mutter schickt Medikamentenspenden an andere junge Krebsopfer, denen man noch helfen kann. Das muss man in einem solchen Fall machen, sagt sie. Wir sitzen alle im alten Kinderzimmer meines Bruders auf dem Boden. Ich zähle die Punkte auf dem gesprenkelten Teppich. Jetzt muss ich es meinen Geschwistern sagen. *Doro, Benny, ich habe Metastasen in der Leber. Ich sterbe.*

Doros Augen fangen an zu schwimmen. Diesen Blick würde keiner aushalten. Zeit aufzuwachen. Mein großer Bruder winkt ab. *Ach Quatsch, das kriegen wir schon. Ich behandle dich. Das wird.* Nein, Benny, das wird nicht, das kriegen wir nicht. Ich werde wütend. Das wird nicht, glaubt es bitte einfach alle. Das wird nicht mehr. Ihr sollt mich gehen lassen, ihr sollt es mir nicht noch schwerer machen. Ich fange an verzweifelt zu schluchzen, ich bin wach und weine. Ich kann gar nicht mehr aufhören. Nur ein Traum, aber ich sehe immer noch die Bilder. Zwei grieselige Blasen.

»Mama, machst du die Geräusche?« Paula steht an meinem Bett.

»Ich hab schlecht geträumt. Ich bin ganz arg erschrocken.«

Blitzschnell kriecht Paula unter meine Decke, schiebt ihren kleinen warmen Körper gegen meinen und legt fest ihre Arme um mich.

»Ich bin da, Mama. Keine Angst. Ich bin da.«

Ich kann mich nicht beruhigen. Ich bin so erschrocken. So sehr erschrocken. Halt mich, Paula, lass mich merken, dass es mich noch gibt.

6. Mai

Judith,

Ich hasse es, Dich traurig zu machen, und falls Du denkst, es verschaffe mir vielleicht Genugtuung, liegst Du weit daneben. Ich hatte gehofft und hoffe immer noch, dass wir unsere Freundschaft zurückgewinnen. Es hat mich immer sehr verletzt, dass Du nie wirklich Vertrauen gefasst hast.
Ich denke so häufig an Euch, und mich interessiert alles, was bei Dir und Paula passiert.
Ich habe so lange gehofft, dass Du mich doch irgendwann in Dein Herz lässt und mich als Liebhaber und Vater für Paula akzeptieren würdest. Du hast sehr klargemacht, dass Du das nicht willst bzw. kannst oder wie auch immer.
Ich hätte mich heute lieber mit Dir geschlagen, als die Kälte Deiner starren Augen zu ertragen, aber natürlich kannst Du jetzt sauer sein auf mich. Ich werde aber nicht akzeptieren, dass Du mich einfach aus Deinem Leben streichst. Ich liebe Dich immer noch und auch Paula, und es reißt an meinem Herzen, nicht um Euch zu wissen. Ich weiß nicht, ob Du begreifen kannst, dass das nichts mit meiner Liebe zu einer anderen Frau zu tun hat, sondern nur mit unserer Geschichte, mit dem, was zwischen uns ist. Du bist mir so nah gekommen wie sonst fast niemand auf der Welt, und ich bereue keine Sekunde unseres schwierigen Zusammenseins.
Ich möchte weiterhin wissen, was Du denkst und fühlst. Ich werde Dich jetzt in Ruhe lassen und warten, ob Du Dich meldest, aber dann will ich um unsere Freundschaft kämpfen. Wir haben doch jetzt die Chance, alles aufzulösen, und

ich wünsche mir das so sehr. Mein Kopf wird wohl nie verstehen, warum wir uns so weh tun mussten, denn eigentlich haben wir doch auch so viel Liebe und Achtung füreinander oder nicht?
Bitte melde Dich, sobald es Dir möglich ist, wieder bei mir.
J

8. Mai

Lieber Jörn,

ich habe Dich mit Deiner hübschen Freundin am Elbstrand gesehen, und mein Herz hat ganz furchtbar weh getan. Du möchtest mein Freund sein, aber ich glaube nicht, dass ich das aushalten kann. Deine Liebe habe ich nicht aushalten können, aber dass Du mich nicht mehr liebst, halte ich auch nicht aus. Ich traue mir nicht und merke, dass ich Dich nicht gut loslassen kann. Ich habe Angst, dass ich mich nicht benehmen kann, Dich zurückhaben will und Deine Grenzen nicht wahre. Lass uns nicht riskieren, dass wir uns wieder weh tun. Ich will nicht die missgünstige, doofe Alte sein, die weiter an Dir zerrt. Ich kann nicht so gut die Dritte von links sein. Ich will Dich gehen lassen, aber dafür musst Du vielleicht wirklich gehen. Und ich will mich nicht schämen müssen, ich schäme mich aber, weil ich mich nicht so verhalten kann, wie ich es gerne möchte, und all diese niederen Gefühle an mir nagen, wo ich doch kein Recht dazu habe, eifersüchtig zu sein. Auf Dauer sind wir wohl beide Gewinner durch Deine Entscheidung, aber im Moment fühle ich mich wie ein Verlierer. Ich denke, dass Du jetzt sie liebst und nicht mehr mich, weil sie hübscher ist und einen schöneren Körper hat, weil sie bestimmt witzig ist und ein aufregendes Leben führt, Dir viel mehr geben kann als ich und bestimmt einen Orgasmus nach dem nächsten hat, weil sie überschwappt vor Hormonen und Weiblichkeit. Solange ich diese Gefühle habe, werde ich nicht mit Dir umgehen können, ich werde mich immer zurückgesetzt und verlassen fühlen und am Ende gemein zu Dir sein, obwohl ich mich selbst meine. Jetzt heule ich wieder, weil Heulen mein halbes Leben ist, weil keiner mehr acht gibt auf mich und weil wir einander vielleicht nicht mehr finden werden, wenn wir uns irgendwann wiedertreffen. Wenn ich mich wie Gretchen doch blutenden Herzens niederknien könnte. Vielleicht würde die Schmerzensreiche ihr Antlitz gnädig meiner Not neigen. Aber natürlich neigt sich kein Schwein, weil ich mir das alles selbst eingebrockt habe. Ich wünsche Dir, das alles gut wird. Am besten, Du machst ihr demnächst ein Kind, damit sie nicht mehr wegläuft und ich noch neidischer sein kann. Ich glaube, ich muss alleine traurig sein. Obwohl ich Dich immer sehen will, ruf mich nicht an.

mit blutendem Herzen
die blöde Kuh von nebenan

9. Mai

Mein Herz ist in Reparatur. Ein komplizierter Bruch, nicht sicher, ob es durchkommt. Trotzdem werde ich morgen aufstehen. Ich werde Paula das Frühstück machen, und ich werde zur Arbeit gehen. Ich werde mir die Wimpern schminken, dankbar dafür, dass ich sie habe, und ich werde meine Freundinnen anrufen, um mich zu verabreden. Ich werde mit Paula zur Rollschuhbahn fahren, und ich werde dort ein Eis essen. Ich werde dankbar sein für mein Leben, das schon mein zweites ist. Ich werde dankbar sein für meine Familie und meine Freunde, ich werde dankbar sein für meinen Körper, durch den immer noch das Blut fließt, und ich werde dankbar sein für all die schönen und auch die traurigen Momente, die ich bis hierhin erleben durfte. Ich werde morgen aufstehen und hoffen, dass der Tag ein bisschen leichter wird als der letzte. Ich werde übermorgen aufstehen, und ich werde hoffen, dass auch dieser Tag ein bisschen leichter wird als der letzte. Jeden Tag werde ich leben, mit meiner Angst, mit meinem Schmerz, mit meiner Freude und mit meiner Liebe. Und vielleicht wird ab heute jeder Tag ein bisschen besser als der vergangene, und irgendwann, irgendwann bin ich im Paradies.

18. Mai

Ach, Judith, hätte ich fast vergessen, Fabian hat mich angerufen, du weißt schon, mein Ex-Kommilitone, der jetzt bei der »Tush« ist. Er fragt, ob du dir vorstellen kannst, eine Krebsgeschichte für die zu schreiben.« Doro schlüpft in ihre Jacke. »Kannst ja mal überlegen.«

»Krebsgeschichte? Weil alle jetzt ihre Krankengeschichten aufschreiben oder wie? Wenn die mich schreiben lassen, was ich schreiben will, und keine Tränendrüsengeschichte daraus machen, dann vielleicht.«

»Ruf ihn einfach mal an, Nummer schick ich dir, ich muss los.«

Krebsgeschichte schreiben? Eine Geschichte, die andere lesen? Die meine Freunde lesen, meine Familie, vollkommen Fremde? Ich schreibe sie ja längst, meine Geschichte. Ganz oft sitze ich an meinem Laptop und suche nach Worten für das, was ich empfunden habe und empfinde. Manchmal will ich es loswerden, es wegschreiben. Will Traurigkeit und Angst auf das Papier bannen, so dass sie mich ein wenig aus ihrem festen Griff lassen. Dann wieder will ich meine Erlebnisse und Gefühle festhalten. Will mich erinnern können, verhindern, dass irgendwann nur ein diffuser Dunst von allem bleibt.

Schreiben ist letztlich beides. Trost und Trauer zugleich. Beim Schreiben komme ich mir nahe, kann ich mich mit mir selbst verbinden. Schreiben hilft mir, mich auf mich selbst zu konzentrieren, hilft, dass meine Gedanken nicht davon- und durcheinanderwirbeln wie Blätter in einem Sturm. Beim Schreiben lichtet sich der Nebel, denn wenn ich meine Gefühle formuliere, kann ich sie besser fühlen.

Wenn ich später lese, was ich geschrieben habe, lese ich manchmal eine traurige Geschichte. Manchmal weiß ich aber auch nicht, ob es wirklich eine traurige Geschichte ist. Es ist eine wahre Geschichte. Und manchmal ist es gar nicht wichtig, ob sie glücklich oder traurig ist. Ich will sie bewahren. Ich will nichts vergessen. Jana und Sabine nicht vergessen, die streichelnden Hände auf meinem kahlen Schädel nicht vergessen, die Angst in Paulas Augen nicht vergessen. Das ist nun mal mein Leben. Alles, was ich bin und habe.

Aber müssen das andere lesen? Ist das meine Eitelkeit, die sich über mein Konterfei in diesem Magazin freuen würde, oder will ich wirklich etwas erzählen? Und was? Ich habe nichts erlebt, was nicht Tausende andere Frauen auch erleben.

Neunundfünfzigtausend Frauen jedes Jahr allein in Deutschland, um genau zu sein. Bald wird es jede Achte sein. Neunundfünfzigtausend Frauen, die nicht auf Plakatwände dürfen, sich nicht ins Schwimmbad trauen, nicht angesehen werden auf der Straße, weil sie krank sind. Neunundfünfzigtausend Frauen, die vielleicht Kinder haben, einen Freund oder einen Mann, einen Wunsch, der sich nicht mehr erfüllt, ein Leben, das morgen vorbei sein kann, und die wenigsten dürfen es sagen. Wenn sich nur eine in meinen Gedanken wiederfindet und sich nicht so alleine fühlt, wie ich es oft tat, ja, dann will ich meine Geschichte aufschreiben. Und ich möchte meine Geschichte aufschreiben, weil ich nicht weiß, ob ich sie Paula in ein paar Jahren, dann, wenn sie es richtig versteht, noch selbst erzählen kann. Ich will schreiben, weil Menschen sterben, ohne gehört worden zu sein, weil Kylie so tut, als wäre nichts geschehen, und weil alle reden und die wenigsten wirklich etwas sagen.

»Fabian? Hallo, hier ist Judith. Du kannst die Geschichte haben, aber nur, wenn ich wirklich meine Geschichte erzählen kann und nicht eine, die sich euer Chefredakteur ausdenkt. Wenn ich über Krebs schreiben soll, dann schreibe ich auch über Krebs und sage nicht nur, dass ich jetzt ein viel reiferer Mensch geworden bin, der alles ganz wahnsinnig intensiv erlebt. Mein Krebs mit all seinen Teufeln und mein Leben. Einverstanden?«

»Einverstanden. Das ist, was wir wollen. Du hast alle Freiheiten.«

»Alles klar, dann freue ich mich darauf. Aber keine mitleiderregenden Schnappschüsse aus der Glatzenzeit, ja? Wenn schon, will ich gut aussehen!«

3. Juni

Was war das für ein Abend! Ein nahezu perfekter Abend. Erst Filmpremiere mit rotem Teppich, schicken Menschen, erwartungsvoller, aufgeregter Stimmung. Katrin, Johannes, Lisa und Nadine empfangen mich vor dem Kinoeingang, wo sich Presse und B-Prominenz tummeln. Margret in meinem grauen Kleid, stolz, aufgeregt, schließlich ist es auch ihr Film, auch ihre Premiere. Auch für mein pinkfarbenes Seidenkleid ist heute Premiere. Die Sorgen den letzten Wochen habe ich zu Hause gelassen, meine blonden Locken spektakulär aufgetürmt, und fühle mich blendend. Als Margret am Ende der Vorführung neben Moritz Bleibtreu und Co. auf der Bühne steht, macht mich das glücklich und stolz. Nach dem Film geht es nebenan ins Kasino, wo die Premierenparty mit Schnittchen und Sekt wartet. Mit Katrin und Johannes lasse ich mich in die großen weißen Ledersofas fallen, nippe an meinem Drink, lasse meinen Blick offensiv durch die Menge gleiten auf der Suche nach bekannten Gesichtern oder potenziellen Flirtpartnern. Ich bin frei, ich bin gesund, ich stecke in einem tollen Kleid, und das ist so überwältigend, dass ich die ganze Welt umarmen könnte. Ich sammle Komplimente wie die Barfrau leere Gläser.

»Du bist doch Schauspielerin, oder? Habe ich dich nicht am Set gesehen?« Ich schüttele lachend den Kopf. Wenn er wüsste, wie recht er hat. O ja, ich bin eine Schauspielerin. Und das hier, dieser Abend, ist mein Set.

Und dann ist der Film auch schon vorbei. Ich wache auf, als ich im Regen auf die Straße trete, und schon schleicht es sich wieder an, dieses dumpfe, einsame Gefühl. Während sich Margret mit ihrem Jungbrunnen davonmacht und Katrin mit ihrem Johannes nach Hause schlendert, verlasse ich die Party alleine. Den Sack Komplimente schnalle ich mir auf den Gepäckträger und radle los. Taxi wäre angebrachter, aber jetzt bin ich nun mal mit dem Fahrrad da. Bye-bye, unnahbare Partyschönheit. Hier draußen ist sie wieder, die chronisch kranke Mutti, die sich kein Taxi leisten kann. Ich bin eine Mogelpackung. Eine dieser Überraschungstüten, die aussehen, als wäre etwas Tolles, Glitzerndes drin, und dann macht man sie auf, und drinnen ist schon alles kaputt.

Er ist immer noch da, der Riss, und vielleicht wird er auch immer da sein. Es ist vielleicht keine Gletscherspalte mehr, aber es ist ein spürbarer Riss.

Es ist fast vier Uhr nachts, und die Straßen sind seltsam leer. Im Grunde sollte ich längst im Bett liegen. Meine Strumpfhose und meine Jacke sind nass. Ich bin plötzlich so müde, jeder Tritt in die Pedalen strengt mich an. Ich denke mir, wenn ich schneller fahren würde, wäre ich schneller zu Hause, aber die Straßen sind nass. Ich denke, wie leicht es wäre, jetzt auszurutschen. Eine Gruppe junger Männer auf Fahrrädern kommt mir auf der falschen Gehwegseite entgegen. Ich lasse sie ausweichen. Irgendetwas ist komisch. Der Regen wird stärker. Die Bar auf der anderen Straßenseite schließt gerade. Davor stehen noch einige Leute. Die Ampel ist grün, wenigstens muss ich nicht noch mal anhalten. In weniger als fünf Minuten bin ich zu Hause.

Das Auto sehe ich erst, als es schon zu spät ist. Vielleicht ein Herzschlag noch bis zum Aufprall. Ich sehe Paulas Gesicht. Ich denke Scheiße, verdammt. Dann kracht das Auto gegen mein Fahrrad, gegen mein Bein, ich weiß es nicht. Ich schlage auf die nasse Straße auf. Mein Fahrrad rutscht über den Asphalt. Lebe ich noch? Glaube schon. Sofort sind Menschen bei mir. »Es war doch grün«, sage ich immer wieder, »es war doch grün!« Ich bin nicht tot. Ich bin nicht auf den Kopf gefallen, habe mir nicht die Zähne ausgeschlagen. Kein Blut. Trotzdem kann ich nicht aufstehen. Ich liege auf der nassen Straße und kann nicht glauben, dass das passiert ist. Wieder einmal kann ich nicht glauben, dass das passiert ist. Ich zittere, schluchze. Ich vergrabe mein Gesicht in den Schoß des jungen Mannes, der neben mir auf der Straße kniet. Ich höre Stimmen. »Ruf einen Rettungswagen!«, »Hat jemand das Kennzeichen aufgeschrieben?« Mein Bein tut weh. Ich kann nicht aufstehen, weil mein Bein schmerzt. »Aber es war doch grün«, stammle ich wieder und denke an Paula. Jemand hebt mich vom Boden auf und trägt mich von der Straße. Ein Mädchen nimmt mich in den Arm. Ich kann ihr Gesicht nicht sehen. Ich sehe Jana, denke an den kleinen Luis. Das Leben ist nicht fair.

Der Rettungswagen kommt. Meine Wimperntusche läuft mir in kleinen schwarzen Bächen die Wangen hinunter. Klamotten triefnass, mein Bein tut so weh. Warum liege ich nicht in meinem Bett? Warum bin ich schon wieder so alleine? Die Sanitäter verfrachten mich in den Wagen, leuchten mir in die Augen, untersuchen mein Bein. Ich kann nicht aufhören, zu weinen und zu zittern. Ich höre die Polizeisirene. Dann nimmt eine dicke kleine Polizistin meine Daten auf. Ich muss mich konzentrieren, um meine Telefonnummer richtig aufzusagen. »Wir nehmen Sie mit ins Krankenhaus. Wenigstens zum Röntgen. Sie haben einen Schutzengel gehabt, wissen Sie das?«

»Ja, den kenn ich schon. Ein bisschen tollpatschig ist der aber auch.«

Und dann ist wieder dieser Geruch da. Der Geruch nach Desinfektionsmittel, nach Krankenhauswäsche, nach sterilen Instrumenten. Ich hatte ihn schon fast vergessen, diesen Geruch. Aber jetzt lässt er unweigerlich meine Erinnerungen aufblitzen. Ich liege unter einer dünnen, weißen Krankenhausdecke, und sie riecht genau wie die, unter der ich in meinem gelben Zimmer so viele schlaflose Nächte verbracht habe.

»Es ist nicht kalt hier. Das ist der Schock. Bevor wir etwas machen können, müssten Sie mir erst mal die zehn Euro Praxisgebühr geben.« Warum ist diese Frau so herzlos? Was würde es sie kosten, mir einmal über die dreckige, nasse Wange zu streichen? Ich habe keinen Geldbeutel dabei, kein Handy, gar nichts. Ich habe mir lediglich einen Zehner in die Strumpfhose gesteckt, wusste ja, dass ich kein Geld brauche, wollte nicht, dass mich die Handtasche beim Tanzen stört. Ich friere. »Na gut, dann müssen wir Ihnen die Rechnung eben zuschicken. Es kommt gleich ein Arzt.«

Ich könnte jetzt in meinem Bett liegen, bei meinem kleinen Mädchen. Was, wenn Doro aufwacht und ich bin nicht da? Ich weine immer noch. Irgendwas stimmt nicht. Was mache ich hier? Mein Bein brennt, und der Schmerz pocht in meinem Knöchel. Endlich kommt ein Arzt. Er ist höchstens so alt wie ich. Kann man in diesem Alter überhaupt schon Arzt sein? Er drückt ein bisschen an mir rum. »Sie haben ganz schön Glück gehabt. Sie können sich freuen, dass nicht mehr passiert ist.« Ich freue mich aber nicht. Jana, wo bist du wohl jetzt?

Vor dem Röntgenraum werde ich in einen leeren, neonbeleuchteten Kellergang abgestellt. Kein Mensch ist hier unten. Das Licht ist gleißend – furchtbar hell. Es ist ganz still. Als wären alle Töne der Welt plötzlich abgeschafft.

Eine dickliche, eisern schweigende Assistentin fährt schließlich das Röntgengerät über mein Bein. Meine Augen brennen, es ist nach fünf Uhr morgens.

Nach einer weiteren halben Stunde auf dem Gang kommt endlich der jugendliche Arzt wieder zu mir. »Die Bilder sind da, und es ist eigentlich alles gut. Nichts gebrochen zumindest. Sie bekommen einen Voltaren-Verband und können dann nach Hause.«

»Danke. Aber Moment – was heißt denn ›eigentlich‹?«

»Na ja, wenn man sich die Bilder genau ansieht, lässt sich eine Gewebeveränderung im Knochen feststellen, irgendetwas Zystenartiges, das aber mit dem Unfall nichts zu tun hat.«

Mein Herz bleibt stehen. Ich wusste, hier stimmt irgendetwas nicht.

»Ich hatte Krebs«, stammle ich unter neuen Tränen.

»Oh … hmm … dann lassen Sie das mal untersuchen.« Und mit einem laschen Händedruck: »Viel Glück.«

Irgendein Pfleger fährt mich in einem Rollstuhl zum Ausgang und ruft ein Taxi. Hoffentlich reicht der Zehner, der mittlerweile irgendwo in meine Unterhose gerutscht ist. Er versucht ein paar Scherze, aber ich starre wie paralysiert in den Regen. Momentaufnahme: Ich sitze in einem Rollstuhl im Regen vor der Notfallambulanz, auf meinem Schoß liegen mein rechter Stiefel und die unheilvollen Röntgenbilder. Mein rechter Fuß steckt in einem blauen Plastiküberzieher, mein Gesicht ist dreck-, mascara- und tränenverschmiert, mein pinkes Kleid überm Knie aufgerissen. Es ist sechs Uhr morgens, am 3. Juni 2008. Seit vierundzwanzig Stunden habe ich nicht mehr geschlafen, der Pfleger mit den schlechten Scherzen hält einfach nicht die Klappe, und das Taxi will nicht um die Ecke biegen. Tiefer kann man innerhalb weniger Stunden kaum fallen. Wenn dieser Abend der letzte Abend als gesunde Frau war, dann … ich weiß auch nicht, was dann.

Der Taxifahrer ist ein junger Afrikaner, der auf der zehnminütigen Strecke bestimmt zwanzig Mal »Oh, sorry« sagt. Ich muss furchtbar mitleiderregend aussehen. »Das wird alles schon gut. Es ist ja nicht gebrochen«, sagt er und reicht mir aufmerksam ein Taschentuch. Am Armaturenbrett klebt ein Foto von einem kleinen Mädchen. Vielleicht ein, zwei Jahre jünger als Paula. Mir tut ein bisschen leid, dass er gar nicht verstehen kann, warum ich so zerstört bin, so ein lieber Kerl.

»Ich würde dich jetzt gerne umarmen, aber das ist vielleicht komisch«, sagt er, nachdem ich den Zehner aus meiner Hose gefummelt habe und er mir aus dem Wagen geholfen hat. »Ist nicht komisch«, sage ich und bin dankbar, endlich ein paar Tränchen an einer Schulter lassen zu können, und sei es eine völlig fremde.

Ich kann nicht nach Hause. Ich kann jetzt nicht zu Paula. In einer Stunde ungefähr wacht sie auf. Ich muss mich erst mal beruhigen. Vielleicht war das der letzte Abend ohne Krebs. Ich kann auf keinen Fall zu Paula. Verdammt. Jana, was hast du nur durchgemacht.

Ich klingle bei Margret. Muss erst mal ein paar Stunden schlafen. Nachdem sie mir umständlich mit meinen Krücken die Treppe hoch geholfen hat und ich schluchzend Bericht erstattet habe, kuschle ich mich in ihr Bett und bete, einschlafen zu können. Aber das Adrenalin lässt meinen Körper einfach nicht los, so erschöpft ich auch bin. Die schlechten Gedanken lassen sich nicht abwehren, ich sehe mich wieder in der kalten grauen Röhre liegen, sehe, wie sich das Gesicht der Ärztin diesmal nicht entspannt, als sie die Bilder schließlich in der Hand hält. Ich überlege mir, was ich meinen Freunden sage, was ich Doro sage. Ich ahne, wie sich die Gewissheit anfühlt, nicht mehr gesund werden zu können. Die Gewissheit, dass nun das Sterben beginnt. Ich habe sie geträumt. Mehr als geträumt. Ich denke an Jörn. Margret streichelt meinen Kopf.

Bitte, lieber Schlaf, komm und schenk mir ein bisschen Ruhe. Mach mich leicht, mach mich taub.

5. Juni

»Mama, warum kommst du nicht mit auf den Spielplatz? Du sollst mit!«

»Ich kann nicht, Paulchen, ich fühle mich nicht so gut. Joschuas Mama ist doch dabei.«

Da ist es wieder, das Floß, das mich in den unendlichen stillen grenzenlosen Ozean hinauszieht. Leine gerissen. Paula steht am Ufer, hat keine Schwimmflügel, kann mich nicht erreichen. Geh alleine, mein kleiner Kirschkern, vielleicht gewöhnst du dich besser schon mal daran. Und verzeih mir. Verzeih mir.

6. Juni

Ich bin ganz aufgeregt, als ich den Umschlag mit meinen Bildern in der Hand halte. Heute ausgerechnet sind die Fotos von mir gekommen, die demnächst meinen Text bebildern werden. Pünktlich zu meiner Untersuchung morgen. Ob da am Ende wirklich steht, was ich geschrieben habe? Immerhin ist das vielleicht mein Abschiedsbrief an die Welt.

Und dann guckt sie mich an, diese schwarz-weiße Frau. Mein Kopf auf einer ganzen Seite. Aufgetürmte Locken und ein kräftiges entblößtes Schlüsselbein rahmen mein silbrig glänzendes Gesicht ein. Die Retusche und das viele Make-up tragen gehörig dazu bei, dass ich das sehe, was ich sehe. Aber vielleicht würde ich es auch ohne all das sehen. Die hässliche, dicke Schabracke mit der schlechten Laune auf dem Sofa ist das hier zumindest nicht. Auch nicht das dünne, verschüchterte Mädchen mit dem langen Pferdeschwanz auf der Untersuchungsliege. Das hier ist nicht die traurige, überforderte Mutter, die man bemitleiden muss. Ich sehe eine erwachsene Frau, die das Kinn hebt und den Blick geradeaus gerichtet hat. Nicht in den Himmel, nicht zur Seite und schon gar nicht nach unten, sondern geradeaus, als könne sie allem standhalten, was war, was ist und was kommen mag. Der Mund ist nicht geöffnet, aber auch nicht verschlossen. Sie könnte etwas sagen, sie tut es auch, und sie hat etwas zu sagen. Eine erwachsene und gewachsene Frau. *Am 9. November bin ich einfach aus dem Plan gefallen,* habe ich vor ein paar Tagen geschrieben. *Und heute? Heute bin ich weder innerhalb noch außerhalb des Plans. Jetzt bin ich Grenzgängerin. Das gefällt mir ganz gut, denn auf der Grenze sehe ich Dinge, die ich innerhalb des Plans nie gesehen hätte. Die Grenze macht achtsam und wach für den Augenblick. Meine Haare, meine Brüste, meine Gesundheit, meine Freiheit. Alles habe ich erst richtig schätzen gelernt, als es auf einmal nicht mehr da war. Genauso die Zeit. Erst als sie plötzlich so schwer zu bewältigen war, habe ich bemerkt, dass sie überhaupt da ist. Dass sie begrenzt ist. Ich weiß nicht, ob ich gesund bleibe. Ich weiß nicht, was morgen ist. Aber einen Garantieschein hat niemand, und morgen ist unwirklich, genauso wie gestern. Was zählt, ist dieser Moment. Dieser Atemzug. Dieser Wimpernschlag.*

Jetzt, da ich mir selbst ins Gesicht sehe, denke ich, es hat in Wahrheit nie einen Plan gegeben. Für mich nicht und auch für niemanden sonst. Den Plan gibt es nicht, es gibt nur das Leben. Heute weiß ich tatsächlich nicht, was morgen ist, denn morgen liege ich wieder auf der Untersuchungsliege. Vielleicht wird dieser Artikel mein Abschiedsbrief. Und wenn es so ist? Dann werde ich versuchen, mich an meinen eigenen

Worten und meinem eigenen Blick festzuhalten. Dann werde ich mein Kind lieben bis zur letzten Sekunde, so dass sie für die nächsten Jahre einen Vorrat hat. Dann werde ich meine Familie und meine Freunde lieben bis zuletzt, um alles wiedergutzumachen, was ich vielleicht versäumt habe. Ich werde noch einmal mit Doro nach Tobago fliegen, Breadfruitsalad essen und die Großzügigkeit und Üppigkeit der Natur aufsaugen, so dass ich sie mitnehmen kann in die Ewigkeit. Dann werde ich mit Malin an der Elbe spazieren und wissen, dass wir immer Judith und Malin bleiben werden, egal, was sich in uns einnistet, wer sich verliebt, ein Kind bekommt oder wer zuerst stirbt. Dann werde ich Jörn anrufen, den besten Freund, den ich je hatte, und vielleicht darf ich mit ihm noch einmal in die Sterne über La Chanterelle blicken, wissend, dass ich ein Teil des lebendigen Universums bin und immer bleiben werde, auch wenn es mich nicht mehr gibt. Ein Staubkorn, das immerhin ein Staubkorn ist und deshalb wichtig. Ich werde mich verschenken, bis ich mich auflöse. Wenn er mein Abschiedsbrief wird, werde ich vor allem ganz viel vergessen zu sagen.

Aber vielleicht ist er es auch nicht. Vielleicht ist das hier auch nur eine weitere Prüfung im Leben der Grenzgängerin, morgen sind meine Knochen gesund, und die Welt beginnt noch einmal. Wenn er kein Abschiedsbrief ist, dann werde ich mich demütig verneigen und weiterleben. Der Riss wird sich auch dann nicht schließen. Ich schätze mal, er wird sich nie ganz schließen. Aber ich fühle, dass auch das irgendwann okay ist, denn ich lerne immer besser hindurchzusehen. Ich kann durchsehen durch meinen Riss und sehe eine Fülle interessanter Dinge, die mir sonst vielleicht verschlossen geblieben wären. Und vor allem sehe ich endlich mich. Auch wenn ich sie mit Sicherheit dann und wann wieder verlieren werde, bin ich doch die Frau auf dem Bild. Ich kann schön sein, trotz

Narben, ich kann stark sein, trotz Schwäche. Ich kann träumen im Licht und bin wach am Rande des Abgrunds. Ich bin Judith, und ich bin gleichsam zerbrechlich und unbesiegbar.

7. Juli

Als ich mit meinen Krücken aus dem Sprechzimmer humpele, muss ich mich erst mal setzen. Noch ganz benommen starre ich die kleine alte Dame auf dem Stuhl gegenüber an, besser gesagt, ich starre durch sie hindurch.

Kein Befund. Keine erkennbaren Metastasen und kein Abschiedsbrief.

Ich wische mir eine Träne von der Wange. Ich wackele mit dem Zeh, voll leisem Stolz, weil in ihm ein gesunder Knochen steckt. Und dann sehe ich es plötzlich dastehen, mein für immer verloren geglaubtes Bündel. Das, mit all meinen Träumen und Hoffnungen. Vorsichtig strecke ich meine Hand danach aus, hebe es behutsam vom Boden. Noch fast alles drin.

»… und Sie haben *es* auch?« Erst jetzt merke ich, dass die kleine Dame mit mir spricht.

»Es? Ach so, ja, hatte ich zumindest.«

Wie zwanzigtausend Menschen vor ihr schlägt auch sie die Hände über dem Kopf zusammen. Ich könnte jetzt mitsprechen, aber ich will ja nicht unhöflich sein. »Ach du liebe Güte. Und Sie sind so jung!« Und dann der wohlbekannte auffordernde Blick von schräg unten, der sagt: Erzählen Sie mal! (Damit mir mein eigenes Schicksal nicht so schlimm vorkommt und ich Helga morgen beim Bingo davon erzählen kann.)

Doch ich bin längst weit weg. Schultere mein Bündelchen und dränge mich an der vollbesetzten Stuhlreihe voller erschöpfter, trauriger Blicke zur Tür.

»Tut mir leid, aber ich muss Sie enttäuschen. Genug gejammert. Die Geschichte ist hiermit bis auf weiteres zu Ende erzählt. Und ich hab es ziemlich eilig. Denn hinter dieser Tür wartet etwas auf mich, das ist furchtbar ungeduldig und steht sich schon viel zu lange die Beine in den Bauch. Auf mich wartet mein Leben, und ich will keine Minute mehr verpassen!«

Nachspiel: Juli

Es ist endlich Sommer, und ein brünetter und ein blonder Lockenkopf sitzen in der Sonne auf dem Balkon und spüren den lauen Wind in ihren Haaren.

»Weißt du, ich hab sie mittlerweile richtig liebgewonnen, meine Gummibrust«, sagt Linn. »Wirklich. Ich finde, so eine abnehmbare Brust hat was! Als ich sie gestern Abend geputzt habe, dachte ich: ja, an dich habe ich mich gewöhnt, dich finde ich gut, dich geb ich nicht mehr weg. Ich solle sie mal länger putzen, hat mir die Frau aus dem Sanitätshaus gesagt. Ich hab mich halb totgelacht. Zehn Minuten am Stück solle ich meine Brust putzen, damit sie schön haltbar bleibt, das ist doch völlig skurril, oder?«

Es ist Sommer, und die beiden Lockenköpfe lachen ausgelassen über ihre Plastikbrüste und das Leben, das weitergeht.

»Denkst du noch daran, dich operieren zu lassen, Linn? Einen Aufbau meine ich?«

»Nein, eigentlich nicht. Da habe ich zumindest im Moment überhaupt kein Interesse. Schon gar nicht nach diesem dubiosen Besuch beim plastischen Chirurgen. Der hat beim Anblick meines Oberkörpers doch tatsächlich gesagt: ›Na, so wollen wir Sie ja nicht weiter rumlaufen lassen.‹«

»Was? Das hat er nicht gesagt!«

»Doch, genau das hat er gesagt.«

Sommer, Wind in den Haaren, und wir halten uns die Bäuche, weil das Leben manchmal einfach ungeheuerlich ist und es bei allem, was war, ist und kommt, es immer einen Grund gibt, sich auf morgen zu freuen.

Danke

Doro, Mama, Papa, Benny, Jörn, Malin, Margret, Köhli, Lisa, Gitty, Katrin, Katha, Irena, Naima, Caro, Philip, Ben, Martin, Stefi, Linn, Susanne, Birgit, Sophie, Kathrin, Olli, Rixa, Lutz, Bernd, Fabian, Anouk, Malin und Noah für eure Liebe und Freundschaft.

Thomas, Stefan, Fabian, Claudia und dem Tush-Magazine für dieses Buch.

Dr. F., 2 x Dr. M., Hermann und Frau R. für meine Lebens- und Seelenrettung.

Ein argentinisches Familienschicksal

Victoria Donda

Mein Name ist Victoria

Verschleppt von der Militärjunta

Für die Argentinierin Analía bricht auf einen Schlag ihre ganze Welt zusammen: Der Mann, den sie für ihren Vater hält, wird plötzlich per Haftbefehl gesucht und will sich das Leben nehmen. Daraufhin findet Analía heraus, dass sie eigentlich Victoria heißt. Sie forscht nach ihren leiblichen Eltern, deren Spur sich in den Folterkammern der argentinischen Militärdiktatur verliert. Doch Victoria gibt nicht auf: Sie macht sich auf die Suche nach ihrer wahren Identität und entdeckt dabei nach und nach das dunkle Geheimnis ihrer Familie.

»Ein erschütterndes Buch. Mutig, ehrlich –
aber vor allem dringend notwendig.«
Alberto Manguel, Autor von *Eine Geschichte des Lesens*

Knaur

Ilka Piepgras

Meine Freundin, die Nonne

Die Geschichte einer Freundschaft

Als junge Mädchen waren sie beste Freundinnen – heute führen sie Leben, die unterschiedlicher nicht sein könnten: Ilka ist Journalistin und Mutter. Und Diodora leitet als Äbtissin drei Klöster in Griechenland. Zwanzig Jahre nach ihrer letzten Begegnung begibt sich Ilka auf den Weg zu ihrer Freundin. Es wird eine Reise in die Vergangenheit und zugleich eine Suche nach Spiritualität in der heutigen Zeit.

Droemer